Zu diesem Buch

Krisen sind unausweichlich, auch bei glücklichen Paaren – gerade in Schwellen- oder Umbruchsituationen des Lebens. Oftmals treten sie ein, wenn sich ein Paar entschlossen hat, zu heiraten oder eine gemeinsame Wohnung zu beziehen, wenn ein Kind kommt oder sich ein Partner beruflich verändert. Wozu können solche Krisen gut sein? Wieso zerbrechen manche Liebesbeziehungen an ihnen, wieso gehen andere Partnerschaften eher gestärkt auch aus massiven Krisen hervor? Reinhard Kreische setzt sich mit der Entstehung, mit Ursachen und der Dynamik von Paarkrisen auseinander und legt als Psychoanalytiker ein besonderes Augenmerk auf frühkindliche Erfahrungen und die Rolle, die die Herkunftsfamilien der Partner dabei spielen. Paare können Krisen überstehen, dabei reifer und vielleicht ein bißchen weiser werden.

Der Autor

Reinhard Kreische ist Psychoanalytiker in eigener Praxis, Privatdozent an der Universität Göttingen und Lehranalytiker am dortigen Institut für Psychoanalyse und Psychotherapie. Er ist verheiratet und hat drei Kinder.

Reinhard Kreische

Paare in Krisen

rororo
Rowohlt

Originalausgabe
Veröffentlicht im Rowohlt Taschenbuch Verlag GmbH,
Reinbek bei Hamburg, April 1994

Redaktion Manuela Heise
Umschlaggestaltung Barbara Hanke und Nina Rothfos
(Foto Stark Imagery/Bavaria)
Satz Sabon (Linotronic 500)
Gesamtherstellung Clausen & Bosse, Leck
Printed in Germany
1290-ISBN 3 499 19399 x

Inhalt

Einleitung

Es wird nach einem happy end
im Film jewöhnlich abjeblendt.
Man sieht bloß noch in ihre Lippen
den Helden seinen Schnurrbart stippen –
da hat sie nu den Schentelmen.
Na, un denn –?

Denn jehn die beeden brav ins Bett.
Na ja... diß is ja auch ganz nett.
A manchmal möcht man doch jern wissn:
Wat tun se, wenn se sich nich kissn?
Die könn ja doch nicht imma penn...!
Na, un denn –?

Denn säuselt im Kamin der Wind.
Denn kricht det junge Paar 'n Kind.
Denn kocht sie Milch. Die Milch looft üba.
Denn macht er Krach. Denn weent sie drüba.
Denn wolln sich beede jänzlich trenn...
Na, un denn –?

Denn is det Kind nich uffn Damm.
Denn bleihm die beeden doch zesamm.
Denn quäln se sich noch manche Jahre.
Er will noch wat mit blonde Haare:
vorn doof und hinten minorenn...
Na, un denn –?

Denn sind se alt.
Der Sohn haut ab.

Der Olle macht nu ooch bald schlapp.
Vajessen Kuß- und Schnurrbartzeit –
Ach, Menschenskind, wie licht det weit!
Wie der noch scharf uff Muttern war,
det is schon beinah nich mehr wahr!
Der olle Mann denkt so zurück:
wat hat er nu von seinem Jlück?
Die Ehe war zum jrößten Teile
vabrühte Milch un Langeweile.
Und darum wird beim happy end
im Film jewöhnlich abjeblendt.
Kurt Tucholsky

Wenn Sie dieses Buch so weit gelesen haben, dann wissen Sie bereits um das Wichtigste, was ich aussagen will, bevor Sie überhaupt richtig mit der Lektüre angefangen haben.

Im folgenden will ich nun versuchen, die Aussage dieses Gedichts aus meiner Sicht als Psychoanalytiker und Paartherapeut etwas zu entfalten, vielleicht mit einer Spur mehr Optimismus als Tucholsky, weil ich halt ein anderer Mensch bin als er mit einer etwas anderen Weltanschauung.

An einigen Stellen werde ich dann etwas abkommen vom geraden Kurs, werde einige Exkurse einlegen, so wie wir es auch in den psychoanalytischen Behandlungen unseren Patienten empfehlen, wenn wir sie bitten, den Versuch zu unternehmen, «frei zu assoziieren». Gemeint ist damit, daß sie ruhig abirren dürfen vom Thema, daß sie sich gerade nicht konzentrieren sollen, wie sie es in der Schule und manchmal auch im Elternhaus gelernt haben. Gelingt ihnen das, so machen die Patienten im allgemeinen die Erfahrung, kreativer zu sein, als sie dachten. Ob das allerdings auch so ist, wenn ein Psychoanalytiker Exkurse schreibt, muß sich erst noch erweisen. Jedenfalls macht es mir Spaß, einmal wieder erzählen zu dürfen und nicht immer nur zuzuhören. Ich hoffe, daß Ihnen das «Zuhören», das Lesen dieses Buches nämlich, auch ein bißchen Spaß macht, daß Sie es also trotz des ernsten Themas nicht nur bitterernst lesen.

Ohne die zahlreichen Paare, die sich in meine Behandlung begeben haben, hätte ich dieses Buch nicht schreiben können. Ihnen gilt mein besonderer Dank. Immer wenn ich Beispiele aus Therapien anführe, habe ich sie in vielfacher Form verfremdet. Da ich mich bemüht habe, trotzdem noch Paare darzustellen, wie es sie wirklich geben könnte, kann ich nicht ausschließen, daß Sie beim Lesen den Eindruck gewinnen, ein solches Paar zu kennen. Derartige Ähnlichkeiten mit lebenden oder verstorbenen Paaren sind von mir nicht beabsichtigt. Die Paare, die wirklich bei mir waren, finden Sie auf den kommenden Seiten jedenfalls nicht mehr.

Das Verzeichnis der verwendeten und zitierten Literatur befindet sich im Anhang. Im Text steht jeweils ein beziffeter Hinweis.

Über vieles, was dort geschrieben steht, habe ich mit Kolleginnen und Kollegen und mit Freunden beiderlei Geschlechts diskutiert, vor allem mit Karl König, Joachim Biskup, Heidi Hamm, Gerlinde Herdieckerhoff-Sanders, Falk Leichsenring, Ulrich Sachsse und Regine Tischtau-Schröter. Ihnen allen und meiner geduldigen Lektorin Manuela A. Heise danke ich für viele Anregungen und kritische Hinweise. Mein Dank gilt auch Rita Rivera-Espejo, Elke Schulz und Elsbeth Wildhagen, die das Manuskript in bewundernswerter Zuverlässigkeit und Schnelligkeit geschrieben haben.

Vor allem aber habe ich meiner Frau Cornelia und unseren Kindern Benjamin, Hannah Marie und Max Michael vieles zu verdanken, was es mir möglich gemacht hat, dieses Buch zu verfassen. Das hängt mit dem zusammen, worum es auf den folgenden Seiten geht. Ihnen ist dieses Buch deshalb auch gewidmet.

Göttingen, im Oktober 1993 *Reinhard Kreische*

1. KAPITEL

Wie es anfängt

In der westlichen Kultur lassen wir seit etwa 200 Jahren unsere Ehen nicht mehr von den Eltern stiften, sondern wir bevorzugen die freie, romantische Partnerwahl. Das hat dazu geführt, daß jetzt so etwas Empfindliches und Anfälliges wie Gefühle und nicht etwa gesellschaftliche oder wirtschaftliche Gesichtspunkte zum Kitt von Paarbeziehungen und Ehen geworden sind. Die meisten Paarbeziehungen beginnen jetzt mit einer Phase der Verliebtheit.

Das war durchaus nicht immer so in der engsten zwischenmenschlichen Beziehung, die wir kennen, der Paarbeziehung und der Ehe. Einige typische Schwierigkeiten sind allerdings schon Jahrtausende alt: Ehebruch und Inzest waren offensichtlich schon zur Zeit des Alten Testaments «modern». An verschiedenen Stellen mußte dort energisch darauf hingewiesen werden, daß sich so etwas sozial und kulturell schädlich auswirken kann. Das hat sich bis heute nicht geändert. Der soziale Kontext, in dem man heute «fremdgeht», ist jedoch ein anderer. Seit der Zeit des Alten Testaments haben starke Veränderungen stattgefunden, Veränderungen, die sich in den vergangenen zwei- bis dreihundert Jahren in hohem Ausmaß beschleunigt haben.

Noch im 16. und 17. Jahrhundert, was ja noch gar nicht so sehr lange zurückliegt, war die Familie fest eingebettet in eine größere Gesellschaftsordnung. Sie war, wie der Historiker Shorter (73) schreibt, «mit der sie umgebenden Sippe verbunden, einem Netz von Tanten und Onkeln, Vettern und Basen, mit denen die soziale Landschaft übersät war... Die angestammten Traditionen und Verhaltensweisen waren den Menschen in ihrem Alltag stets gegenwärtig. Da sie wußten, daß der Zweck ihres Lebens darin bestand, die kommenden Generationen zu lehren, alles genauso zu tun, wie es die Generationen der Vergangenheit getan hatten, verfügten sie über eindeutige Regeln, nach denen die Beziehungen innerhalb der Familie geformt und durch die entschieden wurde, was wesentlich war und was nicht». Es gab große Löcher im Schutzschild der Privatsphäre, die es ermöglichten, «daß andere Menschen ungehindert in den Haushalt vordringen und – wenn nötig – die Ordnung aufrechterhalten konnten».

«Auf ihrer Reise in die moderne Welt hat die Familie all diese Bindungen aufgegeben. Sie hat sich von der sie umgebenden Gemeinschaft getrennt und hohe Mauern um ihre Privatsphäre errichtet. Sie hat sich ihrer Verbindungen zu den entfernten Mitgliedern der Sippe entledigt und sogar ihre Beziehungen zu den nahen Verwandten von Grund auf verändert. Und sie hat einen Trennungsstrich gezogen zwischen sich und jener Kette der Generationen, die sie mit der Vergangenheit und Zukunft verband» (73). Noch vor unglaublich kurzer Zeit, nämlich vor 150 bis 200 Jahren, wuchsen unsere Urgroßeltern und Ururgroßeltern in Familien auf, die überwiegend nach Gesichtspunkten der Vernunft und der Ökonomie zusammengestellt worden waren.

Davon wären moderne Paare nicht begeistert. Sie haben die Vorstellung, auf die vor wenigen Jahrhunderten noch nicht viele unserer Vorfahren gekommen wären, daß man in jemanden verliebt sein muß, wenn man ihn oder sie heiraten will. Das ist eine romantische Vorstellung.

Die Phase der Verliebtheit hat der Begründer der Psychoanalyse, Sigmund Freud, etwas prosaisch als «Sexualüberschätzung des Partners» (20) beschrieben. Ich spreche lieber von einer physiologischen Bewußtseinstrübung. Dies ist, wie den meisten Menschen bekannt ist, ein sehr angenehmer Zustand, der sich im Laufe der Evolution offensichtlich als günstig erwiesen hat, weil er es erleichtert, daß feste Paarbeziehungen überhaupt zustande kommen können.

Wenn wir verliebt sind, idealisieren wir unseren Partner oder unsere Partnerin. Alles, was böse und schlecht ist in der Welt, wird außerhalb der Paarbeziehung angesiedelt, zum Beispiel bei Eltern, Schwiegereltern und mißgünstigen Freunden, die unverständlicherweise unseren Geliebten oder unsere Geliebte nicht in den gleichen rosigen Farben sehen wie wir und die nicht immer weise genug sind, das für sich zu behalten. Wenn wir verliebt sind, befinden wir uns in einem Zustand des Glücks, der manchmal als ein «Schweben auf Wolken» beschrieben wird, eine ganz treffende Charakterisierung. Ich hoffe, daß Sie das schon einmal erlebt haben.

An dieser Stelle wird, um mit Tucholsky zu reden, «im Film jewöhnlich abjeblendt», so daß sie uns als «happy end» in Erinnerung bleiben kann. Tucholsky beschreibt in seinem frechen Gedicht recht drastisch, was so alles nach dem «happy end» noch passieren kann. Das hängt damit zusammen, daß unser Bewußtsein leider nicht sehr lange so angenehm getrübt bleibt. Nach einiger Zeit, Wochen oder Monaten, beginnt sich die Erkenntnis durchzusetzen, daß der andere doch nicht ganz so ideal ist, wie wir uns das anfangs vorgestellt haben, daß wir uns in ihm getäuscht haben. Und das ist die erste Ent-Täuschung in unserer jungen Paarbeziehung, die zur ersten Krise führt.

Sie können jetzt schon ahnen, daß ich der Meinung bin, daß Krisen notwendigermaßen zu einer Paarbeziehung und Ehe gehören. Die Frage ist nur, wie wir mit diesen Krisen umgehen.

Bei unseren ersten Liebesbeziehungen ist es meistens so gewesen, daß Enttäuschungen früher oder später zur Trennung der Beziehung geführt haben. Und so sehr uns das damals auch geschmerzt hat, so war es doch meistens gut, daß das so war. Im allgemeinen sind es nicht die besonders beziehungsfähigen Jugendlichen, die mit ihrem ersten Freund oder ihrer ersten Freundin gleich eine feste Beziehung eingehen und sie später vielleicht sogar heiraten. Vielmehr handelt es sich dabei häufiger um die besonders ängstlichen, anlehnungsbedürftigen, Sicherheit suchenden. Ausnahmen mag es zwar geben, sie bestätigen aber eher diese Regel.

Solche ängstlichen jungen Leute begeben sich dann aus dem sicheren Hafen ihrer Herkunftsfamilie in den sicheren Hafen einer frühen festen Beziehung, wobei sie einen Mangel mit in die Beziehung nehmen, den nur wenige später noch einmal ausgleichen können: den Mangel an Erfahrung sowohl mit verschiedenen Partnern als auch an selbständigem allein Leben und Zurechtkommen.

Die anderen gestatten sich im allgemeinen eine längere Phase des

Ausprobierens, in der sie Erfahrungen sammeln können, die einer späteren festen Partnerschaft zugute kommen können. Sie tun dies natürlich nicht in dieser Absicht. Wenn sie das täten, was es auch hin und wieder gibt, würden sie ihre Partner benutzen, was denen meistens auf Dauer nicht besonders gut bekommt. Die Enttäuschung darüber, vom anderen benutzt und ausgenutzt worden zu sein, ist oft eine besonders heftige Enttäuschung, so daß an ihr nicht selten diese Partnerbeziehungen zerbrechen.

Wieso zerbrechen aber eigentlich nicht alle Beziehungen, wenn die ersten Enttäuschungen einsetzen? Das ist gar nicht so leicht zu beantworten. In der Phase des Verliebtseins haben wir Gelegenheit, den anderen kennenzulernen. Und nicht alles, was wir an ihm kennenlernen, ist Täuschung. Der andere ist zwar leider nicht ganz so ideal, wie wir ihn uns anfangs vorgestellt haben, ein paar liebenswerte Eigenschaften hat er aber doch vorzuweisen. Und wenn wir eine gewisse Reife entwickelt haben, was halt bei den allerersten Beziehungen meistens noch nicht der Fall ist und sein kann, dann können wir es einem Partner manchmal verzeihen, daß er eben nicht so ideal ist. Wenn die liebenswerten Eigenschaften, die dann immer noch bleiben, uns ausreichend erscheinen, dann schaffen wir es manchmal, die anderen, ärgerlichen oder enttäuschenden Seiten in Kauf zu nehmen und bei ihm oder ihr zu bleiben.

Glückliche Paare erhalten sich eine gewisse Fähigkeit zur Idealisierung des Partners, so daß bei ihnen nach der Phase des Verliebtseins und der Phase der Enttäuschung und Krise wieder eine Phase der Idealisierung eintritt, allerdings in einer etwas milderen Form als zuvor. Die Beziehung ist in eine reifere Phase eingetreten. Diese wird irgendwann wieder durch eine Krise abgelöst werden, an die sich bei erfolgreicher Krisenbewältigung wieder eine neue Phase leichter Idealisierung anschließt, wie dies auch der französische Paartherapeut Lemaire (52) beschreibt.

Weniger glückliche Paare sind nüchterner. Sie sehen ihren Partner nicht durch die Brille der Liebe, sondern sachlich bis kritisch, und eigentlich kann man sie zu ihrem Scharfblick nur beglückwünschen. Doch sie gehören nicht zu denjenigen, die in einer Paarbeziehung einen Teil ihres Lebensglücks finden. Ihre Liebesfähigkeit ist dafür zu klein. Oder sie ist im Prinzip zwar vorhanden, aber aufgrund innerer oder äußerer Konflikte gelähmt, so daß sie nicht zum Tragen kommt.

Andrea Schneider, eine Doktorandin an der Universität Göttingen, beschäftigte sich mit der Frage, wie sich zufriedene von unzufriedenen Paaren unterscheiden. Sie fand heraus, daß die Zufriedenen mit ihrem Partner mehr oder weniger zufrieden, und die Unzufriedenen mit ihm unzufrieden sind (71). Die Zufriedenen sind der Meinung, daß der Partner sich gut in sie einfühlen und sie gut verstehen kann, die Unzufriedenen, daß er das nicht kann. Bei dieser Untersuchung, die ich mitbetreut habe, hatten wir die Erwartung, daß die Partner in glücklichen Beziehungen sich besser in den anderen einfühlen können als diejenigen aus unglücklichen Beziehungen. Es stellte sich jedoch zu unserer Überraschung heraus, daß dem nicht so ist. In zufriedenen wie in unzufriedenen Paarbeziehungen und Ehen können sich die Frauen und Männer im Durchschnitt gleich gut ineinander einfühlen. Sie können auch, so vermute ich inzwischen, viele andere Dinge gleich gut. Nur die Bewertung dessen, was der Partner tut, ist verschieden. Im einen Fall wird das, was der Partner tut und kann, als ausreichend gut bewertet, so daß man mit dem anderen offensichtlich zufrieden sein kann. Im anderen Falle wird das, was der andere tut und kann, als zu wenig bewertet, so daß sich Unzufriedenheit einstellt. Wie ist so etwas möglich?

«Persönlichkeiten» und «Neurosen»

Die Gründe dafür, daß manche Menschen zufrieden und manche unzufrieden mit ihrem Partner sind, sind so vielgestaltig wie es verschiedene Persönlichkeiten gibt. Sie an dieser Stelle alle einzeln aufzuführen, wäre ein hoffnungsloses Unterfangen. Es gibt aber einige besonders typische Konstellationen, die dann allerdings in vielen Varianten auftreten. Über solche typischen Beziehungs- und Konfliktmuster will ich später in diesem Buch einiges sagen.

Dabei werde ich hin und wieder Begriffe aus der psychoanalytischen Persönlichkeitstheorie verwenden, von depressiven, phobischen, zwanghaften und hysterischen Persönlichkeiten sprechen, um nur einige Beispiele zu nennen. Diese Begriffe geben manchmal Anlaß zu Mißverständnissen. Um dem vorzubeugen, will ich zunächst erklären, was die Psychoanalytiker und viele andere Psychotherapeuten unter «Persönlichkeit», «Persönlichkeitsstruktur» und unter «Neurose» verstehen.

Daran, daß die Begriffe, die wir dabei verwenden, mißverstanden werden können, sind wir Psychotherapeuten selbst schuld. Wir verwenden nämlich die gleichen Begriffe für gesunde wie für kranke Menschen. Das ist nicht ganz so dumm, wie es auf den ersten Blick aussieht, aber es sorgt leider oft für Verwirrung.

Depressiv nennen wir zum Beispiel einen Menschen, der an schweren Depressionen leidet, morgens am liebsten gar nicht aufstehen möchte und das in ernsteren Fällen vielleicht auch wirklich nicht mehr tut, der sich das Leben nehmen möchte, verzweifelt ist, nicht mehr gut schlafen kann, an Appetitlosigkeit leidet, sich in grausamer Weise selbst Vorwürfe macht für vermeintliche oder wirkliche Verfehlungen oder Unfähigkeiten. Er kann sich selbst nicht mehr leiden, klagt oder sagt manchmal auch gar nichts mehr, was meist noch schlimmer ist.

«Depressiv» nennen wir aber auch Menschen, die sich ganz wohl fühlen, die gar keine der eben beschriebenen Symptome haben. Sie versorgen andere gerne, helfen gerne, neigen eher dazu, sich selbst als andere kritisch zu sehen, können sich gut in andere Menschen einfühlen. Sie betonen mehr die Gemeinsamkeiten als die Unterschiede zwischen Menschen und haben überhaupt am liebsten alles in ihrer Umgebung voller Harmonie.

Die Menschen aus der ersten Gruppe von Depressiven würden viele von uns, jedenfalls wenn deren Symptome sehr ausgeprägt sind, als «krank» bezeichnen. Manche Psychotherapeuten gebrauchen für diese Krankheit den Begriff der «depressiven Neurose». Neben den *depressiven Neurosen*, die überwiegend Ursachen haben, die mit Schwierigkeiten in der Kindheits- und Lebensgeschichte zu tun haben, gibt es auch noch andere depressive Erkrankungen, die wahrscheinlich hauptsächlich körperliche Ursachen haben: die «*Psychosen*».

Die anderen depressiven Menschen, denen es gut geht, halten wir eher für «gesund», und wenn jemand nicht gerade Psychotherapeut ist, käme er wohl auch nicht auf die Idee, sie überhaupt «depressiv» zu nennen. Wir Psychotherapeuten meinen mit diesem Begriff allerdings auch keine depressive Gestimmtheit, sondern eine «depressive Persönlichkeitsstruktur». Eine Persönlichkeitsstruktur hat jeder Mensch, das hat mit Krankheit nichts zu tun, eine depressive Persönlichkeitsstruktur also auch nicht.

Wenn dieser Sprachgebrauch nicht zu so vielen Mißverständnissen Anlaß geben würde, wäre er eigentlich sehr vernünftig. Er weist uns nämlich darauf hin, daß die *Übergänge* von dem, was wir «normal» oder «gesund» nennen, zu dem, was wir «unnormal» oder «krank» nennen, *fließend* sind. Das ist nicht nur bei den Persönlichkeitsstrukturen so, es ist auch in manchen körperlichen Bereichen so, zum Beispiel beim Blutdruck oder beim Blutzuckerspiegel. Auch hier gibt es Bereiche, die wir eindeutig für «normal» und andere, die wir eindeutig für «krankhaft» halten. Dazwischen findet sich ein Bereich, bei dem man sich darüber streiten kann. Damit man sich verständigen kann, haben ärztliche Wissenschaftler eines Tages festgelegt, welche

Werte als «gesund» und welche als «krank» gelten sollen. Diese Definitionen sind unter Ärzten jetzt verbindlich. Manchmal werden sie noch ein bißchen nach oben oder unten verschoben, aber im großen und ganzen kann man sich an ihnen orientieren.

Bei psychischen Phänomenen ist es noch schwieriger und oft auch problematischer, solche Definitionen vorzunehmen. Aber auch hier sind die Übergänge zwischen gesund und krank fließend. Menschen mit einer depressiven Persönlichkeitsstruktur zum Beispiel weisen ganz bestimmte Eigenschaften auf, durch die sie sich unterscheiden von Menschen mit einer anderen Persönlichkeitsstruktur. Dies sind normalpsychologische Phänomene. Wenn sich unter ungünstigen Entwicklungsbedingungen manche dieser Persönlichkeitseigenschaften verstärken und extreme Ausmaße annehmen, kann man daran zu leiden beginnen; das nennen wir dann «krank». Entsprechendes gilt für Menschen, von denen wir Psychotherapeuten sagen, daß sie eine schizoide, eine depressive, eine phobische, eine zwanghafte oder eine hysterische Persönlichkeitsstruktur haben.

Es beruht aber immer auf einer gewissen willkürlichen Festlegung, was wir als normal und was als absonderlich bezeichnen. Hemmo Müller-Suhr, der während meines Medizinstudiums Professor für Psychiatrie in Göttingen war, hat dies den Studenten gern dadurch klargemacht, daß er über die Normalität im Bereich der Intelligenz sagte: «Normal ist mäßiger Schwachsinn.» Sowohl unterdurchschnittliche als auch überdurchschnittliche Intelligenz ist «unnormal». Normalität ist also ein statistischer Begriff, der mit der Umgebung zu tun hat, in der er festgelegt wird. Über den Wert einer Eigenschaft oder eines Verhaltens sagt der Begriff «normal» überhaupt nichts aus.

Was uns an manchen unserer ausländischen Mitbürger ungewöhnlich oder be-fremdend vorkommt, ist in deren Heimatland völlig normal. Und unsere Art von Normalität ist schon in Frankreich oder England in manchen Bereichen sehr unnormal, in anderen Kulturkreisen noch mehr. Das ist es, worauf sich der Autoaufkleber gegen Fremdenfeindlichkeit und Ausländerhaß bezieht: «Alle Menschen sind Ausländer – fast überall.»

Aber auch in unserer eigenen Kultur haben wir es dauernd mit unterschiedlichen Normalitätsbegriffen zu tun. Jede Familie entwickelt im Laufe der Zeit einen eigenen Familienstil, der sich schon von dem der Nachbarfamilie unterscheidet und im allgemeinen noch mehr von dem der Familien aus einem anderen Stadtviertel. Tolerante Menschen sprechen in solchen Fällen davon, daß der Nachbar oder der Ausländer von nebenan «anders» ist, weniger tolerante Menschen nennen das oft sehr schnell «unnormal» oder denken es doch zumindest. Wenn ein Menschenfreund abstreitet, daß der andere anders ist, und behauptet, wir Menschen seien doch alle gleich, bin ich immer etwas skeptisch: Meist steckt nämlich hinter einer solchen Verleugnung von Unterschieden mehr Intoleranz als dem Betreffenden selbst bewußt ist oder als er andere merken lassen möchte. Auf den Umgang mit verschiedenen Stilen in Paarbeziehungen, Persönlichkeitsstilen, Familienstilen und kulturellen Stilen werde ich später zurückkommen.

Hier geht es mir erst einmal darum, herauszustellen, daß der Übergang von normal zu krankhaft bei der menschlichen Persönlichkeit ein fließender ist, daß die Festlegung von normal und unnormal willkürlich ist und vom sozialen Umfeld abhängt. Alles Krankhafte und Neurotische ist lediglich eine Übersteigerung des sogenannten Normalen. Und was Sie für neurotisch halten, hält Ihr Partner vielleicht für völlig normal, weil es nämlich in seiner Herkunftsfamilie so üblich war, in Ihrer aber nicht.

Besonders «normal» wirken auf die meisten Menschen übrigens oft diejenigen, die wir Psychotherapeuten in gewissem Sinne für «krankhaft normal» halten: Das sind Menschen, die völlig problemlos funktionieren. Wenn andere nicht mehr weiter könnten, können sie immer noch, wenn andere Angst bekämen, bekommen sie keine, wenn andere traurig oder depressiv reagieren würden, pfeifen sie ein fröhliches Lied.

Solche Menschen sind in unserer Gesellschaft außerordentlich beliebt. Kürzlich habe ich so einen Menschen kennengelernt. Er lag, nein: er *saß* nach einem Hörsturz in einer Klinik und erzählte stolz davon, daß er jeden Morgen drei Stunden zur Arbeit fährt, zu verschiedenen Einsatzorten in der weiteren Umgebung seines Heimatortes, daß er dort dann acht Stunden hart arbeitet, anschließend drei Stunden mit dem Auto über die Autobahn «zurückdonnert» zu seiner Familie mit Ehefrau und einigen Kindern und daß er es auch noch fertigbringt, nach Feierabend sein Eigenheim im Eigenbau aus dem Boden zu stampfen. Sein Essen in der Klinik aß er am liebsten im Stehen, das war er so gewohnt, und die Zigarettenschachtel, aus der er sich reichlich bediente, hing aus seiner rechten Hosentasche. Er hielt es für einen blöden Spruch, daß er sein Leben in Zukunft weniger streßreich gestalten sollte. Wie solle das denn bei der jetzigen Arbeitsmarktlage gehen? Was würde wohl sein Chef dazu sagen, wenn er das auch nur versuchte? Doch das alles klang kaum resignativ, eher stolz: Er war einer, der das alles schaffte. Er ließ sich vorzeitig aus dem Krankenhaus entlassen, weil er die Ruhe in der Klinik nicht aushielt, denn da stellten sich eigenartige Leeregefühle bei ihm ein.

An seiner Arbeitsstelle war möglicherweise wirklich manches «normal», was ich und vielleicht auch Sie für ein bißchen verrückt halten. Vor allem aber hing der Lebensstil dieses jungen Mannes wohl mit seiner Persönlichkeit zusammen, mit einem Versuch, durch Überaktivität eine gewisse innere Leere zu kompensieren, ein Lebensstil, der in manchen Berufen gerne gesehen und ausgenutzt wird.

Solche extrem normalen Menschen wirken deshalb auf viele so erfreulich normal, weil sie zu intensiven Gefühlsregungen nicht oder nicht mehr in der Lage sind und deshalb oft über lange Zeit unproblematischer und störungsfreier als andere funktionieren. Man hat so wenig Last mit ihnen. Sie haben oft, wenn noch gewisse körperliche Dispositionen hinzukommen, eine Bereitschaft zu sogenannten psychosomatischen Erkrankungen, zu denen man manche Fälle von Hörsturz auch zählen muß. Die körperliche Komplikation, der Hörsturz oder der Herzinfarkt oder das Magengeschwür, wird von ihnen durchaus als unnormal erlebt. Sie möchten aber möglichst schnell, am liebsten mit technischen Mitteln, wieder zum Funktionieren gebracht werden. Daß sie ihren Lebensstil verändern müßten, irritiert sie so sehr, daß sie schon bei dem bloßen Gedanken daran von einer fast panischen Angst befallen werden.

Im Bereich der körperlichen Erkrankungen ist es meist leichter, sich darauf zu einigen, was man nun «krank» nennen soll und was nicht. Ist das Magengeschwür da, ist der Patient krank. Ist es wieder weg, ist er kein Patient mehr, dann ist er also gesund.

Ich bestehe auch nicht darauf, den jungen Mann mit dem Hörsturz weiter «krank» zu nennen, nachdem ihn die hals-nasen-ohrenärztlichen Kollegen «gesund» geschrieben haben. Daß ein *Lebensstil* Ausdruck einer psychischen Krankheit sein soll, hat für die meisten Menschen ja etwas außerordentlich Kränkendes an sich. Ich bin also durchaus bereit, diesen überaus aktiven Lebensstil als normal anzuerkennen, wenn er auch anders ist als meiner, was ja noch nicht heißt, daß er nicht normal ist. Wenn sich aber doch einmal jemand nach einem Hörsturz in meiner psychotherapeutischen Praxis einfindet, dann besteht das Ergebnis der Therapie manchmal darin, daß der immer Normale ein bißchen mehr Mut zum Unnormalen aufbringt. Er merkt vielleicht, daß ein bißchen Verrücktheit das Leben bunter machen kann und daß er nicht mehr so viel Angst davor haben muß, wenn einmal jemand aus seiner Umgebung den Kopf über ihn schüttelt.

Weshalb hat nun aber die Sache mit den Persönlichkeiten und den Neurosen und psychosomatischen Erkrankungen etwas mit manchen Problemen in Partnerbeziehungen zu tun?

Dorothy L. Sayers läßt in ihrem Krimi «Die Akte Harrison» (70) einen Psychotherapeuten sagen: «Die Hälfte meiner Patienten kommt zu mir, weil sie nicht verheiratet sind, und die andere Hälfte, *weil* sie es sind.» Was dieser erfundene Kollege da gesagt hat, gilt in gewissem Maße auch für die moderne psychotherapeutische Praxis.

Viele psychische Probleme und Erkrankungen haben ihre Ursache in schwierigen und belastenden zwischenmenschlichen Beziehungen, vor allem in Störungen der Beziehungen zwischen dem Kind und seinen Eltern. Solche Störungen wirken sich im Verlaufe des weiteren Lebens wiederum in Beziehungen aus.

Neben diesen Beziehungen des Kindes zu seinen Eltern und der Eltern zu ihren Kindern sind die engsten und bedeutungsvollsten zwischenmenschlichen Beziehungen, die wir kennen, die Paarbeziehungen, so daß sich Beziehungsstörungen dort besonders stark auswirken. Aus dieser Gruppe kommt die eine Hälfte der Patienten des Therapeuten aus dem Krimi. In manchen Fällen führen die Beziehungsstörungen auch dazu, daß jemand gar keine feste Beziehung zustande bringt, obwohl er gerne möchte. Aus dieser Gruppe kommt die andere Hälfte.

Umgekehrt gilt, daß länger andauernde Schwierigkeiten in Partnerbeziehungen oft außerordentlich belastend sind, wodurch psychische und psychosomatische Irritationen und nicht selten sogar Erkrankungen ausgelöst werden können. In einer Untersuchung (48) habe ich herausgefunden, daß Frauen und Männer, die wegen Partnerkonflikten – und nicht etwa wegen einer psychischen Erkrankung – eine bestimmte paartherapeutische Ambulanz aufsuchten, fast alle auch psychische oder psychosomatische Krankheitssymptome aufwiesen: Depressionen, phobische Ängste, Zwangssymptome, narzißtische Insuffizienz- und Leeregefühle, Selbstmordtendenzen, Selbstmordversuche in der Vorgeschichte, psychogene Herz- und Kreislaufsymptome, Magenbeschwerden, gynäkologische Beschwerden verschiedenster Art, um nur die häufigsten zu nennen.

Trotzdem kann man nicht sagen, daß die Partnerbeziehungen und Ehen diese Probleme und Erkrankungen verursacht haben, sie haben sie aber oft *ausgelöst*. Die Ursachen bringen die erkrankten Partner, oft beide Partner, aus ihren Herkunftsfamilien mit.

Die Störungen und Erkrankungen, die ich hier meine, gehören zu der Gruppe der sogenannten *psychogenen Erkrankungen*. Das heißt, daß sie eine psychische Ursache haben. Daneben gibt es psychische Erkrankungen mit körperlichen Ursachen und solche, deren Ursachen wir leider immer noch nicht kennen.

Die Eltern mancher Kinder oder Erwachsenen mit sogenannten psychogenen Erkrankungen mag es in dem einen oder anderen Fall beruhigen, daß wir inzwischen wissen, daß auch diese Erkrankungen häufig nicht wirklich nur psychogen sind, sondern daß auch Erbfaktoren und andere körperliche Faktoren an ihrem Zustandekommen beteiligt sein können. Eine Beteiligung von Erbfaktoren nimmt man heute zum Beispiel bei Zwangsneurosen und Depressionen an, aber auch bei psychosomatischen Erkrankungen wie dem endogenen Ekzem. Körperliche Mitursachen sind für psychosomatische Erkrankungen wie das Asthma bronchiale, das Magengeschwür, die Colitis ulcerosa schon lange bekannt. Im Bereich der körperlichen Ursachen dieser Erkrankungen macht die Medizin schnellere Fortschritte als im Bereich ihrer psychischen Ursachen, so daß wir im organischen Bereich inzwischen manchmal erfolgreicher in das Krankheitsgeschehen eingreifen können als im psychischen Bereich. Dennoch gibt es immer wieder auch Fälle wie den eines schwer asthmakranken Kindes, das jahrelang mit stärksten Medikamenten und immer wieder wegen seiner Erkrankung in der Klinik behandelt werden mußte und das für viele Jahre symptomfrei wurde, nachdem ich seine Eltern ein Jahr lang paartherapeutisch behandelt hatte. Das Kind selbst habe ich nie gesehen.

Wenn man nicht weiß, daß viele psychische und psychosomatische Erkrankungen auch körperliche Ursachen haben, kann man den Eltern solcher Patienten großes Unrecht antun, wenn man ihnen zu verstehen gibt, daß sie an der Erkrankung ihrer Kinder schuld seien. In manchen Fällen können Familien dann auch deshalb nicht mehr ruhig und gelassen mit den sowieso schon belastenden Erkrankungen ihrer Kinder umgehen, weil die Eltern an unerträglichen Schuldgefühlen zu leiden beginnen und komplizierte Wiedergutmachungsstrategien in Gang setzen, mit denen sie oft mehr Schaden als Nutzen anrichten.

Es kommt allerdings häufiger vor, daß ein Familienmitglied, das irgendwelche Symptome entwickelt, in der Patientenrolle festgeschrieben und von der Familie und den behandelnden Ärzten für «krank» erklärt wird, was die Restfamilie dann davon entlastet, die eigenen Verrücktheiten betrachten zu müssen. Es gibt aber auch das Umgekehrte: daß nämlich Familien für verrückt erklärt werden, weil eifrige Ärzte, Psychologen oder Sozialarbeiter etwas über die Familiendynamik psychischer Erkrankungen gelernt haben, was sie nicht richtig verstanden haben.

Aber auch in den Fällen, in denen Familien ursächlich am Zustandekommen einer psychischen oder psychosomatischen Erkrankung beteiligt waren oder sind, hilft diese Erkenntnis demjenigen, dem es schlecht geht, im allgemeinen nicht viel weiter. Es kommt nämlich, wie Sartre gesagt hat, darauf an, was wir aus dem machen, was aus uns gemacht worden ist. Erst wenn ein Patient in einer Psychotherapie so weit ist, diese oft ein wenig bittere Erkenntnis zu akzeptieren, kann er seine Kräfte dafür einsetzen, sich zu verändern. Solange er nur klagt und anklagt, tut er nichts weiter als sich ein Alibi zu verschaffen, das es ihm ermöglicht, sich die Anstrengungen einer Veränderung nicht zumuten zu müssen: Die anderen sind ja schuld; die anderen müssen sich verändern. Das gilt auch und besonders für Probleme in Paarbeziehungen.

Moderne Paare, vor allem, wenn sie ihre Freizeit mit der Lektüre populärpsychologischer Literatur oder der einschlägigen Illustrierten bereichern, wissen das natürlich alles. Deshalb kommen sie dann oft in die psychotherapeutische Praxis oder in die Ehe- und Lebensberatungsstelle und versichern, daß sie wissen, daß zu einem Partnerkonflikt immer zwei gehören, und daß sie sicher beide ihren Anteil an den Problemen in der Beziehung haben. Wenn ich sie dann allerdings frage, was sie selbst zu einer Verbesserung der Beziehung beitragen können, fällt ihnen dazu nicht viel ein. Viel leichter ist es im allgemeinen, zu sagen, was der Partner oder die Partnerin anders machen soll. Wenn der andere schuld ist am eigenen Leid, brauche ich bei mir selbst nichts zu verändern.

2. KAPITEL

Wozu Krisen gut sind

Wir Menschen sind also alle verschieden und haben deshalb auch verschiedene Wertesysteme, verschiedene Weltbilder, verschiedene Verhaltensstile und verschiedene Arten zu leben. Unsere Vorstellungen von Paarbeziehungen sind ebenfalls verschieden. Deshalb sind auch Irritationen zu erwarten, wenn sich zwei Menschen in einer Paarbeziehung zusammenfinden und beschließen, den Versuch eines gemeinsamen Lebens zu unternehmen. Irritationen sind aber noch keine Krisen.

Von einer Krise sprechen die Mediziner bei fieberhaften Krankheiten, wenn der Körper sich in einer entscheidenden Phase der Erkrankung befindet: Entweder kommt es zu einem Wendepunkt der Erkrankung und zu einem Abfall des Fiebers, oder die Kräfte des Körpers reichen nicht aus, die Krise in diesem Sinne zu überwinden, dann stirbt der Patient.

Entsprechend gebrauche ich den Ausdruck «Krise» in Paarbeziehungen, wenn sich Irritationen zwischen den Partnern zugespitzt haben, wenn es zu erheblicher Unzufriedenheit bei einem oder beiden Partnern gekommen ist, so daß sich schließlich das Gefühl und der Wunsch einstellt, daß «etwas geschehen muß»: Entweder ändert sich etwas in der Beziehung, oder die Beziehung übersteht die Krise nicht, und die Partner trennen sich. Solche Krisen in Paarbeziehungen sind ein normales Phänomen, wie Krisen überhaupt zu jedem menschlichen Leben dazugehören.

Ähnlich wie bei den Störungen der Körperfunktionen bei organischen Erkrankungen gibt es auch bei Störungen in Beziehungen verschiedene Formen und Verläufe. Es gibt Störungen, die schleichend über viele Jahre entstehen und die, wie man sagen könnte, chronifizieren, ohne daß es zu einer wirklichen Krise kommt. Die Partner arrangieren sich dann manchmal mit einem wenig zufriedenstellenden Zustand. Das kann man, je nach Temperament und Weltanschauung, als bedauerliches Schicksal, als Aufgabe, mit der man halt fertig werden muß, weil das Leben es nun mal nicht mit allen gleich gut meint, betrachten oder als Ausdruck einer Veränderungsschwäche.

Da die Temperamente und Wertvorstellungen verschieden sind, kann ich auch nicht sagen, daß die eine Ansicht besser sei als die andere. Sie sind halt verschieden.

Es gibt Menschen, die wenig Irritationen ertragen können. Sie führen sofort eine Krise herbei, in der es um Veränderung oder Trennung geht, wenn andere noch längst nicht an so etwas denken würden. Sie schlittern im Extremfall von einer kurzen Beziehung in die nächste und bekommen überhaupt keine dauerhafte Partnerbeziehung zustande. Andere haben eine große Frustrationstoleranz und Fähigkeit, sich zu verändern und Veränderungen in ihrer Umgebung zu ertragen. Sie überstehen viele ernsthafte Krisen überdurchschnittlich gut und erfinden oft mit ihrem Partner zusammen neue Formen des Zusammenlebens, in denen sie beide sich dann wieder wohl fühlen können, manchmal wohler als zuvor. Wieder andere haben eine große Angst vor einschneidenden Veränderungen oder Trennungen und sind aus diesen Gründen auch bei großen Schwierigkeiten «stabil» in ihren Paarbeziehungen. Hier kommt es gar nicht erst zu wirklichen Krisen. Es existiert keine Gefahr einer Trennung, aber auch keine Chance, eine Veränderung zum Besseren herbeizuführen.

Die letzte Gruppe ist für viele Psychotherapeuten die schwierigste. Auch in unserem Beruf macht es Spaß, etwas zu bewirken und erfolgreich zu sein. Es kommt aber auch hier wieder darauf an, was wir als Erfolg betrachten. Paare aus dieser Gruppe haben nämlich auch ihre guten Gründe, warum sie so geworden sind, wie sie sind, und sie leben so gut, wie sie es können. Wenn ich als Psychotherapeut bereit bin, hin und wieder auch einmal kleine Brötchen zu backen, dann kann ich darauf verzichten, diese Paare mit Gewalt in eine Krise zu treiben. Das würde ihnen ohnehin so viel Angst machen, daß sie dann wegblieben. Besser sehe ich mir in Ruhe mit ihnen zusammen an, was ist, warum es so ist und ob und wo kleine bis kleinste Veränderungen vielleicht doch möglich sind, die ihre Angsttoleranz nicht überschreiten und die dennoch dazu verhelfen, ein bißchen glücklicher zu leben als zuvor.

Innerhalb dieses breiten Spektrums des verschiedenen Umgangs mit Irritationen bleibt aber eines sicher: Schon zu Beginn einer Paarbeziehung kommt es früher oder später zu Irritationen. Beide Partner sind verschieden und müssen sich aufeinander einstellen. Bleibt die Beziehung bestehen, kommt es im Laufe des weiteren Zusammenlebens immer wieder zu Irritationen. Veränderungen im Leben des Paares oder in seiner Umgebung führen dazu, daß die bisherige Form des Zusammenlebens nicht mehr unverändert aufrechterhalten werden kann.

In solchen Situationen, in denen die Partner sich auf eine neue Situation einstellen müssen, haben es diejenigen leichter, die kreativ und phantasievoll sind. Zu ihrem Lebensgefühl und Weltbild gehört es selbstverständlich dazu, daß man sich immer mal wieder verändern muß. Ihnen macht das vielleicht sogar noch Spaß, zum Beispiel wenn aus dem Paar eine Familie wird nach der Geburt eines Kindes. Aber auch bei solchen kreativen Paaren gibt es Situationen, in denen der Spaß sich in Grenzen hält oder Veränderungen schwerfallen, zum Beispiel wenn der Partner oder die Partnerin erkrankt und der eigene Lebensstil unfreiwillig verändert werden muß, um diesem neuen Zustand Rechnung zu tragen.

Situationen, die Irritationen und Krisen auslösen können, bezeichnen wir als *Schwellensituationen* des Lebens. Menschen, denen Krisen nicht zu viel Angst bereiten, haben dann die Chance, die Beziehung umzustrukturieren, eine neue Form des Miteinander zu erfinden. Solche Umstrukturierungsprozesse können sehr turbulent und belastend sein, manchmal auch tragisch, manchmal eher tragikomisch, sie können auch milder, sanfter verlaufen. Aber ganz ohne Krisen können wir uns nicht in ausreichendem Maße verändern, um uns in gänzlich neuen Lebenssituationen in zufriedenstellender Weise einzurichten. Die Fähigkeit, Krisen herbeizuführen und zu bewältigen, ist also durchaus etwas Gutes, Wünschenswertes. Sie muß aber zu jedem einzelnen auch passen. Für den einen ist es bekömmlicher, hierbei etwas vorsichtig und langsam zu sein, weil das besser zu seiner Persönlichkeit paßt. Bei manchen darf es in Krisen ruhig etwas forscher und turbulenter zugehen.

Für manche Paare, die sehr wenig Konflikte aushalten können, ist es bekömmlicher, wenn sie ihre Toleranz gegenüber Spannungen und Problemen im Laufe der Zeit miteinander ausbauen, mit oder ohne psychotherapeutische Hilfe. Für andere Paare ist es besser, wenn sie etwas mutiger werden und eher einmal eine Krise herbeiführen, wenn es ihnen nicht mehr gut geht miteinander, als daß sie immer alles wegstecken oder sich resignativ oder voller Groll auf ein unglückliches Leben einstellen.

Nur wenige Psychotherapeuten, die sich heutzutage mit Paaren und Paarbeziehung beschäftigen, setzen sich nicht mit der modernen Systemtheorie auseinander. Das will ich, in möglichst einfacher Form, hier auch tun.

Die modernen Systemtheoretiker beschreiben Menschen reichlich nüchtern als biologische «Systeme». Treten nun mehrere Menschen miteinander in Beziehung, so wie sie es in einer Paarbeziehung oder Familie tun, entstehen übergeordnete Systeme, nämlich soziale Systeme. Diese ihrerseits treten wieder mit anderen Systemen dauernd in Beziehung: mit anderen Familien, mit anderen Individuen, mit der Gesellschaft, mit bürokratischen Einrichtungen innerhalb der Gesellschaft und mit dem komplexen System der biologischen Umwelt.

In jedem einzelnen Menschen kann man auch wieder bestimmte Einheiten als Systeme beschreiben: Systeme, die eine funktionale Einheit bilden, wie zum Beispiel jedes einzelne Organ des Körpers. Das setzt sich wiederum aus vielen Zellen zusammen, von denen jede einzelne mit der gleichen erbgenetischen Grundausstattung versehen ist. Davon macht sie jedoch nur zu einem kleinen Teil Gebrauch, weil sie zu einer hochspezialisierten Zelle geworden ist, die im Rahmen ihres Organsystems bestimmte Aufgaben übernommen hat. Jede einzelne Zelle ist auch wieder ein System. Alle Systeme sind mit den Systemen ihrer Umgebung und Suprasystemen und Subsystemen in einem steten Austausch begriffen.

Biologische Systeme haben nun die Eigenschaft, Gleichgewichtszustände anzustreben, die die Systemtheoretiker mit dem Begriff der *Homöostase* beschreiben. In einem solchen Gleichgewichtszustand arbeiten die biologischen Systeme sozusagen *krisenfrei*. Nun ist die Natur aber nicht starr, so daß ein solcher einmal eingetretener Gleichgewichtszustand für immer bestehen bleiben könnte. Sie ist vielmehr dynamisch, so daß laufend Veränderungen auftreten, die das zuvor entstandene Gleichgewicht stören und zu einer Krise führen, in der ein neuer Gleichgewichtszustand herbeigeführt werden muß, der den neuen Umständen angemessener ist als der Gleichgewichtszustand zuvor.

Solche Störungen können im System selbst entstehen, zum Beispiel durch Alterungsvorgänge in einer Zelle, oder sie können durch Veränderungen in der Umgebung des Systems verursacht werden, zum Beispiel wenn sich das Milieu verändert, in dem sich ein Organismus befindet.

Die Veränderungen, die im Zusammenhang mit solchen Krisen einem System aufgezwungen werden, können, wenn man das System aus einer Außenperspektive betrachtet, Veränderungen zum Besseren, Veränderungen zum Schlechteren oder wertneutral sein. Die Beurteilung der Qualität einer solchen Veränderung hängt von den Wertmaßstäben des Betrachters ab und vom Kontext, in dem sich das System befindet.

So kann die Fähigkeit eines Menschen, nach einem Flugzeugabsturz im Dschungel im Überlebenskampf vorübergehend zum Kannibalen werden zu können, von einem Fremdenlegionär anders beurteilt werden als von einem Universitätsdozenten, der sich mit Problemen der Menschenwürde beschäftigt. Außerdem mag es einen Unterschied machen, ob ich mich selbst schon einmal in einer Situation kurz vor dem Verhungern befunden habe oder nicht.

Auch in weniger dramatische Situationen werden Lösungsversuche von Menschen in Krisensituationen unterschiedlich bewertet. Eine moderne Frau, die Wert darauf legt, sich beruflich ihren Fähigkeiten entsprechend zu entfalten, kann durch eine Schwangerschaft zusammen mit ihrem Partner in eine ernste Krise geraten. Das Paar kann in einer solchen Situation eine Lösung erfinden, in der beide

Partner sich die Hausarbeit und die Arbeit mit den Kindern aufteilen. Dann werden beide geringere Chancen haben, in ihrem Beruf Karriere zu machen als andere, sie können aber unter glücklichen Umständen durchaus dennoch zufriedenstellende Positionen erreichen. Und wenn sie viel Lebensglück aus einem glücklichen Familienleben entwickeln können, kann diese Lösung für sie optimal sein.

Wenn aber einer der Partner einen großen Teil seines Lebensglücks aus der beruflichen Karriere zieht, wird er mit einem solchen Arrangement unzufrieden sein. Hier bestehen bessere Chancen für ein befriedigendes Zusammenleben, wenn die Partner in dieser Hinsicht eher komplementär als symmetrisch in ihren Einstellungen sind, so daß es einem von beiden durchaus Spaß macht, einige Jahre mehr im Haushalt und mit den Kindern zu verbringen, während der andere sich stärker seinem Beruf widmen kann, ohne zu größeren Zugeständnissen gezwungen zu sein. In der traditionellen Geschlechterrollenverteilung wäre so etwas der Fall, wenn die Frau ihren Beruf zeitweise aufgibt oder zumindest ihre Berufstätigkeit einschränkt und die Familie direkt versorgt, während der Mann für die berufliche Arbeit und die finanzielle Versorgung der Familie zuständig ist. Das kann für Paare, zu denen eine solche Lösung paßt, sehr zufriedenstellend sein, für manche modernen Paare allerdings nicht.

Es gibt auch Paare, die die traditionelle Geschlechterrollenverteilung umkehren, so daß nach der Geburt eines Kindes der Mann als Hausmann für Haushalt und Kinderbetreuung zuständig wird und die Frau nach der Mutterschutzzeit wieder voll ihrem Beruf nachgeht. Bei dieser Lösung werden sich die Geister am stärksten scheiden. Hier findet sich begeisterte Zustimmung bei manchen und krasse Ablehnung bei anderen. Das hängt damit zusammen, daß diese Lösung in unserer Kultur noch keine Tradition hat. Paare, die so etwas versuchen, können nicht auf Erfahrungen ihrer Eltern mit einem solchen Modell zurückgreifen und sich dort etwas abgucken. Sie müssen dieses Modell und den Umgang damit völlig neu und selbständig entwikkeln. Das ist schwerer, als manche denken.

Befürworter und Gegner einer solchen Lösung greifen dann nicht selten auf Ideologien zurück, um ihren etwas unsicheren Stand in dieser neuen Diskussion zu untermauern. So halte ich es für ideologisch und unrichtig, wenn manche Befürworter dieser Lösung behaupten, Männer und Frauen seien völlig gleich und austauschbar. Daß das nicht stimmt, kann man ohne große Mühe schon *sehen*. Und was die Versorgung und Betreuung der Kinder anbetrifft, können wir Männer bekanntlich nicht stillen. Stillen ist aber für Kinder gut, wenn die Mutter stillen kann und will. Wenn sie kann, aber nicht will, ist es immer noch biologisch gut, weil die Muttermilch gesünder ist als künstliche Babynahrung. Ob es psychologisch gut ist, muß man bezweifeln, denn eine Mutter, die nur widerwillig stillt, kann sich einem Säugling nicht unbefangen liebevoll zuwenden. Das spürt das Kind und reagiert beunruhigt. Wenn die Abneigung der Mutter gegen das Stillen, aus welchen Gründen auch immer, sehr groß ist, ist es für Mutter und Kind wahrscheinlich besser, wenn die Mutter sich mit gutem Gewissen so verhält, wie sie es möchte, als daß sie das Kind widerwillig stillt.

Ideologisch kann aber auch die Betonung der Unterschiede zwischen Männern und Frauen werden, denn in vielen Bereichen können sie wirklich Tätigkeiten und Funktionen des anderen übernehmen, wenn sie nur wollen und sich damit wohl fühlen, obwohl dies unsere Eltern und Großeltern anders gemacht haben.

Das Problem entsteht meist bei dem Wohlfühlen, wenn so etwas Neues ausprobiert wird. Wir wissen nämlich aus soziologischen Untersuchungen, daß die stereotypen Geschlechterrollen sehr stabil sind und daß sie sich in den menschlichen inneren Wertvorstellungen viel langsamer verändern als dies der öffentlichen intellektuellen Diskussion entspricht.

Die menschliche Psyche ist konservativ. Wir verändern traditionelle Wertvorstellungen und Rollenzuschreibungen innerseelisch eher über Generationen hin im Laufe von Jahrzehnten und Jahrhunderten als von einer Generation zur nächsten. Die Umstrukturierungen beginnen oft in intellektuellen Diskussionen, ohne daß wir mit unseren Gefühlen auch nur annäherungsweise in dem Tempo nachkommen können, in dem sich die öffentliche Diskussion entwickelt.

Unsere innere Befindlichkeit ist bei solchen Veränderungen sehr stark mitbestimmt durch unsere in den Herkunftsfamilien vermittelten Werte und Erfahrungen, und das auch dann, wenn wir uns mit diesen Werten kritisch auseinandersetzen oder sie sogar ablehnen. Manchmal hängen wir dann innerlich an Wertvorstellungen unserer Herkunftsfamilien fest, ohne daß uns dies bewußt ist und obwohl wir vielleicht vieles davon für fraglich oder dumm halten. Das kann dann dazu führen, daß ich mit meinem Partner oder meiner Partnerin einen Lebensstil herbeiführe, der meinen unbewußten Wertvorstellungen widerspricht, obwohl er meinen bewußten Vorstellungen entgegenkommt.

Bei einem Paar aus meiner Praxis war das so. Beide Partner hatten sich für die Lösung Hausmann und berufstätige Frau entschieden. Manche ihrer Freunde beneideten die beiden. Als sich die Frau nach einigen Jahren dann von ihrem Mann trennte, um einen Karrieremann zu heiraten, verstand das keiner so recht, vor allem der Hausmann nicht. Wütend und haßerfüllt bekämpfte er seine frühere Frau. Es stellte sich dann heraus, daß hier eine solche Konstellation vorlag, wie eben beschrieben. Die Frau hing mehr, als ihr bewußt war, an den traditionellen Rollenvorstellungen, so daß sie ihren Mann, der beruflich wenig erfolgreich war, als er schließlich doch halbtags zu arbeiten begann, immer mehr verachtete. Der Mann selbst war, wie sich in der Trennungsphase herausstellte, auch weniger zufrieden mit seiner bisherigen Lebensgestaltung, als er gedacht hatte. Er beklagte sich nun nämlich darüber, auf vieles verzichtet zu haben. Die beiden waren ein Opfer ihrer eigenen Familiengeschichten geworden. Beide stammten aus Elternhäusern, in denen die eigenen Eltern in sehr starren traditionellen Rollenverteilungen lebten und miteinander unzufrieden waren. Die Kinder aus diesen Ehen hatten sich geschworen, es völlig anders zu machen. Sie waren aber auf diese Weise nicht wirklich unabhängig von ihren Eltern geworden, sondern sie blieben in einer, wie wir Psychotherapeuten das nennen, kontradependenten Weise von ihnen abhängig. Solche Menschen sind nicht weniger abhängig als andere, die ihre Eltern zu kopieren versuchen, nur mit umgekehrtem Vorzeichen: Sie machen alles anders als die Eltern und stellen alles, was die Eltern gemacht haben, in Frage, aber genauso starr wie die dependenten Abhängigen, die alles gleich machen wie die Eltern und überhaupt nichts in Frage stellen.

Einen eigenen Lebensstil dagegen, der zu einem selbst und zum Partner paßt, können diejenigen am besten entwickeln, die im Laufe ihrer Entwicklung eine wirkliche innere Unabhängigkeit von den Herkunftsfamilien entwickeln konnten. Sie werden im allgemeinen einiges aus ihren Elternhäusern übernehmen, was sie gut fanden, und anderes anders machen, weil es zu ihnen selbst und zu ihrem Partner in der heutigen Zeit nicht so gut paßt. Darauf werden wir später noch zurückkommen.

In Situationen wie der oben beschriebenen würden manche Paare in eine Krise geraten, nämlich dann, wenn sie merken, daß sie sich mit ihrem Lebenskonzept getäuscht haben. Es ist schwer zu beurteilen, wie diese Krise verlaufen wäre, wenn das Paar sie schon früher riskiert hätte. Es stellte sich nämlich heraus, daß die Unzufriedenheit der beiden mit ihrem Lebenskonzept schon einige Jahre alt war. Vorher aber übertrafen die Angst vor Auseinandersetzungen und das Bedürfnis nach Sicherheit beider Partner ihre Unzufriedenheit. Die Frau konnte sich deshalb auch erst dann auf etwas Neues einlassen, als sie sich in einer neuen Beziehung wieder sicher fühlen konnte. Damit hatte die Ehe der beiden keine Chance mehr. So kam es auch zu keiner Krise des Paares, sondern lediglich zu einer Krise des Mannes. Bei ihm hat diese Krise dann auch stärkere Veränderungen bewirkt als der Partnerwechsel bei der Frau.

Kommt es in solchen Situationen jedoch zu einer wirklichen Krise des Paares, so besteht eine größere Chance, daß *beide* Partner sich in der Krise verändern und sich dabei weiterentwickeln. Das kann dazu führen, daß beide dann wieder gut – und oft besser als zuvor – miteinander leben können. Oder aber sie entwickeln sich in verschiedene Richtungen, so daß sie sich schließlich zu einer Trennung entschließen. In beiden Fällen besteht eine gute Chance, daß es beiden Partnern hinterher besser geht als vorher, weil sie eine Lebensform neu entwickelt haben, die ihnen in ihrem jetzigen Alter und unter den neuen Lebensbedingungen mehr entspricht als ihre alte Lebensform aus der Zeit zuvor.

Am unbefriedigendsten ist die dritte Möglichkeit des Ausgangs einer Krise: Manchmal ist nämlich die Unzufriedenheit in der Beziehung groß genug, daß es zur Krise kommt, die Kräfte zur Veränderung oder die Phantasie zur Umgestaltung der Beziehung sind jedoch zu gering, um eine wirkliche Veränderung bei beiden Partnern herbeizuführen. Dann kann es passieren, daß die Partner nach einiger Zeit ermatten und resignieren, und alles wird wieder so, wie es vorher war.

Die Fähigkeit, Krisen herbeizuführen und zu ertragen, ist meistens gut. Die Fähigkeit, sie phantasievoll und konstruktiv zu bewältigen, gehört jedoch auch noch dazu, wenn man von dem ganzen Ärger schließlich etwas haben will.

3. KAPITEL

Vom Nutzen und Fluch der Erinnerungen

Die sogenannten *intrapsychischen Repräsentanzen* sind Phänomene, für die sich Psychoanalytiker besonders interessieren. Der Begriff stammt aus der Objektbeziehungstheorie (15, 29, 30, 31, 69). Unter Objektbeziehung versteht man nicht den Umgang mit irgendwelchen unbelebten Objekten, sondern vielmehr die Beziehung zwischen lebendigen Menschen. Der eigenartige Ausdruck Objekt ist aus der Philosophie übernommen worden. In der Erkenntnistheorie wird jemand, der etwas erkennt, als Subjekt der Erkenntnis bezeichnet, derjenige, mit dem das erkennende Subjekt in Beziehung tritt, als Objekt der Erkenntnis. Beziehungsobjekte sind also Beziehungspersonen. Und die primären Objekte, mit denen ein Mensch in Beziehung tritt, sind im allgemeinen seine Eltern und Geschwister.

Von diesen Beziehungspersonen speichern wir von Beginn unseres Lebens an Erinnerungsspuren in unserem Gedächtnis ab. Genau genommen handelt es sich dabei aber nicht um objektive Daten, die uns erkennen lassen, wie unsere ersten Beziehungspersonen «wirklich» waren. Wir speichern vielmehr subjektive Erinnerungen ab, zum Beispiel Beziehungsepisoden zwischen uns und unserer Mutter oder uns und unserem Vater in einem bestimmten Lebensabschnitt. Diese Erinnerungsspuren sind mit Affekt- und Verhaltensdispositionen verknüpft. Wir erinnern also nicht nur ein Bild, sondern wir erinnern auch, was wir in einer bestimmten Beziehungssituation gefühlt haben, was der andere mit uns gemacht hat, wie wir gehandelt haben und wie wir gerne gehandelt hätten.

Diese Erinnerungsspuren sind zum Teil bewußt, zum Teil unbewußt. Manche unbewußten Erinnerungen können in bestimmten auslösenden Situationen bewußt werden. Ein Teil der Arbeit in psychoanalytischen Behandlungen besteht darin, solche unbewußt gewordenen Erinnerungen wieder bewußt und damit besser handhabbar zu machen.

Erinnerungsspuren an wichtige Beziehungspersonen mit den damit verknüpften Affekt- und Verhaltensdispositionen bezeichnen wir in der psychoanalytischen Objektbeziehungstheorie als Objektrepräsentanzen. Solche Objektrepräsentanzen können wir als Subsystem des Systems «menschliches Individuum» beschreiben. Das Individuum ist wieder ein Subsystem seiner Familie, und zwar sowohl ein Subsystem seiner Herkunftsfamilie als auch ein Subsystem seiner Gegenwartsfamilie. Und die Familie ist wiederum Subsystem der Gesellschaft, in der sie sich befindet (43).

Unsere intrapsychischen Repräsentanzen, also die Erinnerungen an unsere Erfahrungen mit wichtigen Beziehungspersonen unseres Lebens, helfen uns dabei, uns im Leben orientieren zu können. Wir greifen, wenn wir neue Menschen kennenlernen oder in eine neue Situation kommen, auf unsere früher im Leben gemachten Erfahrungen zurück und müssen nicht bei jedem Menschen, der uns begegnet, und in jeder neuen Situation wieder ganz von vorne anfangen. Wir können aus unseren Erfahrungen lernen.

Diese an sich erfreuliche Fähigkeit hat nun allerdings zwei Seiten. Sie hilft uns zwar dabei, uns zu orientieren und schneller im Leben zurechtzukommen. Aber sie trägt auch dazu bei, daß wir scheinbar immer wieder die gleichen Erfahrungen machen.

Wie kommt das? Jemand, der in seinen ersten Lebensjahren gute Erfahrungen mit seinen Mitmenschen gemacht hat, trägt eine Menge solcher erfreulichen und angenehmen Mitmenschen in Form von Erinnerungsspuren ständig mit sich herum. Er hat, wie die Psychoanalytiker sagen, ein großes inneres Reservoir an «guten Objekten» in sich versammelt. Und er hat viele Affekt- und Verhaltensdispositionen entwickelt, die zum Umgang mit solchen angenehmen, freundlichen und erfreulichen Mitmenschen passen. Umgekehrt hat jemand, der in einer belastenden Kindheitssituation mit schwierigen Eltern aufgewachsen ist, zahlreiche unerfreuliche Beziehungserfahrungen in seinem Gedächtnis versammelt und außerdem die dazu gehörigen Affekt- und Verhaltensdispositionen entwickelt. Für beide, für den Menschen mit den erfreulichen ersten Erfahrungen und für den mit den belastenden und schwierigen Erfahrungen, war es für das erste Überleben notwendig und günstig, die dazu passenden Verhaltensweisen zu entwickeln.

Später im Leben wird nun aber derjenige mit den guten inneren Objekten auf neue Menschen mit entsprechend viel Optimismus zugehen; derjenige mit den weniger guten inneren Objekten dagegen mit einem Pessimismus, der seiner bisherigen Lebenserfahrung entspricht. Und da die Art, wie wir unseren Mitmenschen begegnen, diese beeinflußt, wird derjenige, der optimistisch auf seine Mitmenschen zugeht, gute Chancen haben, daß sich viele von ihnen entsprechend seiner optimistischen Weltsicht auch wirklich ihm gegenüber freundlich verhalten. Der mit der pessimistischen Weltsicht, der mißtrauisch auf seine Mitmenschen zugeht, wird leider häufig die Erfahrung machen, daß sein Mißtrauen wieder einmal berechtigt war.

Es macht einen großen Unterschied im Umgang mit anderen Menschen, ob ich ein zur Hälfte mit Wasser gefülltes Glas als halb voll oder als halb leer erlebe. Beide Sichtweisen sind zwar «richtig». Dennoch sind die Lebenskünstler, die das halbvolle Glas Wasser vor sich sehen, im allgemeinen beliebter als die ewigen Miesmacher mit dem halbleeren Glas.

In Psychotherapien machen wir nun die eigenartige Erfahrung, daß sich die meisten Menschen ihr Weltbild, ihre Sicht der Dinge, ihre Lebensperspektive nicht gerne nehmen lassen, auch dann nicht, wenn diese Sicht es ihnen schwerer macht, das Leben zu bewältigen, als anderen. Pessimisten wollen sich also im allgemeinen gar nicht gerne zu Optimisten machen lassen, obwohl sie oft ahnen oder wissen, daß sie es dann leichter hätten im Leben. Das hängt wieder einmal damit zusammen, daß die menschliche Psyche ziemlich konservativ ist und auf einmal erworbene Verhaltensmuster gerne immer wieder zurückgreift.

Mit schwierigen Menschen umzugehen hat unser Pessimist in seiner Kindheit gelernt. Hierfür hat er ein Verhaltensrepertoire zur Verfügung. Freundliche Menschen sind ihm eher ein wenig fremd, und er weiß nicht so recht, wie er ihnen begegnen soll. Was einem fremd ist, verursacht aber immer auch Angst oder zumindest Unbehagen.

Daß wir uns überhaupt und manchmal auch freiwillig Fremdem, Ungewohntem aussetzen, wie es viele Menschen zum Beispiel im Urlaub tun, hängt damit zusammen, daß es neben dem Bedürfnis nach Vertrautem, Familiärem (8, 33) auch ein Bedürfnis nach Erregendem, Neuem, Unbekanntem gibt. Unser Neugier- und Explorationsverhalten wird durch dieses Bedürfnis in Gang gehalten. Gerade bei neurotischen Störungen, die ja fast immer mit Problemen in zwischenmenschlichen Beziehungen einhergehen, ist jedoch das Neugierverhalten häufig unterentwickelt, das Bedürfnis nach Vertrautem besonders groß.

Wegen der Tendenz der Menschen, auf einmal gemachte Beziehungserfahrungen und auf das Verhaltensrepertoire, das wir in diesen Beziehungen entwickelt haben, immer wieder zurückzugreifen, tragen nicht nur diejenigen, die in ihrer Kindheit erfreuliche Beziehungserfahrungen gemacht haben, unbewußt immer wieder zu der Wiederholung ihrer Beziehungserfahrungen im späteren Leben bei, sondern auch diejenigen mit den schwierigen Beziehungen.

Einer meiner Patienten, ein Lehrer, hatte einen sadistischen Vater, der ihn viel geschlagen hatte. Im Umgang mit diesem Vater entwickelte er eine gewisse masochistische Reaktionsbereitschaft. Als er erwachsen wurde und den Beruf des Lehrers ergriff, nahm er sich vor, es mit den eigenen Kindern und mit seinen Schülern besser zu machen. Den Schülern gegenüber verhielt er sich verständnisvoll, freundlich und nachgiebig, leider aber nicht im Sinne einer souveränen, freundlichen Grundhaltung, die ein differenziertes Handeln und Reagieren ermöglicht, sondern stereotyp und immer. So pflegt das bei vielen Menschen, die es ganz anders machen wollen als ihre Eltern, der Fall zu sein. Er war also leider auch dann freundlich und nachgiebig, wenn seine Schüler sich unfreundlich oder unsozial verhielten. Das führte im Laufe der Zeit dazu, daß die Schüler ihn immer weiter provozierten, bis sie ihn eines Tages schließlich auf dem Schulhof zusammenschlugen.

Das Verhalten der Schüler hat natürlich mehrere Ursachen, von denen einige auch in den verschiedenen Elternhäusern vermutet werden dürfen. Sicher war aber auch der Lehrer an dieser Eskalation beteiligt. Er hatte den Schülern etwas vorenthalten, was Jugendliche benötigen, um erwachsen werden zu können: Grenzen, Reibungsflächen bei Auseinandersetzungen. Jugendliche können nicht nur in Imitation von und per Identifikation mit freundlichen Erziehern eine eigene, selbständige Persönlichkeit entwickeln. Sie benötigen ganz dringend die Möglichkeit der Abgrenzung von ihnen, sonst fühlen sie sich immer nur als Abklatsch dieser Erwachsenen, unselbständig, unkreativ, ewig Kind der Eltern, nie wirklich erwachsen, nie wirklich selbst kompetenter Elternteil eigener Kinder.

Aus diesen Gründen sind auch moderne Eltern, die sich gegenüber ihren Kindern im Bereich der Sexualität sehr permissiv geben und sie herzlich einladen, ihre Freunde und Freundinnen zum Geschlechtsverkehr unter das elterliche Dach zu bringen, mit einer gewissen Skepsis zu betrachten (8). Bewußt wollen sich diese Eltern oft von ihren eigenen Eltern absetzen und ihren Kindern ermöglichen, unter angstfreieren und angenehmeren Bedingungen ihre ersten Liebeserfahrungen zu machen als ihnen das selbst vergönnt war. Dabei übersehen sie oft leider, daß Verwöhnung dazu beiträgt, Kinder an sich zu binden. Und sehr permissives Verhalten ist immer auch eine Art der Verwöhnung, auch im Bereich der Sexualität. Diese Kinder oder Jugendlichen machen ihre ersten Liebeserfahrungen dann in einer sicheren Pantoffelatmosphäre zu Hause und nicht eigenständig, phantasievoll und ein bißchen abenteuerlich. Und die Mutter und der Vater sind immer dabei, auch wenn sie es taktvoll vermeiden, das jugendliche Paar im Kinderzimmer zu stören.

Ich bin nicht ganz sicher, ob es sich hier um ein typisch deutsches Phänomen handelt, denn uns Deutschen wird ja nachgesagt, daß wir alles besonders gründlich machen, oder ob unsere Nachbarvölker es auch so handhaben. Jedenfalls wird hier wieder einmal ein Tabu sehr gründlich beseitigt, so wie bei den Pastorentöchtern in manchen Kommunen der achtundsechziger Jahre: Ihnen selbst war Onanie noch unter Androhung ewiger Höllenqualen in ihren Elternhäusern verboten worden. Sie selbst zwangen jetzt ihre Kinder, ganz frei und unverklemmt öffentlich zu onanieren. Was blieb, war der Zwang. So ist die nachfolgende Generation ihrer Elterngeneration manchmal ähnlicher als ihr lieb ist.

Ich habe übrigens kein Konzept dafür, wie Sie oder ich es mit den erwachenden sexuellen Wünschen unserer Kinder nun «richtig» machen sollen. Ich denke, wir sollten uns ein wenig auf unsere eigenen Gefühle und unseren Verstand verlassen, wenn es so weit ist, und uns trauen, unseren Kindern etwas zuzumuten und trotzdem verständnisvoll und liebevoll zu ihnen zu sein.

Mein oben beschriebener Patient hatte selbst, ohne sich dessen bewußt zu sein, dazu beigetragen, daß er ähnlich wie in seiner Kindheit nun auch als Erwachsener wieder in die Rolle des masochistischen Opfers geraten war. Allerdings waren jetzt die Kinder die Täter, das Opfer der Erwachsene. Auch wird bei den Kindern, die ihn nun gequält haben, weniger Sadismus eine Rolle gespielt haben als bei seinem Vater.

Daß der ebenfalls unbewußte Versuch, die Kinder durch Überfreundlichkeit in Abhängigkeit zu halten und nicht erwachsen werden zu lassen, auch aus der Angst eines gequälten Menschen gespeist war, der selbst nicht erwachsen und selbständig hatte werden dürfen und dem es deshalb auch viel zu viel Angst bereitet hätte, sich mit eigenständig werdenden jungen Erwachsenen auseinanderzusetzen, ist eine weitere Facette dieses Dramas.

Bewußtes und Unbewußtes

Wir haben uns jetzt schon damit beschäftigt, daß unser Erleben und Verhalten durch kulturelle Einflüsse mitbestimmt wird, durch das, was in der Gesellschaft, in der wir leben, gerade für wichtig und richtig gehalten wird, durch den Einfluß unserer Mitmenschen, vor allem derjenigen, denen wir uns in besonderem Maße zugehörig fühlen, und daß hierzu vor allem auch der Einfluß der Herkunftsfamilie gehört. Ein Teil der Ursachen für unser Erleben und Verhalten ist uns bewußt, und ein Teil ist unbewußt.

Daß es neben dem Bewußtsein ein Unbewußtes gibt, ist eine Erkenntnis der Psychoanalyse (16, 17), die schon zu Freuds Zeiten auf viel Skepsis und Widerspruch gestoßen ist. Für viele Menschen bedeutet es eine gewisse Kränkung und Beunruhigung, nicht in jeder Hinsicht Herr im eigenen Hause zu sein, sondern durch Einflüsse mitbestimmt zu sein, von denen sie nichts wissen und nichts merken.

Inzwischen ist die Kenntnis vom Unbewußten Allgemeingut geworden, und dennoch hat diese Kenntnis ihre beunruhigenden Seiten behalten. Daher vergegegenwärtigen wir uns nicht in allen Lebenslagen dauernd, daß unser Erleben und Verhalten immer auch durch Unbewußtes mitmotiviert ist. Wir verleugnen diese Erkenntnis vielmehr oft.

Während meines Medizinstudiums gehörte eine Psychotherapievorlesung von Hanscarl Leuner zu den attraktivsten Lehrveranstaltungen, in der das Vorhandensein des Unbewußten sozusagen experimentell demonstriert wurde. Leuner bat einen Studenten aus dem Hörsaal, sich für ein Hypnoseexperiment zur Verfügung zu stellen, versetzte ihn vor dem Publikum in Trance und suggerierte ihm dann einen sogenannten posthypnotischen Auftrag. Der Student sollte nämlich nach Beendigung der Hypnose noch ein paar Worte mit dem Hochschullehrer sprechen. Ferner bekam er den Auftrag, dann zur Hörsaaltür zu gehen und sie zu öffnen, wenn Leuner in diesem Gespräch seinen Schlüssel fallen lassen würde. Anschließend suggerierte ihm der Professor, alles, was er in der kurzen Hypnose gehört hatte, zu vergessen. Er holte ihn dann mit ein paar Worten wieder aus dem hypnotischen Zustand zurück und führte anschließend ein Gespräch mit ihm. Die beiden sprachen miteinander darüber, wie der Student die Hypnose erlebt hatte, und dieser erzählte, daß er sich zunächst etwas schläfrig gefühlt habe, nun jedoch wieder voll wach sei. An weiteres erinnerte er sich nicht. Mitten in diesem Gespräch ließ Leuner dann seinen Schlüssel fallen. Der Student wirkte zunächst etwas irritiert, ging dann aber etwas zögernd zur Hörsaaltür und öffnete diese.

Als der vortragende Psychotherapeut ihn dann fragte, warum er jetzt die Hörsaaltür geöffnet habe, wirkte er wieder ein wenig irritiert und gab dann zur Antwort: Die Luft sei so stickig im Raum.

Die Zuhörer im Hörsaal wußten es besser. Ihnen war deutlich geworden, daß der Student etwas getan hatte, dessen Ursache ihm nicht bewußt war. Daß die Luft im Hörsaal etwas verbraucht war, stimmte zwar ebenfalls, aber offensichtlich war dem Studenten nicht bewußt, daß dies nicht die wirkliche Erklärung für sein Verhalten war.

In der Psychoanalyse wird dieser Vorgang als eine nachträgliche Rationalisierung bezeichnet. Rationalisierungen verwenden wir laufend. Sie hängen zusammen mit dem Bedürfnis der Menschen, die Dinge verstehen und erklären zu wollen, so daß wir immer nach Ursachen suchen. Sind uns diese Ursachen nicht bewußt, erfinden wir welche. Dabei ziehen wir Teilwahrheiten hinzu, die sich als Erklärung eignen. Nach der Rationalisierung fühlen wir uns besser: Wir glauben, eine Erklärung für eine bestimmte Verhaltensweise gefunden zu haben, und haben das Gefühl, wieder Herr im eigenen Hause zu sein, was offensichtlich viel beruhigender ist, als unbewußten Kräften ausgeliefert zu sein.

Hätte Leuner den Studenten nicht in seiner Psychotherapievorlesung vor dem Publikum hypnotisiert, wobei er etwas für sein Bewußtsein Unzugängliches in seinem Gedächtnis speicherte, sondern bereits vorher, dann hätte es sicher im vollbesetzten Hörsaal eine Reihe von Studentinnen und Studenten gegeben, die die Rationalisierung des hypnotisierten Studenten ausreichend plausibel gefunden hätten. Von der möglichen Ursache des Verhaltens ihres Kommilitonen hätten sie nichts gewußt. Bei ihnen wäre die Ursache dieses Verhaltens allerdings nicht unbewußt gewesen, sondern unbekannt.

Ich vermute außerdem, daß einige der Erklärung des Vortragenden, das Verhalten des Studenten sei Teil eines posthypnotischen Auftrags, sehr skeptisch gegenüber gestanden hätten, wenn sie die Hypnose nicht mit eigenen Augen gesehen hätten. Sie hätten sich lieber der Rationalisierung ihres Kommilitionen angeschlossen. Auch das hängt damit zusammen, daß die Erkenntnis, daß es etwas Unbewußtes gibt, beunruhigend ist und manchmal verleugnet wird.

Unseriöse Werbepsychologen haben ja übrigens zu Zeiten, in denen die Menschen noch viel ins Kino gingen, Werbespots in Filme eingeblendet, die so kurz dauerten, daß sie nicht bewußt wahrgenommen werden konnten. Die Filmzuschauer merkten gar nicht, was da mit ihnen Manipulatives gemacht wurde. Dennoch hatten diese Werbespots, wie man damals herausfand, Auswirkungen, wenn man sie während des Films oft genug wiederholte. Das angepriesene Produkt wurde dann wirklich häufiger gekauft als ein Parallelprodukt, das den Menschen nicht auf diese Weise ins Gedächtnis gepflanzt worden war. Auch hier war es so, daß die Käufer im Laden nicht wußten, daß sie Opfer einer Manipulation geworden waren, wenn sie das Produkt aus dem Regal holten. Hätte man sie nach ihren Kaufgründen gefragt, wäre die Antwort eine Rationalisierung gewesen.

Soweit ich weiß, ist diese Form der Werbung inzwischen verboten worden. Es hat aber nach wie vor etwas Beunruhigendes zu wissen, daß so etwas möglich ist.

4. KAPITEL

Partnerwahl

Vertrautheitsgefühle spielen bei der Partnerwahl immer eine wichtige Rolle. Wenn wir einem Menschen begegnen, der bestimmte Einstellungen, Eigenschaften oder Verhaltensweisen mit wichtigen Personen aus unserer Ursprungsfamilie gemeinsam hat, so können wir uns bei ihm schneller vertraut fühlen. Wir sprechen in der Psychotherapie deswegen auch von einem Bedürfnis nach *Familiarität* (32).

Der Wunsch nach Familiarität und Sicherheit steht allerdings immer in Konkurrenz mit einem gleichzeitig vorhandenen Wunsch nach Neuem, nach *Aufregendem*, vor allem nach einem sexuell erregenden Partner. Sowohl aus der Tierverhaltensforschung, der Ethologie, als auch aus der menschlichen Verhaltensforschung wissen wir, daß zu starke Vertrautheit sich sexuell hemmend auswirkt (8). In späteren Kapiteln, in denen es um sexuelle Probleme in Partnerbeziehungen und um sexuelle Außenbeziehungen gehen wird, werde ich darauf noch näher eingehen.

Das ein Sicherheitsgefühl vermittelnde Vertraute wird im allgemeinen im Bereich der Einstellungen und Verhaltensweisen beim Partner gesucht. Eine zu große äußere Ähnlichkeit des anderen mit den eigenen Eltern wirkt sich eher hemmend aus. Hierdurch wird das Inzesttabu mobilisiert, das sich schon bei manchen Tierarten findet und das sich bei uns Menschen zusätzlich kulturell vermittelt tief in unser Bewußtsein und Unterbewußtsein eingegraben hat.

Manche Menschen, besonders wenn sich bei ihnen sehr enge Bindungen an den gegengeschlechtlichen Elternteil bis ins Erwachsenenleben hinein erhalten haben, können deshalb eine dauerhafte Partnerbeziehung nur mit einem Menschen aus einem anderen Kulturkreis eingehen, der völlig anders aussieht als die eigenen Eltern und vielleicht auch noch eine andere Hautfarbe hat. Alle Partnerbeziehungen mit Menschen aus dem eigenen Kulturkreis würden eigenartige, unbehagliche Gefühle mobilisieren, die mit dem Inzesttabu zusammenhängen und die es verhindern, daß diese Beziehungen zustande kommen können. Der andere wäre den eigenen Eltern dann zu ähnlich, so daß unser Unterbewußtsein Zweifel anmelden würde, ob es sich nicht doch um Vater oder Mutter handelt, mit dem wir da im Bett liegen. Solche Befürchtungen sind irrational, aber dennoch hochwirksam.

Der Umkehrschluß ist natürlich nicht erlaubt: nämlich daß jeder, der einen Partner oder eine Partnerin aus einem anderen Kulturkreis heiratet, deswegen eine besonders enge und zu wenig aufgelöste Bindung an seine Mutter oder seinen Vater haben muß. Es gibt auch noch andere Motive für eine solche Partnerwahl.

In manchen Fällen, gerade bei problematischen Beziehungen zu den eigenen Eltern, ist es – wie ich weiter oben schon erwähnt habe – allerdings auch so, daß der Partner oder die Partnerin gerade nicht so sein soll wie der eigene Vater oder wie die eigene Mutter, so daß jemand gewählt wird, der die gegenteiligen Eigenschaften von einem oder beiden Elternteilen hat. Dieser Wunsch ist meistens bewußt.

Wenn man unbewußte Faktoren mitberücksichtigt, so finden sich hier allerdings häufig ziemlich komplizierte Verhältnisse. So ist es gar nicht so selten, daß die vom Wählenden gesuchten Eigenschaften beim Partner in Reaktion auf dessen Mutter oder Vater entstanden sind, weil er ebenfalls nicht so sein wollte wie seine Eltern. So etwas gelingt aber nur zum Teil. In psychoanalytischen Behandlungen gehört es zu den am schwersten zu verarbeitenden Erfahrungen und Erkenntnissen, wenn wir merken, wie ähnlich wir einer Mutter oder einem Vater sind, mit denen wir uns bereits ein halbes Leben lang heftig auseinandergesetzt haben und denen wir auf keinen Fall gleichen wollen. Es finden immer auch Identifizierungen mit den Eltern in der Entwicklung statt, die wir aber dann, wenn wir mit diesen Eltern kein gutes Verhältnis haben, nicht wahrhaben wollen und oft auch nicht wahrnehmen können. Sie bleiben unbewußt. Beruht eine Partnerwahl auf derartigen Verhältnissen, so wird sich früher oder später herausstellen, daß unter den gewünschten Eigenschaften des anderen, die dazu geführt haben, daß die Beziehung zustande gekommen ist, gerade diejenigen Eigenschaften wieder aufscheinen, die wir vermeiden wollten wie der Teufel das Weihwasser, zumindest was unsere bewußten Intentionen anbetrifft. Nicht selten finden sich daneben allerdings auch unbewußte Wünsche, die uns veranlassen, auf dem eben beschriebenen komplizierten Weg gerade das wieder aufzusuchen, worunter wir früher schon gelitten haben. Damit kennen wir uns nämlich aus, damit können wir umgehen, das ist uns bekannt.

Nicht alles, was wir in der Phase des Kennenlernens und bei der Partnerwahl beim anderen als vertraut erleben, ist wirklich vorhanden. Ein Teil wird hinzuphantasiert. Ähnlichkeiten mit Vertrautem werden verstärkt wahrgenommen, vom Vertrauten Abweichendes wird ausgeblendet.

Darüber hinaus wirken wir mit unserem eigenen Verhalten ständig auf den anderen ein und können auf diese Weise dazu beitragen, daß der andere unseren Erwartungen tatsächlich ähnlich wird, jedenfalls in gewissen Grenzen. Auch hier ist es wieder so, daß der größte Teil dieses Verhaltens, mit dem wir den Partner ständig beeinflussen, unbewußt ist. Bewußt ist uns natürlich, wenn wir dem Freund oder der Freundin einen Blumenstrauß, ein lang gewünschtes Buch oder ein Schmuckstück schenken oder wenn wir ihm oder ihr das Lieblingsessen kochen, daß wir damit auf sie oder ihn einwirken, eine Freude machen wollen, daß wir damit unsere Verliebtheit ausdrücken und liebevolle Gefühle im anderen hervorrufen wollen.

Nicht bewußt sind uns jedoch im allgemeinen die Signale, die wir ständig aussenden und die etwa der Psychologe und Psychoanalytiker Rainer Krause sehr eindrucksvoll nachgewiesen hat (40, 42), indem er die Mimik von Gesprächspartnern mit Hilfe von Videoaufzeichnungen untersuchte. Er hat aufzeigen können, daß wir mit mimischen Mikrosignalen, die nur Bruchteile von Sekunden dauern, auf den anderen einwirken, und daß dieser darauf wirklich sofort reagiert. Auch von diesen Reaktionen ist nur ein Teil bewußt. So wird jede Begegnung und jedes kurze Gespräch zu einer Situation, in der zigtausende von Informationen zwischen den beiden Partnern hin und her geschickt werden, was dazu beiträgt, daß sie sich auf eine ganz spezifische Weise aufeinander einspielen.

Auf diese Weise vermittelt es sich einem Freund oder einer Freundin, ob man aufgrund seiner Vorerfahrungen davon ausgeht, daß der andere schon freundlich und liebevoll mit einem umgehen wird, oder ob das eigene Verhalten von Vorbehalten, Ängsten und Mißtrauen geprägt ist. Das teilt sich auch dann mit, wenn diese Einstellungen nicht derartig prägnant sind, daß sie jedem sofort ins Auge springen. Durch solche unbewußten Signale wird das Verhalten, das vom anderen erwartet wird, in ihm hervorgerufen, jedenfalls dann, wenn er gewisse Bereitschaften zu diesem Verhalten mit sich bringt. Wenn die Signale nicht ausreichen, werden sie verstärkt, wenn das gewünschte Verhalten beim anderen erreicht wird oder zu viel wird, werden sie abgeschwächt.

Derartige hochkomplexe Interaktionsmuster tragen somit wesentlich dazu bei, daß und wie eine Beziehung zustande kommt und wie sie sich entwickelt. Seine Grenzen hat dieses unbewußt manipulative Verhalten in der Persönlichkeit des anderen. Wenn die Erwartungen des Wählenden und die Persönlichkeitsmerkmale des Gewählten zu stark voneinander abweichen, wird es dem Wählenden nach einiger Zeit deutlich, daß er sich getäuscht hat. Er fühlt sich ent-täuscht, und es kommt zur ersten ernsthaften Krise in der Partnerbeziehung, die, wie alle späteren Krisen, immer auch die Möglichkeit enthält, daß sie bereits zur Trennung führen kann.

Werden diese und auch darauf folgenden Krisen überstanden, so tritt im Laufe der Zeit an die Stelle der Vertrautheit und Familiarität, die mehr mit der Herkunftsfamilie als mit dem Partner zu tun hat, eine neue Vertrautheit und Familiarität, die sich stärker darauf bezieht, wie der Partner wirklich ist. Das Paar entwickelt einen eigenen Stil, in den Verhaltensmuster aus beiden Herkunftsfamilien eingehen und auch einiges Neue, das das Paar selbst entwickelt. Durch diese Form der Familiarität wird die Beziehung wohl am stärksten stabilisiert. Sie löst die anfängliche Phase der Verliebtheit ab.

Wenn es jedoch nur den Wunsch nach Familiarität gäbe und nicht auch das Gegenteil, nämlich den Wunsch nach erregendem Neuen, dann kämen wahrscheinlich überhaupt keine Paarbeziehungen zustande, dann blieben junge Erwachsene lieber gleich ganz in ihrer Herkunftsfamilie, wo die Vertrautheit ja am größten ist.

Nun sind diese Wünsche nach Vertrautem einerseits und nach Erregendem andererseits keine Konstanten, die über das ganze Leben hin gleichbleiben. Das Sicherheitsbedürfnis ist wahrscheinlich beim Säugling am größten, nimmt dann im Laufe der Entwicklung schrittweise ab und erreicht in der Adoleszenz einen Tiefpunkt, um dann ganz langsam bis zum hohen Alter hin wieder anzusteigen, ohne daß es aber im allgemeinen jemals wieder die Höhe des Ausgangsbedürfnisses beim Säugling erreicht. Bei dem Wunsch nach Erregendem, Neuem ist es umgekehrt.

Es sind unter anderem ganz basale biologische Vorgänge, wie die verstärkte Ausschüttung von Sexualhormonen in der Pubertät, die dazu beitragen, daß Jugendliche und junge Erwachsene den Wunsch nach einem aufregenden Sexualpartner und nicht nur den nach einem gleichaltrigen Vater oder einer gleichaltrigen Mutter entwikkeln. In der Adoleszenz und im jungen Erwachsenenalter nimmt deshalb die Risikofreude auf dem Gebiet der Beziehungen und auch in vielen anderen Bereichen zu, denn nur wer etwas riskiert, kann auch etwas Aufregendes und Interessantes erleben.

Viel von dem, was junge Leute in diesem Alter tun, erscheint einem älteren Erwachsenen auch deshalb oft reichlich «unvernünftig», weil sich bei den Erwachsenen das Verhältnis zwischen dem Bedürfnis nach Sicherheit und dem Bedürfnis nach Aufregung bereits wieder in einem anderen Gleichgewichtszustand eingependelt hat als bei ihren Kindern. Bei den Jugendlichen und jungen Erwachsenen gibt es hierbei einen breiten Bereich ganz verschiedenartiger Reaktions- und Verhaltensweisen, die wir Erwachsenen mehr oder weniger beruhigt oder beunruhigt beobachten können und mit denen wir uns auseinandersetzen müssen. Wirklich beunruhigend sind eigentlich nur die Extreme: die absolut «braven» Jugendlichen, bei denen sich gar nichts an Abenteuerlust rührt, und die dissozialen Jugendlichen, die es aufgegeben haben, auf Stabilitiät, Familiarität,

Zuverlässigkeit und Ehrlichkeit zu vertrauen, weil sie schon so oft enttäuscht worden sind. In diesen Extremfällen kann es manchmal ratsam sein, einen kompetenten Erziehungsberater oder Psychotherapeuten hinzuzuziehen. Die meisten Stürme in der Adoleszenz sind kein Anlaß zur Beunruhigung, auch wenn sie manchmal ein paar alte morsche Äste aus den Bäumen ihrer Herkunftsfamilien blasen.

EXKURS

Kollusionen *

Der englische Psychoanalytiker Henry Dicks (12) hat den Begriff der Kollusion eingeführt für Paarbeziehungen, bei denen die Persönlichkeitsstrukturen beider Partner zueinander passen wie Schlüssel und Schloß. «Kollusion» kommt vom lateinischen «colludere» und bedeutet «Zusammenspiel». Der Zürcher Psycholanalytiker Jürg Willi hat den Kollusionsbegriff übernommen und im deutschsprachigen Raum bekannt gemacht (82, 83). Karl König und ich haben Willis Kollusionsbegriff erweitert (36, 37).

Wenn wir mit einem anderen Menschen eine partnerschaftliche Beziehung eingehen, dann bringen wir von Anfang an immer bereits bestimmte Erwartungen mit. Diese Erwartungen sind geprägt durch unsere bisherigen Lebenserfahrungen. So gibt es Menschen, denen es besonders wichtig ist, daß sie versorgt und umsorgt werden und die sich deshalb einen Mann oder eine Frau zum Partner oder zur Partnerin wählen, von dem sie den Eindruck haben, daß sie das gerne für ihn tun wollen. Es gibt auch Menschen, die andere gerne versorgen, die sich gut fühlen, wenn sie ein schönes Essen kochen und es dem Partner vorsetzen, der sich dann offensichtlich behaglich fühlt und direkt oder indirekt seine Dankbarkeit zum Ausdruck bringt. Jürg Willi bezeichnet Partnerbeziehungen, in denen einer ein Versorger ist und der andere sich gerne versorgen läßt, als depressive Kollusionen.

Es gibt auch Menschen, die gerne das Sagen haben, die, wie Kinder das manchmal nennen, «Bestimmer» sind oder sein wollen. Und wenn sie auf jemanden treffen, der vielleicht ein bißchen unsicher ist, so kann es sein, daß der andere dankbar ist, einen «Bestimmer» gefunden zu haben, der ihm dann oft auch viel abnimmt, zum Beispiel die Wohnung anmietet oder kauft, die Kontoauszüge abholt und die

* Einige Abschnitte dieses Kapitels wurden erstmals veröffentlicht im pro familia magazin 3/1991.

Überweisungen vornimmt und derlei Dinge mehr. Solche Partnerbeziehungen bezeichnen wir als zwanghafte Kollusionen.

Anderen Menschen ist es wichtiger, von jemandem bewundert zu werden. Und wenn sie jemanden finden, der sich gerne mit einem Bewunderungswürdigen umgibt, um an dessen Glanz zu partizipieren, können beide in dieser Beziehung Zufriedenheit finden. Denken Sie zum Beispiel an Dalí und seine Lebensgefährtin oder an manche meiner ärztlichen Berufskollegen und deren Frauen. Hier handelt sich sich um narzißtische Kollusionen.

Bei den hysterischen Kollusionen geht es um die Anerkennung der Geschlechtseigenschaften. Jedem Menschen tut es wahrscheinlich gut, wenn er von einem anderen anerkannt und hin und wieder auch bewundert wird. Manche Menschen haben es in ihrer Kindheit in besonderem Ausmaß gelernt, ein Verhalten an den Tag zu legen, das dem anderen angenehm ist, wobei dieser andere in der Kindheit meist der Vater oder die Mutter war. Hierbei ist zum Beispiel die angenehme Eigenschaft des charmanten Verhaltens oft sehr ausgeprägt. Und wenn nun ein charmanter Casanova, der die Frauen bewundert, mit einer charmanten Frau zusammentrifft, die die Männer bewundert, so kann es zu einer wechselseitigen Faszination kommen, die zur festen Partnerbeziehung werden kann und die auf Freunde und Bekannte oft als ideale Partnerbeziehung wirkt, vor allem wenn sie in ihrer eigenen Beziehung nicht so glücklich sind, selbst einen Partner zu haben, der sie wenigstens ab und zu einmal ein wenig anhimmelt. Die gemeinsame Überzeugung dieser Partner ist, daß man als Frau beziehungsweise Mann erst dann wirklich etwas wert ist, wenn es einem gelingt, von einem Partner des anderen Geschlechts bewundert zu werden.

All solche Beziehungskonstellationen können zu glücklichen Beziehungen oder Ehen führen. Wir bezeichnen sie im Fachjargon als *komplementäre Beziehungen*, die dadurch gekennzeichnet sind, daß im Partner etwas gesucht wird, was man selbst gerade nicht so ausgeprägt hat oder so gut kann. Das sind dann Beziehungen, in denen die Partner sich, wenn es gut geht, viel gegenseitig ergänzen können.

Das Gegenteil davon sind die *symmetrischen Beziehungen*, bei denen ein Partner gesucht wird, der einem selbst möglichst ähnlich ist, entweder weil man sich selbst so großartig findet und es völlig klar ist, daß ein großartiger Partner halt auch so sein muß wie man selbst, oder weil es für jemanden schwer auszuhalten ist, daß ein anderer etwas besser kann als er selbst, oder weil es ihm sowieso eher Probleme macht, Unterschiede auszuhalten. – Sowohl die komplementären als auch die symmetrischen Beziehungsformen haben ihre Vorteile und ihre Nachteile.

Sie können sich aber wahrscheinlich, wenn Sie von diesen Beispielen hören, schon jetzt denken, daß da auch einige Schwierigkeiten lauern.

Nehmen wir das Paar, das durch die Beziehungwünsche nach Versorgen und Versorgtwerden gekennzeichnet ist. Dieses Paar hat darüber hinaus in der Regel auch noch andere Wünsche. Aber einige Wünsche stehen halt im Vordergrund. Nun kann die versorgende Frau, es kann auch ein versorgender Mann sein, ihren Mann am Anfang der Beziehung gut versorgen. Das kann die Form des Bratkartoffelverhältnisses annehmen, es gibt aber auch Varianten davon. Die Frau versorgt also, bleibt vielleicht zu Hause, macht den Haushalt, kocht das Essen, usw. Der Mann ist berufstätig, läßt sich, wenn er nach Hause kommt, gerne versorgen, strahlt sie dann dankbar an, und beide sind glücklich.

Jetzt kann es aber so werden, daß dieser Mann auf den Geschmack kommt. Und er merkt, daß er den ganzen Tag im Beruf eigentlich nicht ausreichend versorgt wird. So greift er zu einer gewissen Art der Selbstversorgung und fängt an, zwischendrin ab und zu einmal ein Schlückchen Alkohol zu trinken. Und das geht nun ein paar Jahre so weiter.

Unser Mann hat sich inzwischen zum Alkoholiker entwickelt und in diesem Zusammenhang seinen Beruf verloren. Jetzt ist er den ganzen Tag zu Hause und will versorgt werden. Die Frau kauft ihm zwar immer noch gemäß ihrer Versorgerrolle die tägliche Ladung Bier und Schnaps. (Auch deshalb werden die Partner von Alkoholikern manchmal von Fachleuten als Co-Alkoholiker bezeichnet.) Aber irgendwann wird es der Frau zuviel.

Die beiden komplementären Beziehungswünsche, die das Paar zusammengeführt haben, sind im Laufe der Zeit zu Extrempositionen geworden. Sie haben sich gegenseitig aufgeschaukelt nach dem Muster: Weil du so gerne versorgst, werde ich immer passiver und lasse mich immer mehr versorgen; und weil du dich so gerne versorgen läßt und immer passiver wirst, versorge ich dich immer mehr.

Was da nicht gut funktioniert, ist das Begrenzen dieses Teufelskreises durch rechtzeitige Signale. So könnte die Frau zum Beispiel gesagt haben: «Ich versorge zwar gerne, aber alles hat seine Grenzen.» Und dies hätte sie durchaus schon zu einem früheren Zeitpunkt der Beziehung sagen können. Oder der Mann hätte sagen können: «Ich werde zwar gerne versorgt, aber ich lasse mich nicht gerne infantilisieren, so daß ich am Ende gar nichts mehr kann.» Auch er hätte dies schon früher sagen können.

Statt dessen ist es aber in solchen schwierigen Beziehungen und Ehen so, daß lange Zeit nicht gegengesteuert wird, sondern «mehr vom Gleichen» produziert wird, um das Problem zu lösen. Wenn der Mann immer passiver wird, macht die Frau immer mehr, in der Hoffnung, daß er dann schon wieder aus seinem passiven Loch herauskommen wird.

Der österreichische Psychotherapeut Paul Watzlawick, der in den Vereinigten Staaten lebt und arbeitet, beschreibt in seiner weitverbreiteten «Anleitung zum Unglücklichsein» (79) die Neurose geradezu so, daß sie durch dieses Prinzip gekennzeichnet ist: immer mehr vom Gleichen. Hier ist aufgrund kindlicher Fixierungen die Phantasie gelähmt, so daß die neurotischen Männer und Frauen nicht auf die Idee kommen, einmal eine andere Lösung auszuprobieren, wenn sie mit der bisherigen nicht zum Ziele kommen und vielleicht unglücklich werden.

Watzlawick demonstriert dieses Prinzip mit dem Witz von dem Mann unter der Laterne:

Ein Mann sucht im Dunkeln unter einer Laterne seinen Schlüssel. Er sucht und sucht und findet ihn nicht. Ein freundlicher Passant kommt vorbei, fragt ihn, was er da macht, erfährt, daß der Mann den Schlüssel verloren hat, und sucht nun mit. Dann kommt ein zweiter Passant vorbei, fragt, was die beiden da machen, hört von dem verlorenen Schlüssel und sucht nun auch mit. Nach einer halben Stunde suchen schon zehn Leute unter der Laterne nach dem verlorenen Schlüssel. Jetzt aber kommt einer auf die Idee, den Mann mit dem verlorenen Schlüssel zu fragen: «Sind Sie denn sicher, daß Sie den Schlüssel hier verloren haben?» – «Nein», antwortet der Mann, «den habe ich dort drüben verloren, aber dort ist es zu dunkel.»

Wenn Menschen, die in solche neurotischen Verhaltensmuster miteinander verwickelt sind, nicht selbst auf die Idee kommen, derartige Fragen zu stellen und vor allem dann aus der Antwort auf diese Fragen neue Ideen zu entwickeln, oder wenn sie in ihrer Umgebung niemanden finden, der das macht, weil die Umgebung sich vielleicht in die Neurose verwickeln läßt wie in dem Witz von dem Mann unter der Laterne, dann kann es die Aufgabe eines Psychotherapeuten sein, ein solches neurotisches Gleichgewicht durch «dumme» Fragen zu destabilisieren. Die Antworten finden die Beteiligten dann im allgemeinen selbst besser als der Therapeut, wenn das bisherige Zusammenspiel, die Kollusion, erst einmal gründlich genug gestört worden ist, so daß es nicht mehr in der alten Form funktioniert. Dadurch ist es notwendig geworden, sich etwas Neues einfallen zu lassen.

Daß zumindest psychoanalytische Therapeuten die Menschen, die zu ihnen kommen, Antworten lieber selber finden lassen als ihnen ihre Lösungen einzureden, hängt mit dem emanzipatorischen Anspruch der Psychoanalyse zusammen. Wir finden nämlich, eine Psychotherapie soll dazu beitragen, daß Menschen erwachsen werden. Und wenn dies gelingt, dann können sie selbst besser herausfinden als wir das können, was für sie gut ist und zu ihnen paßt.

In meinem Beispiel dekompensiert die Beziehung letztlich, weil es der Frau zuviel wird. Sie macht so lange «mehr vom Gleichen», bis sie absolut nicht mehr kann. Dann bricht sie zusammen, wird krank oder verläßt ihren Mann.

Es kann aber auch umgekehrt sein, daß nämlich in einer solchen Kollusion derjenige, der versorgt wird, zuviel bekommt, sich immer unerwachsener und unbehaglicher fühlt, so daß er eine Ehekrise, die sich schon lange entwickelt hat, zum Ausbruch kommen läßt. Er wehrt sich dann gegen die übermäßige Versorgung oder wird krank oder verläßt seine Partnerin. Das Ganze gibt es natürlich auch mit umgekehrt verteilten Geschlechtsrollen.

In solchen Fällen, wenn nicht rechtzeitig gegengesteuert wird, sind fast immer bei einem oder bei beiden Partnern Anteile von kindlichen Beziehungswünschen im Spiel. Ein bißchen was von unseren Kinderwünschen haben wir wohl alle ins Erwachsenenleben hinübergerettet, denken sie nur an die Väter, die ihren Söhnen zu Weihnachten die elektrische Eisenbahn aufbauen oder einen Schachcomputer schenken, womit sie sich manchmal eigene Kinderwünsche erfüllen. Aber nicht alle haben so starke Kinderwünsche mitgebracht, daß sie die ganze erwachsene Paarbeziehung prägen.

Bei einem ungünstigen Entwicklungsverlauf jedoch kann es sein, daß jemand, um wieder zu unserem Beispiel zu kommen, eine im Übermaß versorgende und verwöhnende Mutter hatte, die zwar auch ihre einengenden und nervigen Seiten gehabt hat, die ihm jedoch seine Wünsche nach Versorgtwerden im Übermaß erfüllt hat, daß der Betreffende, wie wir sagen, an diese Mutter fixiert bleibt und sich später nicht genügend von ihr lösen kann. Statt dessen sucht er sich eine Partnerin, die in dieser Hinsicht seiner Mutter sehr ähnlich ist. Dabei übersieht er, daß er es dann mit einer Frau mit eigenen Bedürfnissen zu tun hat, nicht mehr mit einer sich übermäßig aufopfernden Mutter.

Die Beziehungserwartung dieses Mannes ist dann die nach einer versorgenden Mutter und nicht nach einer versorgenden Partnerin, und das ist etwas ganz anderes. Der Wunsch kann dann nicht aufgegeben werden, immer so jemanden wie Mutter um sich zu haben. Für diesen Mann besteht auch gar kein Anlaß, frühzeitig gegenzusteuern, wenn die Frau zu versorgend ist. Im Gegenteil: Es kann gar nicht genug sein, was er bekommt. Der Betreffende ist wie ein Faß ohne Boden.

Bei den Versorgern ist etwas anderes im Spiel. Einige Kinder werden in ihrer Kindheit frühzeitig von den Eltern «parentifiziert». Parentifikation bedeutet, daß dem Kind elterliche oder andere erwachsene Aufgaben übertragen werden, durch die es aufgrund seines Alters überfordert ist. Das können elterliche Aufgaben im engeren

Sinne sein, wie zum Beispiel die Miterziehung eines jüngeren Geschwisters. Oft sind es aber auch viel makabrere Aufgaben, zum Beispiel die Rolle des Vertrauten oder des Beraters.

Das kommt besonders dann vor, wenn das Elternpaar sich nicht gut versteht. Dann ist für die Mutter oder den Vater die Versuchung manchmal groß, ein Kind zum Vertrauten zu machen und sich bei ihm über den schlechten oder enttäuschenden Partner auszuweinen, sich von dem Kind auch Ratschläge und Trost zu holen und dergleichen mehr. Manchmal ist es auch so, daß bestimmte Aufgaben an das Kind delegiert werden, die ursprünglich vom Partner gewünscht worden waren: Es soll dann so verständnisvoll sein wie ein idealer Partner, so erfolgreich, so durchsetzungsfähig oder so vital und lebendig.

Das Kind nimmt diese Delegationen in aller Regel an, einesteils aus Liebe und loyalem Verpflichtungsgefühl gegenüber der Mutter oder dem Vater, die sich in Not befinden, das ist der Überforderungsanteil dieser Parentifizierung. Aber das Ganze hat auch seine Schokoladenseite für das Kind: Es bemerkt nämlich sehr schnell, daß es durch die Übernahme dieser Rolle in der Familie ungeheuer an Einfluß, Macht und Geltung gewinnt. Die Rolle ist dadurch verführerisch. Das Kind wird zum Helfer, manchmal auch zum Versorger, nämlich Versorger mit Emotionen, Zuwendung, Verständnis. Und diese Rolle, wenn sie über längere Zeit in der Kindheit übernommen wurde, geht dem Betreffenden in Fleisch und Blut über. Es entsteht eine Fixierung in dieser Rolle. Der Betreffende sucht sich dann als Erwachsener auch wieder jemanden als Partner, der abhängig und bedürftig ist, in der Hoffnung, daß er dort durch die Übernahme der gewohnten Rolle auch wieder die gewohnten Gratifikationen ernten wird wie in der Kindheit.

Es gibt noch eine weitere Variante bei derartigen Beziehungswünschen. Es kann sein, daß zwei Versorger sich zusammenfinden, die ihre Bedürnisse, andere Menschen zu versorgen, in ihrem Beruf unterbringen und nicht in der Ehe. Auch so etwas kann zu einer glücklichen Beziehung führen. Es kann aber auch schiefgehen, vor allem auch hier in den Fällen, in denen viele kindliche Beziehungswünsche im Spiele sind.

So hatte ich in einer Paartherapie mit einem Paar zu tun, das in einem sozialen Beruf außerordentlich engagiert war. So etwas gibt es zum Beispiel bei Lehrern, Pastoren, Sozialarbeitern, Gewerkschaftsfunktionären, Ärzten und Psychotherapeuten. Die beiden arbeiteten also den ganzen Tag höchst engagiert für ihre Klienten. Sie waren dort natürlich außerordentlich beliebt. Das sind solche Versorger eigentlich immer. Abends gegen 23 Uhr kamen dann beide erschöpft nach Hause. Und jeder hatte dann den Wunsch, jetzt mal ein kleines bißchen selbst versorgt zu werden, zum Beispiel mit einer Tasse Tee oder einer Flasche Bier. Das Problem war nur, daß beide diesen Wunsch hatten. Und sie hatten beide die Erwartung, daß so ein verständlicher Wunsch eigentlich auch für den Partner selbstverstänlich sein müßte, daß er also gar nicht ausgesprochen werden müßte. Ja, er war sogar beiden selbst nicht ganz klar, sie hatten nur ein etwas verschwommenes, wenn auch sehr heftiges «Wunschgefühl». Beide saßen also in ihren Sesseln und erhofften sich ein bißchen Versorgung. Jeder hatte aber auch das Gefühl, daß jegliche auch noch so geringe Versorgeraktivität nach einem solchen Tag zuviel wäre und eine Zumutung. So entstand im Laufe der Zeit bei beiden Partnern das Gefühl einer heftigen Enttäuschung, später Wut, noch später Haß. Ich habe selten mit einem Paar zu tun gehabt, das sich derartig gehaßt hat.

Der eheliche Scherbenhaufen, den die beiden angerichtet hatten, war zum Zeitpunkt der Therapieaufnahme bereits so groß, daß diese Beziehung nicht mehr zu retten war. Die beiden trennten sich schließlich. In der Therapie konnte nur erreicht werden, daß diese Trennung wieder in fairer Weise möglich wurde, was bei solchen hassenden Paaren ja oft nicht mehr geht.

Die Frau fand dann einen anderen Partner, der sich im Beruf nicht völlig verausgabte. Sie berichtete mir später mit strahlenden Augen, daß dieser Mann es fertigbringt, ihr nachts eine Tasse Tee zu kochen.

Ich habe jetzt sehr ausführlich über Beziehungen gesprochen, in denen es viel um das Geben und Nehmen geht. Es gibt aber auch Paarbeziehungen und Ehen, bei denen andere Wünsche und Konflikte im Vordergrund stehen. Weiter oben habe ich bereits Paare erwähnt mit einem Bestimmer und einem Partner, der etwas unsicher ist und deshalb gerne einen hat, der bestimmt. In solchen Ehen geht es um Macht. Auch hier sind glückliche Beziehungen möglich, wenn die Bedürfnisse beider zueinander passen und wenn die Rollen, die beide in solchen Beziehungen einnehmen, sich nicht zu stark zu Extrempositionen entwickeln. Das ist aber nicht immer der Fall.

Manchmal bestehen bei dem Bestimmer starke Ängste vor Unterwerfung, und er reagiert auf jeden selbständigen Schritt des Partners mit extremen Ängsten. Er befürchtet nämlich, aus seiner dominanten Rolle verdrängt zu werden. Um das zu verhindern, entwickelt er sich nach und nach vom Bestimmer zum Unterdrücker, oft ohne das selbst zu merken.

Auch hier liegen die Hintergründe einer solchen Entwicklung nicht selten in der Kindheit. Ein Kind, dessen Mutter oder Vater seine Initiativen oder Aktivitäten und jeden Schritt zur Eigenständigkeit hin als bedrohlich, gefährlich oder einfach nur störend in ihrem täglichen Lebensalltag empfunden haben, kann in der Regel solche Entwicklungsschritte nur schwer vollziehen. Das sind Kindheiten mit vielen Verboten und Strafen.

Andererseits gehören auch Verbote und Strafen zu einer förderlichen Kindheitsentwicklung. Heutige Eltern tun sich ja oft eher ein bißchen schwer damit, womit sie das andere Extrem leben im Hinblick auf den Umgang mit Macht. Sie haben nicht selten eine sehr autoritäre Erziehung «genossen» und den Eindruck gewonnen, daß Machtausübung und Machtmißbrauch identisch seien. Sie verzichten dann ganz auf die Ausübung elterlicher Macht und begünstigen dadurch Verwahrlosungstendenzen bei ihren Kindern, die dann oft ähnlich willkürlich werden wie es die Eltern dieser Eltern auch waren. Diese Eltern müssen dann oft die bittere Erfahrung machen, daß sie es in der eigenen Kindheit mit willkürlichen Autoritäten zu tun hatten und daß sie es nun im Erwachsenenalter auch wieder nicht besser getroffen haben. Jetzt werden sie allerdings nicht mehr von ihren Eltern, sondern von ihren Kindern tyrannisiert, wie der Lehrer, der von seinen Schülern zusammengeschlagen wurde, über den ich zuvor bereits geschrieben habe.

Daß dieser Mann sich eine dominante Partnerin ausgesucht hatte, wundert Sie jetzt wahrscheinlich nicht mehr. Sie nahm ihm zwar, wie er es von früher her gewohnt war, viel ab, und das war einer der entscheidenden Gründe für ihn bei der Partnerwahl. Das war sozusagen die attraktive Seite der Beziehung. Seine Frau beherrschte ihn aber auch und versuchte zunehmend mehr, jeden seiner Schritte zu bestimmen und zu kontrollieren. Darunter begann er dann nach einiger Zeit zu leiden. Er hatte jedoch kein Verhaltensrepertoire zur Verfügung, das es ihm ermöglicht hätte, den Unterdrückungstechniken seiner Frau zu begegnen. Er dachte, es müsse alles in freundlichen, verständnisvollen Gesprächen möglich sein. Diese Töne verstand jedoch seine Frau nicht.

Der Hintergrund des Verhaltens bei der Frau war übrigens ein ganz ähnlicher wie bei dem Mann. Sie kam aus einer ähnlichen Familie wie er, war nur als Mädchen nicht in derselben Weise wie der Mann ins Schußfeld des familiären Machtkampfes geraten. Sie bekam das Ganze mehr aus der Beobachterperspektive mit. Dabei gewann sie den Eindruck, daß man in einer Familie untergeht, wenn es einem nicht gelingt, die dominante Position einzunehmen. Das übte sie dann in der Kindheit im Freundeskreis. Und später in der Ehe übernahm sie ganz selbstverständlich die ihr wohlvertraute Position, wobei sie sich anfangs durch das Verhalten ihres Mannes durchaus bestärkt fühlte.

Nach einigen Jahren spitzte sich die Situation jedoch zu. Es kam dann wie so oft in solchen Fällen zu einer Eskalation des ehelichen Machtkampfes: Die Frau übte aktiv Macht aus, der Mann trat in passiver Weise beleidigt und gekränkt den Rückzug an.

Verstärkt wird dies oft noch dadurch, daß Menschen, die zu diesen Rollen neigen, gleichzeitig eine starke Tendenz dazu haben, alles besser zu wissen als alle anderen. Sie argumentieren wie der Geisterfahrer auf der Autobahn, der sich an den Kopf faßt und stöhnt: «Mein Gott, sind heute wieder viele Geisterfahrer unterwegs!»

Wenn man selbst alles richtig weiß und stets nur das Beste will, ist man anderen Meinungen oder auch anderen Stilen gegenüber besonders intolerant. Man kann sich halt nicht vorstellen, daß man in einer stets auf Hochglanz polierten Wohnung leben, sich aber auch in einer vergammelten Bude wohl fühlen kann, nämlich wenn man andere Werte und Vorstellungen hat. Man kann das Geschirr nach jedem Essen abwaschen, aber auch nur einmal in der Woche. Hier geht es nicht um «richtig» oder «falsch», sondern um verschiedene Stile. Und da Ehepartner aus unterschiedlichen Herkunftsfamilien kommen, bringen sie immer auch verschiedene Stilvorstellungen mit in die Beziehung.

Besonders bei Menschen, die eine ausgeprägte Vorstellung von «richtig» oder «falsch» haben und die sich nicht vorstellen können, daß es etwa so viele verschiedene Familienstile gibt wie Familien, kommt es beim Eingehen einer Paarbeziehung relativ bald zu massiven Problemen.

Wir alle entwickeln in der Regel ja eine recht ausgeprägte Loyalität gegenüber unserer Herkunftsfamilie, und dazu gehört ganz wesentlich die Loyalität gegenüber dem Familienstil. Wenn wir jedoch in einer toleranten Familie aufgewachsen sind, dann haben wir gleichzeitig mitbekommen, daß andere Familien andere Stile haben und daß man diese Stile ebenfalls tolerieren kann, wenn man sie auch in der eigenen Familie nicht praktiziert. Es gibt aber bekanntlich nicht wenige Familien, in denen mit verächtlichen Bemerkungen auf den Stil der seltsamen Nachbarn oder Freunde reagiert wird. Die Kinder in solchen Familien bekommen das natürlich mit und ziehen daraus die von den Eltern nicht unerwünschte Konsequenz, alle anderen Stile als den eigenen zu verachten und abzulehnen.

Wenn sie nun eine Paarbeziehung eingehen, gehen sie selbstverständlich davon aus, daß der Partner oder die Partnerin ihren Stil übernehmen wird. Dieser Stil ist ja der einzig richtige, und alle anderen Stile sind verachtenswert und falsch. Ihnen entgeht, daß sie bei einer Paarbeziehung eine neue Loyalitätsverpflichtung eingehen, nämlich die gegenüber dem Partner, die bei einer gut funktionierenden Ehe sogar noch deutlich stärker werden wird im Laufe der Zeit als die Loyalität gegenüber der Herkunftsfamilie.

Unser Partner aus der intoleranten Herkunftsfamilie gerät also nicht einmal in einen Loyalitätskonflikt. Er ist so davon überzeugt, seiner Herkunftsfamilie gegenüber treu bleiben zu müssen, treu und loyal, daß es für ihn eine ganz unverständliche Zumutung seines Partners bedeutet, daß dieser seinen eigenen Stil, den er aus seiner Familie mitgebracht hat, nicht vollständig aufgeben will.

Wenn es gut geht und dieser Partner stark genug ist, kommt es bald zu einer Trennung der Beziehung. Manchmal kommt der Abkömmling aus einer intoleranten Familie nach mehreren solcher Trennungen auf die Idee, daß an seinem Weltbild etwas problematisch ist. Manchmal begibt er sich dann auch in eine psychotherapeutische Behandlung, weil er an dem wiederholten Scheitern seiner Paarbeziehungen zu leiden beginnt.

Wenn es weniger gut geht, kommt die Paarbeziehung zustande, und es entsteht ein manchmal Jahre währender erbitterter Kampf, in den sich nicht selten die beiden Herkunftsfamilien, von denen die Partner sich nicht ausreichend ablösen konnten, kräftig einmischen.

Übrigens gehören solche Kampf- und Streitehen zu den stabilsten Beziehungen, die es in unserem Lande gibt. Die Kämpfer haben nämlich meist eine ungeheure Angst vor Unterwerfung und vor Niederlage. Und sie können sich aus genau diesem Grunde von ihrem Partner, mit dem sie unglücklich verbunden sind, nicht trennen: weil sie sich dann nämlich die Niederlage eingestehen müßten, daß es ihnen nicht gelungen ist, den anderen zu verändern. Sie können aber nicht aufgeben und kämpfen deshalb weiter. Die Ehe wird zu einem lebenslänglichen Machtkampf.

In toleranten und weniger kämpferischen Beziehungen kommt es in den ersten Jahren zu einem neuen Stil in der neuen Familie, einem Stil, der sich aus Teilen des Familienstils beider Partner zusammensetzt und bei dem die Ehepartner vielleicht auch noch ein paar ganz neue Stilelemente entwickeln. Das hat den erheblichen Vorzug, daß Fortschritte möglich sind. Es besteht natürlich auch das Risiko, daß es zu komplizierten neuen Stilformen kommt, mit denen die beiden sich dann herumschlagen müssen. Aber wenn sie ausreichend von ihren Herkunftsfamilien abgelöst sind, können sie ja aus ihren Fehlern lernen und problematische Stile wieder aufgeben.

5. KAPITEL

Der Entschluß, zusammenzuziehen

In der Adoleszenz beginnt im allgemeinen der Ablösungsprozeß von den Eltern. In vielen Fällen setzen junge Menschen eine deutliche Markierung in diesem Prozeß, indem sie aus dem Elternhaus ausziehen, um dann ihr eigenes Leben zu führen, eine Ausbildung zu beginnen, das Berufsleben aufzunehmen und eine eigene Familie zu gründen. In früheren Zeiten, als die Ausbildungen noch kürzer waren, geschah dies meist in dieser Reihenfolge. Heute ist es häufiger so, daß diese einzelnen Schritte ins Erwachsenenleben sich überschneiden.

Wann jemand von seiner psychischen Entwicklung her beginnt, erwachsen zu werden, ist sehr unterschiedlich. Außerdem wird der Abstand zwischen den verschiedenen Funktionen des Erwachsenenseins in unserer hochkomplexen Gesellschaft immer größer. Die biologische Fähigkeit, Kinder zu zeugen, setzt immer früher ein, die psychische Fähigkeit, die damit verbundenen Verantwortungen und Verpflichtungen zu übernehmen, ohne dadurch chronisch überfordert zu sein, dagegen deutlich später, die Fähigkeit, nach abgeschlossener Berufsausbildung von den Eltern auch finanziell unabhängig zu sein und auf eigenen Beinen stehen zu können, um sich selbst und eine eigene Familie unterhalten zu können, im allgemeinen noch später, bei den akademischen Berufen sogar sehr viel später.

Die Gesellschaft erklärt uns mit 18 Jahren für erwachsen, was mit der psychischen Entwicklung unter günstigen Umständen auch zusammenpaßt. Junge Menschen, die einen handwerklichen Beruf erlernen, müssen (und dürfen) sich aber bereits sehr viel früher in Beruf und Familie bewähren als junge Erwachsene, die sich zu einem Hochschulstudium entschließen. Letztere sind viele Jahre länger «weder

Fisch noch Fleisch», noch nicht ganz erwachsen, aber auch nicht mehr vollständig Jugendliche, was zu erheblichen Frustrationen und Belastungen sowie manchmal zu heftigen Identitätskrisen führt.

Manche junge Menschen verlassen das Elternhaus bereits sehr früh, manchmal zu früh. Meist liegen diesem Entschluß Krisen in der Herkunftsfamilie zugrunde. Manchmal haben diese Jugendlichen, zu Recht oder zu Unrecht, den Eindruck, daß sie den Eltern nur eine Last sind und daß ihre weitere Entwicklung im Elternhaus nicht mehr gefördert, vielleicht sogar behindert wird. Sie glauben, daß ihnen die elterliche Fürsorge, die Adoleszente während des Ablösungsprozesses immer noch benötigen, vorenthalten wird. Oder sie wollen ihre Eltern mit der Ankündigung, sich eine eigene Wohnung suchen zu wollen, zu einer klaren Stellungnahme provozieren, ohne daß ihnen das selbst bewußt sein muß. Im Grunde erhoffen sie sich in einem solchen Fall den Widerspruch der Eltern, was implizit ja auch immer bedeutet, daß die Eltern bereit sind, weiter für die Kinder zu sorgen, auch wenn es in diesem Lebensabschnitt zu heftigen Auseinandersetzungen und Meinungsverschiedenheiten kommen kann.

Manche Eltern verstehen diesen Appell jedoch nicht und stimmen dem Wunsch ihrer Kinder, früh aus dem Elternhaus auszuziehen, in einer scheinbar liberalen Weise vorschnell zu. Besonders häufig haben solche Eltern selbst Probleme mit den Aufgaben des Grenzensetzens einerseits und der Bindung andererseits: in der Beziehung zu ihren Kindern, oft auch zu ihren Partnern und zu anderen Menschen. Das Laufenlassen und Machenlassen, der «Laisser-faire-Stil» in der Erziehung, enthält den Kindern und Jugendlichen jedoch die wichtige Erfahrung vor, behütet, geschützt und gehalten zu werden, was für die Entwicklung genauso notwendig ist wie der Appell und Anreiz, sich selbst etwas zuzutrauen, Eigenständiges in die Hand zu nehmen und etwas zu riskieren. Kinder, die früh ausziehen, bleiben in ihrer Entwicklung oft in der Adoleszenz stecken. Sie haben sich eben nicht abgelöst, sondern losgerissen (35).

Die Halte- und Schutzfunktion der Eltern nimmt vom Säuglingsalter ihrer Kinder bis zu deren Erwachsenenalter kontinuierlich ab, die Aufgabe, Eigenständigkeit zu fördern, nimmt im gleichen Maße zu. Bei beidem, dem Schützen und dem Fördern, gibt es ein Zuviel und ein Zuwenig, wodurch wir unsere Kinder überfordern oder unterfordern können. Beides wirkt sich entwicklungshemmend aus.

Manche junge Menschen verlassen das Elternhaus aber auch gar nicht oder sehr spät, was bei Patienten, die wir in unseren psychotherapeutischen Praxen sehen, meistens die Bedeutung von übermäßiger Bindung oder Verwöhnung durch die Eltern hat. Eine solche Verwöhnung trägt meist ausbeuterische Züge, weil diese Eltern ihre Kinder oft für die Befriedigung eigener Bedürfnisse benötigen, was ihnen aber meist nicht bewußt ist. Sie arrangieren es deshalb zu Hause so, daß finanzielle Gründe, die Gestaltung des Hauses oder der Wohnung oder die Gemütlichkeit am warmen Herd zu Hause es völlig unsinnig erscheinen lassen, in eine fremde, teure und ungemütliche eigene Wohnung zu ziehen. In diesen Fällen, die sich bei unseren Patienten häufig finden, sind die Begründungen der Eltern und oft auch der erwachsen gewordenen Kinder Rationalisierungen.

In anders gearteten Fällen, wenn beide Generationen noch unter einem Dach leben, obwohl die Kinder schon erwachsen sind, finden sich im Gespräch mit diesen jungen Erwachsenen und ihren Eltern ganz ähnliche Argumente, ohne daß sich bei einer genaueren Analyse latente ausbeuterische Züge und ein verwöhnendes Bindungsverhalten ausmachen lassen. In diesen Familien gelingt es wirklich, die Entwicklung zum Erwachsenwerden und den inneren Ablösungsprozeß von den Eltern zu fördern, obwohl die jungen Erwachsenen noch im Elternhaus wohnen. Diese jungen Menschen und diese Familien sehen wir aber nur sehr selten in der psychotherapeutischen Sprechstunde, und wenn, dann aus anderen Gründen.

Manchmal findet sich eine Verbindung von einer mangelhaften Förderung des Erwachsenwerdens durch die Eltern einerseits und einer mangelhaften Fürsorge der Eltern in der Adoleszenz ihrer Kinder andererseits. Solche jungen Menschen sind in ihrer Kindheit oft im Übermaß behütet und umsorgt worden, so daß sie eine Abhängigkeit von ihren Eltern oder zumindest von einem Elternteil entwickelt haben, die es ihnen schwergemacht hat, sich schrittweise von ihnen zu lösen. Diesen Eltern ging dann aber nach einigen Jahren die Puste aus, manchmal erst beim zweiten oder dritten Kind, so daß sie ihr zuvor überfürsorgliches Verhalten gegen zuwenig Fürsorge eingetauscht haben. Sie haben es viele Jahre übertrieben und konnten dann irgendwann einmal nicht mehr.

Fällt dieser Verhaltenswechsel in die Adoleszenz ihrer Kinder, in der das Interesse an Partnern des anderen Geschlechts ja rapide zunimmt, so kann etwas Eigenartiges eintreten. Die Jugendlichen oder jungen Erwachsenen wenden sich dann oft sehr früh einem Partner oder einer Partnerin zu, nicht selten einem älteren Partner oder einer älteren Partnerin oder aber Gleichaltrigen, die aus eigenen Entwicklungsdefiziten heraus besonders schnell und in besonderem Ausmaß zumindest scheinbar erwachsen geworden sind. Von diesen Partnern wird dann, oft unbewußt, manchmal aber sogar bewußt, die Übernahme der elterlichen Funktionen erwartet, die die wirklichen Eltern so abrupt eingestellt haben.

Solche jungen Paare erlauben sich meist keine längere Probierphase mit verschiedenen Jugendlichen oder jungen Erwachsenen des anderen Geschlechts. Hierzu fehlt ihnen die innere Freiheit. Aus der eigenen Not heraus bleiben sie nicht selten am ersten Partner oder an der ersten Partnerin hängen, und sie ziehen sehr schnell mit ihm oder ihr zusammen.

In diesem Sonderfall bedeutet das frühe Zusammenziehen in eine gemeinsame Wohnung nichts anderes, als daß die Eltern-Kind-Beziehung möglichst nahtlos fortgesetzt werden soll. Zumindest einer, manchmal auch beide Partner genügen dann nicht der Lebensweisheit, daß diejenigen am besten und am glücklichsten in Partnerbeziehungen zusammenleben können, die es auch gut fertigbringen, alleine leben zu können. Das Zusammenziehen erfolgt hier aus einer inneren Not heraus, nicht aus einer inneren Freiheit. Es markiert somit auch nicht ein wirkliches Herauswachsen aus der Herkunftsfamilie, sondern nur einen Austausch der Personen.

Die Beziehung, die sich hier entwickelt, ist eine Abhängigkeitsbeziehung. Meist weist einer der Partner kindliche, etwas ängstliche phobische Persönlichkeitszüge auf, während der andere die Erwachsenenposition einnimmt, gern die Fäden in der Hand hat oder dem anderen gern etwas abnimmt, wie dies Menschen mit zwanghaften oder depressiven Zügen an sich haben. Der «Erwachsene» stellt sich im Laufe der Jahre dann nicht selten als nur scheinbar Erwachsener heraus, als einer, der aus einer eigenen Not heraus zu früh erwachsen werden mußte und um die eigene Kindheit betrogen wurde. Das setzt sich dann in der Paarbeziehung fort und wird früher oder später dem «kindlichen» Partner zum Vorwurf gemacht. Nicht selten waren diese «Erwachsenen» bereits in der eigenen Kindheit in die Position von Vertrauten eines Elternteils gebracht worden, der seine Sorgen mit dem Kind besprochen hat. In der späteren Partnerbeziehung oder Ehe wiederholt sich dann dieses Drama für den Betreffenden. Auch hier kann er dann wieder seine eigenen kindlichen Bedürfnisse, die Erwachsene ja immer auch noch haben, nicht unterbringen.

Entsprechend, nur mit umgekehrten Vorzeichen, ergeht es jedoch auch dem «Kind» in der Beziehung. Auch wenn der Partner zunächst gewählt wurde, um die elterlichen Funktionen zu übernehmen, besteht doch daneben meist auch der Wunsch, nachreifen zu wollen und nicht ewig in Abhängigkeit bleiben zu müssen. Dieser Wunsch wird nun aber durch einen solchen Partner nicht genügend eingelöst, so daß sich der kindliche Partner immer abhängiger fühlt, ohne aber die innere Freiheit zu haben, sich vom anderen lösen zu können. Auch hier wiederholt sich ein Teil des Kindheitsdramas in der Ehegeschichte. Im folgenden Exkurs werde ich auf eine solche Konstellation genauer eingehen.

EXKURS

Die phobische Kollusion

Die Phobie gehört zu den Angsterkrankungen. Sie ist gekennzeichnet durch Angstsymptome und Vermeidungsverhalten. Die häufigsten Angsterkrankungen sind die Agoraphobie und die Herzphobie; beides Erkrankungen, unter denen die Patientin litt, über die ich hier berichten will.

Bei der Agoraphobie tritt Angst in der Öffentlichkeit auf: in der Stadt, im Bus, im Kaufhaus, auf öffentlichen Plätzen (griechisch: agora), manchmal bereits beim Verlassen des Hauses, so daß viele agoraphobe Patienten ähnlich oder noch stärker behindert sind als Patienten im Rollstuhl. Sie gehen in schweren Fällen überhaupt nicht mehr auf die Straße, manchmal jahrelang nicht, zumindest nicht ohne Begleitung.

Bei der Herzphobie besteht die Angst, das Herz könne stehenbleiben, die Angst vor einem Herzinfarkt, ohne daß ein organischer Befund zu erheben ist. Herzphobische Patienten werden häufig als «akute Fälle» zu Hause besucht oder notfallmäßig in Kliniken eingeliefert, weil sie an einem akuten Angstzustand leiden, den sie auf ihr Herz beziehen. Körperliche und Laboruntersuchungen ergeben einen negativen Befund. Den Patienten wird dann oft mitgeteilt, daß sie gesund seien. Die Angstanfälle treten jedoch immer wieder auf.

Phobische Patienten bevorzugen sehr typische Interaktionsformen in der Beziehung zu ihren Mitmenschen, die sich auch in der Partnerbeziehung auswirken.

In einer Paartherapie wurde mir von einem Kollegen eine vierzigjährige Patientin mit ihrem etwas älteren Mann angekündigt. Das Paar war seit 20 Jahren verheiratet und hatte zwei Kinder von 10 und 15 Jahren. Die Patientin war zuvor in einer einzeltherapeutischen Behandlung gewesen wegen einer seit einem Jahr bestehenden Herzphobie, die auch schon zu zahlreichen kurzfristigen Klinikaufenthalten geführt hatte. Die Symptomatik war in dieser Behandlung vollständig verschwunden. Das Ergebnis war jedoch noch nicht stabil. Da die Kollegen Hinweise dafür gefunden hatte, daß die Symptomatik der Frau mit der ehelichen Beziehung zu tun hatte, überwiesen sie das Paar an mich zur Weiterbehandlung. Das erste Gespräch mit diesem Ehepaar begann folgendermaßen:

MANN: Unser Psychotherapeut in der Klinik empfahl uns, nachdem wir nicht mehr weiter wußten, an Sie.

THERAPEUT: Und wer war in der Klinik von Ihnen?

MANN: Meine Frau.

FRAU: Ich war...

MANN: ...und zwar ging es da...

THERAPEUT (direkt an die Frau gerichtet): Sind Sie jetzt noch da?

MANN: Nein, seit...

FRAU: ...Seit dem 31. Oktober bin ich zu Hause.

THERAPEUT: Ja.

MANN: Seit dem 1. November praktisch.

THERAPEUT: Mhm.

MANN: Und hingekommen ist sie mit Herzrasen bis zur Todesangst, sie konnte sich nicht in engen Räumen aufhalten, verbunden mit...

FRAU: ...Angstzuständen, keine Luft...

MANN: ...ja, und das hat er weggekriegt, der Doktor in der Klinik. Und was zurückgeblieben ist oder neu rausgekommen ist, das ist eben die Depression und...

FRAU: ...und Angst...

MANN: Ja eben.

FRAU: Ja...

MANN: ...und dann waren wir erst zunächst mal bei Dr. A., der ist ja nun Psychotherapeut, dann hatten wir einen Termin, sechs Wochen später oder so.

FRAU: Ja.

MANN: Und der machte dann auch gleich dieses...

FRAU: ...EEG.

MANN: ...Gehirnströme messen. Und da war aber nichts Wesentliches zu bemerken, also gar nichts, kann man sagen.

THERAPEUT: Ja.

MANN: Das wäre ganz normal. Ja und dann haben wir gewartet, wie das nun weitergeht. Und dann haben wir gesagt, das ist eigentlich Quatsch, daß der nochmal mit allem anfängt, ne? Da haben wir das jedenfalls wieder abgeblasen bei dem.

THERAPEUT: Ja.

MANN: So, und flankierend waren wir dann beim Hausarzt, der hat dann so, wie soll man sagen, dämpfende oder, was weiß ich, stabilisierende Mittelchen gegeben. Und das war wohl nicht das Richtige, dann fing er auch an mit einer Psycho-Spritze.

FRAU: Ja.

MANN: Nicht wahr? Praktisch sollte die jetzt irgendwie beruhigend wirken, was weiß ich, was die bewirken sollte. Und jetzt sind wir bei Dr. B. in Behandlung...

FRAU: ...das ist ein Homöopath.

MANN: ...das ist ein Homöopath, ja, und der versucht da jetzt irgendwie, so echt nervenstärkende Mittel zu geben, ne?

THERAPEUT: Mhm.

MANN: Und das ist eigentlich der Stand der Dinge.

FRAU: Vitamin-B-Spritze auch.

MANN: Und weil wir gute Erfahrungen gemacht haben mit dieser Besprechungstherapie...

THERAPEUT: Ja.

MANN: ...das ist ja weggegangen, dieses Herzrasen, durch die Therapie, und jetzt hat sie ja nun höchstens nochmal Bedenken oder Angst davor, daß das mal wiederkommt.

FRAU: ...daß es wiederkommt. Aber Angst habe ich trotzdem noch. Ich kann nur mit meinem Mann unterwegs sein.

MANN: Äh, ja.

FRAU: Allein kann ich gar nichts.

MANN: Was übriggeblieben ist, nun eben: Sie kann jetzt nicht alleine in die Stadt gehen. Und...

FRAU: Gar nichts kann ich!

MANN: Jetzt ich habe auch...

FRAU: ...Urlaub genommen.

MANN: Ich bin jetzt zu Hause, praktisch schon so über 14 Tage bin ich jetzt zu Hause.

So ähnlich geht es weiter. Die Patientin kommt fast nicht zum Zuge. Der Mann wirkt dominant und zieht das Gespräch an sich. Was Sie nicht lesen können, was ich jedoch im therapeutischen Gespräch sehen konnte, ist, daß immer dann, wenn ich eine Frage direkt an die Patientin richtete, sie einen kurzen, hilfesuchenden Blick zu ihrem Mann hinüberschickte, der dieses Signal sofort aufnahm und die Frage dann für die Patientin beantwortete. Offensichtlich ist es also nicht nur so, daß der Mann seine Frau nicht zum Zuge kommen läßt, sondern daß die Frau den Mann auch dazu veranlaßt. Der Mann hat hierzu offensichtlich eine große Bereitschaft, und an manchen Stellen fällt er seiner Frau sogar dann ins Wort, wenn sie selbst einmal die Initiative ergreift und etwas sagen will.

So etwas ist sehr typisch für phobische Erkrankungen. Die Phobiker tun weniger, als sie eigentlich könnten. Sie wählen oft Partner, die gerne die Fäden in der Hand haben und eine große Bereitschaft mitbringen, dem phobischen Patienten viel abzunehmen. In welcher Familienatmosphäre ein Mensch zu einem ängstlichen Menschen werden kann, der sich selbst weniger zutraut, als er eigentlich kann, der übermäßig besorgt und auch ein wenig hypochondrisch ist, wird im weiteren Verlauf dieser Therapiesitzung deutlich.

MANN: ...Und ihre Mutter, nicht wahr, die läuft dann wie so ein aufgescheuchtes Huhn herum, und dann fühlt meine Frau sich auch beobachtet und so weiter, ne? Das ist auch nicht das Wahre.

THERAPEUT: Sie wohnen in der Nähe Ihrer Mutter?

FRAU: Ja, die kommt dann immer...

MANN: ...kommt mit dem Bus.

FRAU: Und dann ist ihr das mit den Kindern zuviel. Und dann sagt sie: «Du hast ja selbst schuld.»

MANN: Die Kinder sind 15 und 10.

FRAU: «...hast immer so viele Medikamente genommen und...»

MANN: ...Der Junge ist 15, die Tochter 10.

FRAU: ...und wenn dann irgend etwas ist, dann sagt sie: «Ach Gott, ach Gott, 'nen Arzt rufen!» Und die macht...

THERAPEUT: Die ist dann sehr beunruhigt.

FRAU: ...die macht mich dann so unruhig, ja, und das überträgt sich dann auf mich, und dann kriege ich wieder Angst und...

THERAPEUT: Ah ja, mhm.

FRAU: ...und zum Kochen kommt sie ja, weil ich im Moment, ich kann gar nicht richtig.

Die Mütter oder Väter aus der Kindheit phobischer Patienten kann man in zwei Gruppen einteilen: Entweder sind sie selbst ängstlich und überbesorgt. Ihren Kindern gegenüber sind sie dann überbehütend. Und jeder Schritt in die Selbständigkeit des Kindes wird mit ängstlichen bis panischen Blicken verfolgt, so daß das Kind den Eindruck gewinnt, daß das, was es jetzt unternehmen will, etwas sehr Gefährliches sei. Solche Kinder unterlassen nach einiger Zeit dann vieles an expansivem, neugierigem und aggressivem Verhalten, was sie altersentsprechend eigentlich schon könnten. Sie trauen sich schließlich weniger zu, als ihren Fähigkeiten entspricht. Und sie erlangen wenig Übung im Umgang mit expansiven Impulsen.

Die Wirtin in einer meiner Studentenbuden war eine solche Mutter. Als ich eines Tages die Miete bezahlen wollte, saß sie gerade mit ihrem zwanzigjährigen Sohn beim Mittagessen und schnitt ihm das Fleisch auf dem Teller. Nach dem, was ich damals schon in den Psychotherapievorlesungen gehört hatte, hätte dieser Sohn eigentlich eine Disposition für eine phobische Erkrankung entwickeln müssen, die dann bei einer passenden auslösenden Situation zum Ausbruch der Phobie führen kann. Damals war er jedoch noch gesund. Allerdings entwickelte er zwei Jahre später in einer typischen auslösenden Situation eine schwere Agoraphobie, so daß ich damals begann, es für möglich zu halten, daß an dem, was die Psychotherapeuten erzählen, doch manchmal was dran ist.

Die zweite Gruppe ist eher distanziert. Es sind dies beispielsweise Mütter oder Väter, die wenig Geduld haben, wenn sie ihren Kindern etwas beibringen. Wenn das Kind zum ersten Mal einen Teller abtrocknen will und der herunterfällt, dann nehmen solche Eltern dem Kind schnell das Handtuch aus der Hand und sagen: «Ich glaube, ich mache das besser selbst. Du kannst das nicht.» Ein solches Verhalten entmutigt ein Kind beim Erwerb verschiedenster sozialer Kompetenzen und läßt in ihm ebenfalls den Eindruck entstehen, daß es weniger kann, als es in Wirklichkeit könnte.

In beiden Fällen entsteht das Ergebnis «phobische Persönlichkeitsstruktur», natürlich nicht durch ein einmaliges Verhalten der Bezugsperson in besonderen Situationen, sondern nur dann, wenn ein solches Verhalten chronisch auf das Kind einwirkt. Die Mutter aus unserem Fallbeispiel gehört offensichtlich in die erstgenannte Gruppe.

Unsere Patientin und ihr Ehemann berichteten noch von weiteren Arztbesuchen bei Hausärzten, Psychiatern, Psychotherapeuten, Internisten. Die Schilderung wurde immer dramatischer. Das Paar wirkte dabei gleichzeitig immer verzweifelter und hilfloser. In mir entstand ein zunehmender Handlungsdruck, ein Impuls, schnell helfend eingreifen zu wollen, was man vielleicht so umschreiben könnte: «Hier muß schnell etwas geschehen, egal was!» Dieses Gefühl ist eine bekannte Reaktion von Psychotherapeuten, aber auch von organmedizinischen Ärzten und natürlich von Angehörigen und Freunden, wenn sie mit Phobikern zu tun haben, ein Gefühl, das ausgelöst wird durch die Hilflosigkeit, die die Patienten einem vermitteln, durch die hilfesuchenden Blicke und die oft kindlich anmutende Haltung, mit der sie sich einem anvertrauen, um nicht zu sagen, ausliefern.

Phobische Patienten schaffen es, daß man ihnen in der Praxis beim Hinsetzen den Stuhl unterschiebt, auch wenn man das bei anderen Patienten nicht zu tun pflegt, weil sie so wirken, als würden sie sich sonst daneben setzen. Sie schaffen es, daß man Sätze in der psychotherapeutischen Behandlung für sie zu Ende spricht, die sie halbfertig im Raum stehenlassen, so, als könnten sie dies nicht selber schaffen. Hierzu gehört auch die in Göttinger Psychotherapeutenkreisen berühmte Tür mit Magnetverschluß in einem früheren Praxiszimmer des Psychoanalytikers Karl König, die etwas schwergängig war. König fiel auf, daß manche Patienten, die ihn zum ersten Mal konsultierten, beim Verlassen des Zimmers die Tür nicht aufbekamen, dann stehenblieben, sich hilfesuchend umwandten, als wollten sie dem Therapeuten signalisieren: «Bitte helfen Sie mir! Machen Sie die Tür für mich auf!» Andere Patienten hingegen stutzten beim Verlassen des Zimmers ebenfalls einen Moment, drehten sich dann jedoch nicht um, sondern machten selbst einen zweiten Versuch, indem sie etwas kräftiger gegen die Tür drückten und sie dann selbst öffnen konnten. Die Patienten, die stehenblieben und sich umwandten, waren diejenigen mit einer Angstsymptomatik.

Ein freundlicher und höflicher Mensch würde in all solchen Situationen einem hilfsbedürtigen anderen, der freundlich und hilfesuchend um sich blickt, gerne zur Seite springen, den Stuhl unterschieben, die Sätze zu Ende sprechen und die Tür öffnen. Phobiker belohnen einen dann mit einem ausgesprochen dankbaren Blick, so daß man dieses Verhalten beim nächsten Mal gerne wiederholt. Ein erfahrener Psychotherapeut, der seinem phobischen Patienten zu der Erfahrung verhelfen will, daß er mehr kann, als er sich selbst zutraut, muß in all diesen Fällen leider etwas unhöflicher sein. In der Situation mit dem Stuhl sagt er vielleicht gar nichts. Wenn der Patient seinen Satz nicht zu Ende spricht, sagt er zum Beispiel: «Sie haben Ihren Satz nicht beendet», wobei er eventuell noch ergänzt: «Sie tun dies in einer Art und Weise, als meinten Sie, ich müßte Ihnen jetzt helfen. Ich glaube aber, wenn Sie es probieren, werden Sie merken, daß Sie es auch selbst können.» Und bei der Tür mit dem Magnetverschluß wäre eine hilfreiche, wenn auch vielleicht etwas uncharmante Intervention der Hinweis: «Fester drücken!».

Mit dem folgenden Satz versuche ich zunächst, die in mir spontan entstehenden Impulse, der Patientin und ihrem Partner schnell zu helfen und viel abzunehmen, entgegenzuwirken und das Paar gleichzeitig darauf hinzuweisen, daß wir zunächst in Ruhe diagnostizieren und anschließend erst handeln wollen.

THERAPEUT: Nun müßten wir mal gucken, ob das, was ich hier in meiner Praxis anbieten kann, für Sie in Frage kommt. Dazu dient ja dieses Gespräch.

Als ich jetzt anmerke, daß das Paar ja zusammen gekommen ist, und frage, ob es wohl irgend etwas Problematisches in der Ehe gibt, teilt mir zunächst der Ehemann mit, daß die Welt bei ihnen zu Hause eigentlich in Ordnung sei. Danach allerdings erfahre ich von der Ehefrau etwas über die auslösende Situation ihrer herzneurotischen Erkrankung:

FRAU: Es kommt noch dazu, daß mein Mann am offenen Herzen operiert werden soll, und seitdem ich das weiß...

MANN: ...das war wohl mehr der Auslöser...

FRAU: ...war wohl so ein Auslöser, das weiß ich seit letzten Oktober.

THERAPEUT: Ja.

MANN: Ja.

THERAPEUT: Was ist denn da bei Ihnen?

MANN: Und zwar die eine Klappe im Herzen, die wäre defekt, also nicht mehr ganz dicht, haben die gesagt.

THERAPEUT: Ja.

MANN: ...und dadurch entsteht so ein Druckgefälle im Herzen, also das drückt gegen die Wand, praktisch eine Düsenwirkung. Weil das nun an so 'ner Klappe ist, können sie nur am offenen Herzen entscheiden, ob da eine neue Herzklappe eingebaut wird oder nicht, und dann soll die Welt eigentlich in Ordnung sein. Bin auch der Ansicht, das müßte ganz gut gehen im Klinikum, das ist ja bekannt in Göttingen, daß die das gut machen.

THERAPEUT: Ja.

MANN: Und da steht jetzt noch ein Untersuchungstermin aus, wo sie jetzt also so ein Herzkatheter schieben wollen.

THERAPEUT: Beim Internisten wahrscheinlich, oder?

MANN: Ja, in der Universitätsklinik, und da wollten sie diesen Herzkatheter setzen, die Muskelströme messen und sehen, was sie wegschneiden können, weil das ja nicht alles gleichmäßig aktiv ist.

THERAPEUT: Ja.

MANN: Und diese Untersuchung steht noch aus und dann der Termin, was noch gemacht werden soll. Das ist das.

THERAPEUT (zur Frau): Das beunruhigt Sie mehr als Ihren Mann?

FRAU: Ja, ich habe Angst davor, ob ich das durchstehe, ja.

Jetzt haben wir auf einmal zwei Patienten. Der Mann hat eine organische Herzerkrankung. Er selbst spricht darüber wie ein Techniker über ein defektes Auto. Typische Gefühle, wie man sie erwarten könnte, wenn man die Diagnose einer potentiell lebensbedrohlichen Erkrankung mitgeteilt bekommt, nämlich Angst oder eine gewisse Depressivität, finden sich bei ihm nicht. Die lebensgefährliche körperliche Erkrankung des Mannes wird bagatellisiert, die ebenfalls schwere psychische Erkrankung der Frau wird dramatisch noch weiter aufgeblasen, und zwar von beiden Partnern.

Hier muß ich einen kurzen Exkurs machen und ein paar Worte sagen zu dem, was wir Psychotherapeuten «kontraphobisches Verhalten» nennen. Es gibt Menschen mit phobischen Persönlichkeitsanteilen, deren Selbstwertgefühl es nicht zuläßt, Angst zu empfinden oder angstmachende Situationen zu vermeiden. Wenn sie Angst hätten, würden sie sich schwach und lebensunfähig fühlen. Sie haben zusätzlich zu der phobischen noch eine narzißtische Problematik. Manchmal führt das dazu, daß sie angstauslösende Situationen geradezu aufsuchen, um sich immer wieder zu beweisen, daß sie ihnen keine Angst machen. So gibt es Bergsteiger und Fallschirmspringer mit einer Höhenphobie, und in einer Klinik habe ich einmal einen Nachtwächter mit Dunkelangst kennengelernt. So ausgeprägt ist das bei dem Patienten, von dem ich hier schreibe, nicht. Sein Umgang mit der angstmachenden Erkrankung hat jedoch deutlich kontraphobische Züge.

Die Frau dagegen hat Angst. Und beim Gespräch über die Erkrankung des Mannes gebraucht sie eine eigenartige Formulierung, die Sie bereits kennen:

FRAU: Ja, ich habe Angst davor, ob ich das durchstehe, ja.

Die Frau hat nicht in erster Linie Angst, ob der Mann die Operation übersteht, sondern ob *sie* das durchsteht. Hier verschwimmen in eigenartiger Weise die Grenzen zwischen Ich und Du. Ein ähnliches Phänomen findet sich auch beim Ehemann, wenn er davon spricht, daß «wir die Psycho-Spritze bekommen haben», daß «wir zum Arzt gehen müssen». Die Beziehung weist hier einen symbioseähnlichen Charakter auf.

Wenn man sich vergegenwärtigt, wie abhängig eine Frau mit einer schweren Phobie sich von ihrem Partner fühlt, und daß sie den Eindruck hat, ohne ihn nicht lebensfähig zu sein, dann macht dieser eigenartige Satz allerdings einen Sinn: «Ich habe Angst davor, ob ich das durchstehe.»

Sehen wir uns jetzt noch einmal den Mann an mit seiner kontraphobischen Art der Problembewältigung und lassen uns dann von ihm die auslösende Situation genau beschreiben:

MANN: Na ja, nun, das läßt sich eben nicht vermeiden. Gemacht werden muß es ja. Wenn man das verschlampt, würde das zu Spätfolgen führen, sagt man, das würde auslatschen wie ein Schuh. Wenn man am Herzen mal was hätte, sagen wir Herzinfarkt, wenn das Ding mal stehenbleibt, dann kriegt man das nicht mehr in Gang, weil eben dieses Druckgefälle im Herzen ist, und das wäre dann absolut tödlich, ne?

THERAPEUT: Ist das per Zufall entdeckt worden, oder haben Sie irgendwelche Beschwerden gehabt?

MANN: Kann man sagen, kann man sagen! Also es ist so: Meine Frau hat, wir haben gesagt, turnusmäßig also: «Jetzt gehen wir mal wieder zum Arzt.» Blutsenkung und so weiter und so fort, und da waren wir bei Dr. B. gelandet, der ist Internist. Und, tja, ich hatte früher schon mal ein EKG machen lassen beim anderen Hausarzt, und der sagte: «Ja, die Kurve...» und dann hat er bedenklich mit dem Kopf gewackelt. Dann hat er gesagt: «Das ist nicht so schlimm» oder so, hat mir dann irgendwelche Pillen gegeben. Na, man hat das dann bald wieder vergessen. Ich sollte die wohl dauernd nehmen. Ja, und er sagte also: «Diese Kurve, diese Kurve!» Da wußte er auch nicht so richtig, was er davon halten sollte, also an und für sich, sagen wir mal, nach der Kurve wie so ein Sechzigjähriger, der kaum die Treppe hochkommt. Trotzdem hat er mich dann aufs Rad gespannt, und leistungsmäßig hat das wohl hingehaun, er wußte jedenfalls nicht so richtig, hat 's Herz geröntgt. Und der Muskel wäre wohl wesentlich zu groß. Ja, er wollte mit dem Professor von der Universitätsklinik sprechen.

THERAPEUT: Ja.

MANN: Und so ist das auch dann verblieben. Und ein paar Monate später, dann war meine Frau wieder bei ihm, irgendwie waren wir zusammen in Behandlung, und ich fragte, was da nun geworden ist, er wollte doch mit dem Professor gesprochen haben. Na, und dann dauerte es nicht lange, dann kam ein Anruf. Er hätte nun einen Termin klargemacht für mich in der Universitätsklinik, und den sollte ich auf jeden Fall wahrnehmen, sagte die Sprechstundenhilfe zu meiner Frau, ich könnte jeden Moment tot umfallen! Und das war wohl mit der Auslöser.

Eine solche Aussage: «Ihr Mann kann jeden Augenblick tot umfallen» würde wohl jeden von uns erschrecken. Aber nicht jeder von uns würde dann eine Herzphobie entwickeln.

Wenn ich Ihnen nun die psychodynamischen Hypothesen erläutere, die dem Verständnis der Herzphobie zugrunde liegen, so kann ich Ihnen dies nicht mehr aus unserem Fallbeispiel alleine zufriedenstellend ableiten. Hierzu bedarf es Hunderter von Untersuchungen solcher Patienten und zahlreicher psychoanalytischer Behandlungen, in denen das unbewußte Material bewußt gemacht wird. Solche Untersuchungen wurden durchgeführt (z. B. 34, 60, 66).

Neben vielen anderen Befunden, die zum Teil auch kontrovers diskutiert werden, darf inzwischen wohl als gesichert gelten, daß die phobischen Patienten sowohl ihren primären, aber auch späteren Beziehungspersonen, zum Beispiel den Ehepartnern gegenüber, hochambivalent eingestellt sind.

Einerseits fühlen sie sich von ihnen abhängig und glauben, ohne sie nicht leben zu können, so daß diese Beziehungspartner für sie, für das eigene Überleben so wichtig werden wie das eigene Herz. Andererseits empfinden sie diese Abhängigkeit aber zunehmend als einengend. Sie fühlen sich immer unfreier, so daß sie von dieser einengenden Person loszukommen wünschen, ihr gegenüber Aggressionen entwickeln bis hin zu Tötungswünschen, die dann aber gleichzeitig wieder gefährlich sind, weil die eigene Unselbständigkeit so groß ist.

Vielleicht besitzt es eine gewisse Plausibilität für Sie, daß der Hinweis der Sprechstundenhilfe: «Ihr Mann kann jeden Augenblick tot umfallen» bei unserer Patientin gleichzeitig zwei entgegengesetzte Reaktionen ausgelöst hat: auf der einen Seite die schon geschilderte Angst: «Ich glaube nicht, daß ich das überstehen werde.» Diese Angst ist der Patientin bewußt. Daneben entstand aber gleichzeitig der Impuls: «Na endlich, dann bin ich ihn los! Dann bin ich endlich frei!» Dieser Impuls ist unbewußt und wird erst im Laufe einer psychoanalytischen Behandlung bewußtseinsfähig.

Diese spannungsgeladenen, entgegengesetzten Impulse projiziert der herzphobische Patient auf sein lebenserhaltendes Organ, das Herz, wodurch die Angst ausgelöst wird, das Herz könnte stehenbleiben. Daß Projektionen nicht nur auf andere Menschen, sondern auch auf Gegenstände und Organe möglich sind, hängt mit der Fähigkeit des Menschen zu symbolischem Denken zusammen. In unserem Fall erhält sowohl der Partner als auch das Herz die symbolische Bedeutung eines lebensnotwendigen Objekts.

Ist der Konflikt bearbeitet und hat außerdem die eigene Selbständigkeit zugenommen, dann verliert der Partner die Bedeutung, für das eigene Überleben notwendig zu sein. Dadurch haben Aggressionen in der Partnerbeziehung nicht mehr diese vital bedrohliche Bedeutung, und die Symptomatik verschwindet.

Unsere phobische Patientin fühlte sich also aufgrund von Erfahrungen in ihrer Herkunftsfamilie unselbständiger als ihren wirklichen Fähigkeiten entsprach. Sie hatte sich deshalb einen Partner gesucht, der einen Teil seines Selbstwertgefühls daraus bezog, daß er anderen bei etwas behilflich sein konnte, das diese anderen selbst nicht zustande brachten, und der gleichzeitig dazu neigte, Angst kontraphobisch zu überspielen.

Im Laufe der Jahre wurden die beiden Positionen extremer. Die Frau wurde immer ängstlicher und unselbständiger, und der Partner wurde immer helfender und kontraphobischer. Bei der Frau entwikkelte sich neben der Dankbarkeit gegenüber dem hilfreichen Mann auch ein Abhängigkeitsgefühl, durch das sie sich immer eingeengter fühlte. Und auch beim Mann entstand neben dem angenehmen Gefühl, viel zu können, was die Frau nicht konnte, ein hilfloser Druck und Ärger, weil ihm das Helfen langsam zuviel wurde.

Die Aussage der Arzthelferin: «Ihr Mann kann jeden Augenblick tot umfallen» mobilisierte dann bei unserer Patientin einen bislang erfolgreich abgewehrten Impuls, was zu einem für sie nicht lösbaren intrapsychischen Konflikt führte. Dies löste die manifeste Symptomatik aus. Gleichzeitig bekam der Mann eine potentiell lebensbedrohliche Diagnose mitgeteilt, die normalerweise Angst macht. Angst und Hilflosigkeit konnte er bei sich aber nicht tolerieren, so daß er seine Angst kontraphobisch überspielte. In der bestehenden Kollusion erhielt der Symptomausbruch der Frau nun für den Mann die entlastende Funktion, daß er sich nun noch viel mehr um seine Frau kümmern mußte als zuvor. So hatte er keine Zeit, die für ihn notwendigen Untersuchungen durchführen zu lassen, so daß sich auch der Operationstermin immer weiter verschob. Angst mußte er dabei nicht erleben, er hatte ja einen guten Grund, sich nicht operieren zu lassen: seine ängstliche Frau.

Wir können jetzt die phobische Kollusion folgendermaßen charakterisieren: Weil die Frau phobisch ist, wird der Mann immer hilfreicher und kontraphobischer. Und weil der Mann immer hilfreicher und kontraphobischer wird, wird die Frau immer hilfloser und phobischer.

Dies ist der typische positive Rückkopplungskreis neurotischer Kollusionen.

Nachdem diese Dynamik in der Paarbeziehung deutlich geworden war, entschloß ich mich zu einer paartherapeutischen Krisenintervention. Ich wies die Frau erneut in eine psychotherapeutische Klinik ein. Damit nahm ich dem Mann den Grund, die Operation aufzuschieben, die dringend indiziert war. Ich konnte jetzt auf seine Angst einwirken und erreichen, daß er sich operieren ließ. Außerdem informierte ich die chirurgischen Kollegen über die abgewehrten, aber dennoch vorhandenen erheblichen Ängste des Mannes vor der Operation. Ich machte mit dem Paar aus, daß es sich nach der Operation des Mannes und dem stationären Aufenthalt der Frau erneut an mich wenden könnte, wenn beide dies möchten. Das Paar kam jedoch nicht mehr, weil die Symptomatik der Ehefrau nach der Operation des Mannes völlig verschwand. Ob es in der stationären Therapie der Frau gelungen war, die zugrundeliegende Konfliktdynamik ausreichend zu bearbeiten, so daß damit die Ursache der Phobie bereits beseitigt war, oder ob die phobische Kollusion weiterbestand, nun aber wieder in kompensierter Form, muß wohl offen bleiben.

6. KAPITEL

Leben in der gemeinsamen Wohnung

Über eine Beziehungsform, bei der Partner oft sehr früh in eine gemeinsame Wohnung zusammenziehen, habe ich jetzt ausführlich geschrieben. In diesem Sonderfall ist aber das Zusammenziehen im allgemeinen kein Anlaß für Krisen. Im Gegenteil: Bei diesen Paaren fällt gerade auf, daß sowohl das Zusammenziehen als auch die ersten gemeinsamen Monate oder Jahre auffallend krisenfrei bleiben. Hier wird Harmonie fast um jeden Preis erzeugt, weil Krisen ja immer mit der Gefahr der Trennung einhergehen. Dies kann aber von einem abhängigen Partner nicht ausgehalten werden.

In anderen Fällen, die viel häufiger sind als der beschriebene Sonderfall, bedeutet der Entschluß, zusammenzuziehen, einen gemeinsamen Haushalt zu gründen und in Zukunft Tisch und Bett miteinander zu teilen, einen markanten Einschnitt im Leben. Dieser Einschnitt wird im allgemeinen von beiden Partnern auch sehr deutlich erlebt. Am deutlichsten ist dies, wenn das Zusammenziehen mit der Eheschließung einhergeht, weniger deutlich, wenn es von beiden Partnern als «Ehe auf Probe» betrachtet wird, wenn also beide ausprobieren wollen, ob sie auch im Alltag miteinander zurechtkommen und nicht nur, wie oft in der Phase der Verliebtheit, bei gemeinsamen, angenehmen Unternehmungen, gegenseitigen Besuchen, Parties, in Wochenendbeziehungen, auf gemeinsamen Reisen oder im Urlaub.

Die gemeinsame Wohnung hat für fast alle Partner die Bedeutung der Gründung einer Lebensgemeinschaft: «Wir gehören jetzt zusammen.» Damit geht einher der Abschied von der bisherigen Lebensform, von der Ungebundenheit und größeren Unabhängigkeit des Lebens «zuvor».

Es wird jetzt darauf ankommen, einen Weg zu finden, in dem Eigenständiges und Gemeinsames nebeneinander ihren Platz finden. Wird das Gemeinsame überbetont, so handelt es sich, wie der Rechtsanwalt Jochen Duderstadt (13) dies beschreibt, um den «Versuch, aus zwei Einzelmenschen eine ‹Einheit› zu schmelzen, in der die beiden Ehepartner auf die Hälfte einer Kugel reduziert sind (‹meine bessere Hälfte...›)», was im allgemeinen zum Scheitern verurteilt ist. «Denn damit ist alles verbunden, was eine lebendige Zweisamkeit ersticken kann: Besitzrechte am Partner unter Ausschluß möglicher anderer Menschen, die für einen der Ehepartner wichtig waren oder werden könnten; Rollenverteilung innerhalb der Ehe, meist nach dem stereotypen Muster von ‹männlichen› und ‹weiblichen› Aufgaben; Selbstverleugnung, oft verbunden mit der Preisgabe eigener Interessen, Fähigkeiten und Kontakte».

Werden die individuellen Bedürfnisse und Interessen überbetont, so versäumt es das Paar, eine neue Grenze um das Territorium Paarbeziehung zu ziehen, durch die es sich von anderen abgrenzt, nicht zuletzt von den Herkunftsfamilien, aber auch von Freunden und anderen Paaren. Weder für die beiden Partner selbst noch für Außenstehende wird dann richtig deutlich, worin der Sinn der Paarbeziehung eigentlich besteht. In günstigen Fällen entsteht so etwas wie eine gut funktionierende Wohngemeinschaft, in der jeder seine Interessen möglichst ungestört verfolgen kann. Das Gemeinsame wird nur als beschränkend und behindernd, also negativ erlebt. Das gemeinsame Gestalten einer partnerschaftlichen Lebensform und das Gründen einer Familie, zu der dann später vielleicht auch eigene Kinder gehören, erhält keine beglückende Qualität.

Herr C. und Frau D. kamen zur Paartherapie, nachdem die Beziehung bereits sieben Jahre bestand. Das Paar war unverheiratet und hatte keine Kinder. Zunächst bestand drei Jahre lang eine Wochenendbeziehung, weil beide Partner in getrennten Städten wohnten. In der Woche lebten beide so weiter wie bisher. An den Wochenenden gab es gemeinsame Unternehmungen, aber hin und wieder verbrachten beide die Wochenenden auch mit anderen Freunden oder widmeten sich ihrer beruflichen Fortbildung. Dann zog das Paar zusammen.

Herr C. hatte nun die Vorstellung, daß die Gemeinsamkeiten zunehmen müßten, Frau D. bestand darauf, daß sie ihr Leben genauso fortsetzen wollte wie vor dem Zusammenziehen. Vor allem, wenn sie die Abende mit männlichen Arbeitskollegen verbrachte oder mit ihnen auf Fortbildungsveranstaltungen fuhr und in einem gemeinsamen Hotelzimmer übernachtete, «weil das billiger war als Einzelzimmer», konnte Herr C. nicht einschätzen, ob seine zunehmende Eifersucht nun eigentlich «berechtigt» war oder nicht.

Frau D. fühlte sich immer eingeengter durch ihren Freund, den sie auf der anderen Seite aber auch sehr liebte. Sie verstand nur nicht, warum nicht alles genauso weiterlaufen könnte wie bisher, und sie empfand seine Eifersucht als krankhaft, weil sie gar nicht daran dachte, ihn zu betrügen. Sie konnte sehr wohl neben einem Kollegen im Hotel im Doppelbett liegen, ohne die geringsten sexuellen Regungen zu verspüren. Daß ihr Partner ihr versicherte, für ihn sei so etwas undenkbar, hielt sie für ein typisch männliches Problem. Er müsse sich seine unbegründete Eifersucht abgewöhnen, sonst hielte sie es in der gemeinsamen Wohnung nicht mehr aus.

Da dies nicht gelang, zog das Paar ein Jahr später wieder in zwei getrennte Wohnungen und schob den schon ins Auge gefaßten Heiratstermin weiter hinaus. So ging es jetzt fünf Jahre weiter. Beide sahen sich wieder fast nur noch an Wochenenden und lebten ansonsten weiter wie bisher. Die sexuelle Beziehung war inzwischen auf ein Minimum zurückgegangen, so daß beide sagten, daß Weihnachten inzwischen öfter sei als Geschlechtsverkehr.

Der Gedanke, daß jeder Partner dem anderen auch eine gewisse Rücksichtnahme schuldig sein könnte, zu der auch gehört, auf manche Empfindlichkeiten des Partners einzugehen, selbst wenn man sie für übertrieben hält, war beiden fremd. So kam die Frau nicht auf den Gedanken, daß sie ihr Verhalten ein wenig modifizieren könnte, um ihrem Freund weniger Anlaß zur Eifersucht zu geben. Und er kam nicht auf die Idee, eine solche Forderung «einzuklagen». Als einer, der Forderungen stellt, wollte er in der Beziehung nicht dastehen. Beide waren in ihrer Handlungsfähigkeit wie gelähmt, weil sie ein Beziehungsideal miteinander teilten, in dem das Thema von Rechten und Verpflichtungen keinen Platz hatte. So stellte sich bei Herrn C. heraus, daß er auch deshalb keine Forderungen stellen wollte, weil er ja damit seiner Freundin implizit das Recht einräumen würde, ihrerseits auch Forderungen zu stellen. Und die Freiheit, selbst zu entscheiden, was er in die Beziehung einbringen wollte und was nicht, mochte er auf keinen Fall aufgeben.

Wie ich bereits im Kapitel über die Partnerwahl ausgeführt habe, suchen beide Partner in ihrer neuen Beziehung sowohl Vertrautes als auch Neues. Das Vertraute bezieht sich zunächst, solange die Beziehung noch neu ist, immer auf Vertrautes im Hinblick auf die bisherigen individuellen Lebenserfahrungen, vor allem die in der Herkunftsfamilie. Um diesen Eindruck zu verstärken, werden nicht selten Projektionen eingesetzt, werden Eigenschaften, die zum bereits bekannten und Vertrauten nicht passen, ausgeblendet und dazu passende Eigenschaften hinzuerfunden. Außerdem wird durch das eigene Verhalten darauf hingewirkt, daß der Partner den vertrauten Beziehungspersonen aus der eigenen Herkunftsfamilie immer ähnlicher wird und daß unvertrautes Verhalten abnimmt.

Im Alltag lassen sich diese in der Phase der Verliebtheit entwickelten Selbsttäuschungen und Täuschungen des Partners jedoch längst nicht so gut aufrechterhalten wie in der Zeit des Honeymoons zuvor. Es kommt zu ersten Ent-Täuschungen, manchmal sehr kräftigen, wie in unserem obigen Fallbeispiel. Dies führt zu Enttäuschungsaggressionen und zu ersten Auseinandersetzungen.

Solche Auseinandersetzungen sind notwendig und gut. Sie verändern das Bild vom Partner. Ist die Attraktivität des anderen groß genug und haben sich bereits erste gemeinsame Vertrautheiten entwikkelt, werden solche Krisen überstanden. Die Paarbeziehung gerät in ein neues Stadium, das weniger mit Verkennungen und Täuschungen zu tun hat als das Stadium zuvor. Reicht die Attraktivität des anderen aber nicht aus oder sind die bis dahin entwickelten Gemeinsamkeiten zu gering, kann es bereits hier zu einer Trennung kommen.

Wenn das Paar noch keine gemeinsamen Kinder hat, ist eine Trennung zwar schmerzlich, aber meist besser, als mit zuwenig Gemeinsamkeiten oder mit zu geringer wechselseitiger Attraktivität zusammenzubleiben. Diese Gefahr besteht, wenn bei einem oder bei beiden ausgeprägte Trennungsängste oder Abhängigkeitsgefühle mit im Spiel sind. In einem solchen Fall kommt es aus neurotischen Gründen nicht zu einer Trennung, und die erste Krise in unserer jungen Paarbeziehung wird nicht wirklich produktiv gelöst, sondern früher oder später verdrängt. Damit bleiben die Ursachen der Krise unverändert erhalten und wirken sich als Störungspotential in der weiteren Paarbeziehung aus, was um so schwieriger ist, weil sie nach der Verdrängung nicht mehr bewußt sind.

Ohne solche ausgeprägten Trennungsängste oder Abhängigkeitsgefühle haben die ersten krisenhaften Auseinandersetzungen in der neuen Wohnung jedoch nicht nur den schmerzlichen Aspekt, von einigen Illusionen über den Partner Abschied nehmen zu müssen, sondern sie haben auch etwas außerordentlich Befreiendes. Wenn der Partner bemerkt, wie ich wirklich bin, brauche ich mich weniger anzustrengen, eine Rolle zu spielen. Ich kann mehr sein, wie ich wirklich bin, und ich kann dies dem anderen auch zumuten. Da es dem anderen dabei ganz ähnlich geht, ist diese Zumutung auch nicht unfair und rücksichtslos, sondern sie entspricht dem Entfaltungsbedürfnis beider Partner.

Sie können dann beide im weiteren Verlauf ihrer Beziehung die Erfahrung machen, daß sie dem anderen sogar mehr geben und vom anderen mehr empfangen können, wenn sie nicht mehr gezwungen sind, die Rolle der vertrauten Personen aus der Herkunftsfamilie des Partners zu spielen, sondern wenn sie so sein können, wie sie wirklich sind. Es tut sich der Weg auf für neue postive Erfahrungen miteinander, was nach einiger Zeit bei einem glücklichen Verlauf der ersten Krisen zu einer neuen, wenn auch milderen Idealisierung des Partners und der Partnerin führt.

Völlig nüchtern, ohne Idealisierung, kommen glückliche Paare nach meinem Eindruck nicht gut miteinander aus. Allerdings haben die Idealisierungen im Laufe einer langjährigen Partnerbeziehung und Ehe immer weniger mit wirklichen Verkennungen zu tun, sondern immer mehr mit der Fähigkeit, den Eigenschaften und dem Verhalten des anderen etwas Positives abgewinnen zu können.

Übertragungen und ödipale Fixierungen

Manche Paare machen die eigenartige Erfahrung, daß das Zusammenziehen in eine gemeinsame Wohnung das sexuelle Interesse eines der beiden Partner, in einigen Fällen auch beider Partner, fast schlagartig zurückgehen läßt oder völlig zum Erliegen bringt. Das ist um so irritierender, wenn zuvor, als die beiden sich noch in getrennten Wohnungen gegenseitig besucht haben, beide Partner eine lustvolle und beglückende Sexualität miteinander leben und erleben konnten, und das manchmal über viele Monate oder Jahre hinweg. Die plötzliche Veränderung erscheint unverständlich, ist verunsichernd und kränkend, vor allem für den Partner, an dessen sexuellen Bedürfnissen sich nichts geändert hat, nicht selten aber auch für den anderen. Da das Zusammenziehen im allgemeinen auch mit der Erwartung einhergeht, in Zukunft eine ungestörte und erfreuliche Sexualität miteinander pflegen zu können, ist eine solche unerwartete Entwicklung immer auch mit großen Enttäuschungen verbunden, die Enttäuschungsaggression hervorruft. Je nach Temperament der beiden Partner kann es dann zu heftigen Auseinandersetzungen, bissigen oder giftigen Randbemerkungen, quälender Nörgelei oder resignativer Verbitterung kommen.

Während zahlreiche andere Krisen von vielen Paaren auch ohne fremde Hilfe bewältigt werden können, ist eine solche Entwicklung in den meisten Fällen etwas, wo psychotherapeutische Hilfe empfohlen werden muß. Die Ursache für die unerwartete Verhaltensänderung ist beiden Partnern im allgemeinen nicht bewußt, und sie hat in der Mehrzahl der Fälle mehr mit der Herkunftsfamilie des plötzlich lustlos gewordenen Partners zu tun als mit dem so unerwartet verschmähten Geliebten.

Um das verständlich zu machen, muß erklärt werden, was wir Psychoanalytiker unter *Übertragung* verstehen. Wie schon gesagt, speichern alle Menschen Erinnerungsspuren an wichtige Beziehungspersonen in ihrem Gedächtnis ab, die zum Teil bewußt und zum Teil unbewußt sind. Diese Erinnerungen helfen uns dabei, uns im Leben orientieren zu können.

Bestimmte Eigenschaften oder Verhaltensweisen von Menschen, die wir kennenlernen oder mit denen wir häufig zu tun haben, wecken nämlich in uns Erinnerungen an frühere wichtige Beziehungspersonen, die diese Eigenschaften oder Verhaltensweisen auch hatten. In ausgeprägten Fällen erleben wir den anderen dann so oder zumindest so ähnlich wie unseren Vater, unsere Mutter, wie einen Onkel, eine Großmutter, einen Freund, eine Freundin, einen früheren Verehrer, einen Chef, einen Mitarbeiter oder Nachbarn. Von den wichtigsten Personen unserer eigenen Lebensgeschichte haben wir besonders viele Erinnerungen in unserem Gedächtnis abgespeichert, so daß auf diese Personen beim Eingehen späterer Beziehungen besonders häufig zurückgegriffen wird.

Wir Psychoanalytiker sprechen in solchen Fällen davon, daß wir das innere Bild unseres Vaters oder unserer Mutter oder eines anderen Menschen auf diese Person «übertragen». Wir nehmen den anderen dann so oder so ähnlich wahr oder erleben ihn so, als sei er unser Vater oder unsere Mutter, zumindest in Teilbereichen, manchmal aber auch total.

Ähnlichkeiten gibt es natürlich wirklich. Solche Ähnlichkeiten können sich im Aussehen finden: in der Haarfarbe, in der Form der Nase, in der Gestalt, in der Kleidung. Sie können aber auch im Verhalten bestehen: in einer temperamentvollen oder einer ruhigen Art zu sprechen, in einer typischen Gestik oder Mimik, in einer Ängstlichkeit in bestimmten Lebensbereichen oder in autoritären Zügen. Solche Ähnlichkeiten, die Übertragungen in Gang bringen, bezeichnen wir als *Übertragungsauslöser*.

Übertragungsauslöser sind wie Mosaiksteine eines Bildes. Unser Orientierungsbedürfnis bringt es nun häufig mit sich, daß wir, wenn nur einige Mosaiksteine vorhanden sind, die fehlenden Steine aus unserer Erinnerung ergänzen und in einem solchen Fall den anderen in weit höherem Maße wie unseren Vater oder unsere Mutter oder eine andere wichtige Person erleben als es der Realität dieses anderen entspricht. Übertragungen gehen also immer auch mit gewissen Verkennungen einher.

Dennoch sind Übertragungen nicht in jedem Fall ein krankhaftes Phänomen. Übertragungen sind vielmehr allgegenwärtig und finden sich bei jedem Menschen. Lediglich das Ausmaß und die Starrheit der hiermit verbundenen Verkennungen sind verschieden. Das Orientierungsbedürfnis, das den Übertragungen zugrunde liegt, findet sich bei jedem. Immer beurteilt man Menschen auch aufgrund früherer Erfahrungen.

In der psychoanalytischen Einzeltherapie nutzen und fördern wir dieses Phänomen der Übertragung, indem der Therapeut sich darum bemüht, möglichst wenig von sich zu zeigen und preiszugeben und indem wir, zumindest in der klassischen Form der Psychoanalyse, den Patienten sogar auffordern, sich auf die Couch zu legen, während wir uns dahintersetzen, so daß wir völlig aus seinem Blickfeld verschwinden. Das Orientierungsbedürfnis verschwindet jedoch nicht, so daß der Patient im Laufe der Zeit immer mehr von seinen inneren Bildern auf den Therapeuten überträgt, weil er sich ja an dem äußeren Bild des Therapeuten wenig orientieren kann, wodurch die Beziehung zum eigenen Vater, zur eigenen Mutter oder zu anderen wichtigen Menschen aus der Lebensgeschichte des Patienten in der therapeutischen Beziehung wieder auflebt und bearbeitet werden kann.

In dieser Therapieform ist Übertragung besonders ausgeprägt, sie findet sich aber auch in Paartherapien, Familientherapien und Gruppentherapien, und sie findet sich vor allem auch im Alltag, also auch in Paarbeziehungen. Was als Übertragungsauslöser wirken kann, ist bei jedem Menschen verschieden, und es hängt, wie jetzt schon deutlich sein dürfte, nicht nur von unserer Vorgeschichte und unseren Erinnerungen und unserer Persönlichkeitsstruktur ab, sondern auch vom Kontext, in dem uns der Übertragungsauslöser begegnet. Enthalten wir in einer Beziehung jemandem künstlich mehr Informationen über uns vor, als das sonst in Beziehungen üblich ist, so wie es zum Beispiel der Analytiker in der analytischen Behandlung tut, so fördern wir damit die Bereitschaft zur Übertragung. Aber es macht auch einen Unterschied, ob wir einen Mann als Segellehrer im Urlaub kennenlernen oder als Nachbarn in der Wohnung nebenan, ob wir mit einer Frau als Chefin an der Arbeitsstelle zu tun haben, als Mutter auf dem Elternabend oder als Freundin in deren Wohnung. So ist auch unser Partner oder unsere Partnerin, die wir, noch getrennt lebend, in deren Wohnung aufsuchen, ein anderer Übertragungsauslöser als die Frau oder der Mann in der eigenen gemeinsamen Wohnung. Das eigene Heim hat immer etwas mit dem eigenen Heim aus der Kindheit zu tun, und die Frau oder der Mann, die dort mit uns zusammenwohnen, sind häufiger Übertragungsauslöser für eine Mutter- oder Vaterübertragung als dieselben Partner es in einer anderen Umgebung waren.

Unter welchen Umständen führt nun aber eine solche Übertragung, die durch das Zusammenziehen in die gemeinsame Wohnung ausgelöst werden kann, zu einem plötzlichen Rückgang des sexuellen Interesses am Partner?

Hier kommt der «Ödipuskomplex» (18) ins Spiel, der zu den bekanntesten und skandalösesten Theorien der Freudschen Psychoanalyse gehört. Skandalös war und ist zum Teil noch bis in die Gegenwart hinein die Behauptung Freuds, daß ein Kind in seiner Entwicklung ein Stadium durchläuft, in dem es ein sexuelles Interesse am gegengeschlechtlichen Elternteil entwickelt und den gleichgeschlechtlichen Elternteil als Rivalen erlebt. Freud hat dieses Phänomen mit der griechischen Mythologie verglichen, in der bekanntlich Ödipus seinen Vater Laios tötete und seine Mutter Iokaste heiratete, die er beide nicht kannte. Er wurde als Säugling wegen eines Orakelspruchs, der genau dieses Schicksal voraussagte, ausgesetzt, wie viele Kinder der damaligen Zeit, wurde aber gerettet. Auf dem Weg nach Theben tötete er dann wirklich, ohne es zu ahnen, seinen Vater im Streit, befreite Theben von der Sphinx, indem er ihr Rätsel löste, und erhielt als Lohn den Thron und seine Mutter zur Frau. Mit ihr zeugte er vier Kinder. Als das Geheimnis enthüllt wurde, verzweifelten beide an der Schande und den Schuldgefühlen. Iokaste erhängte sich, und Ödipus stach sich beide Augen aus.

In der modernen psychotherapeutischen Literatur wird das Skandalöse an der ödipalen Entwicklungsphase manchmal dadurch entschärft, daß der ödipale Konflikt in abgeschwächter Form beschrieben wird. Es geht dann in diesem Entwicklungsstadium darum, daß das Kind in die Schwierigkeit gerät, sich zum gegengeschlechtlichen Elternteil hingezogen zu fühlen, ohne die gute Beziehung zum gleichgeschlechtlichen Elternteil aufs Spiel setzen zu wollen.

Ich will dies an einem Beispiel aus der eigenen Familie erläutern: Einer unserer Söhne kam im Alter von drei Jahren eines Morgens ins Schlafzimmer und wollte mich mit dem Satz vertreiben: «Mach Platz, Papa, jetzt komme ich!» Diese Szene, mit der er die ödipale Entwicklungsphase einläutete, kann man sowohl mit der abgemilderten als auch mit der skandalöseren Variante der Theorie von der ödipalen Entwicklungsphase interpretieren. Meine Antwort damals lautete übrigens: «Das ist aber mein Platz.»

Nicht wenige Kinder machen sich ausgerechnet in diesem Entwicklungsstadium ganz unverblümt Gedanken darüber, ob sie, wenn es ein Junge ist, Mutter später heiraten können, wenn Vater stirbt, oder bei Mädchen, ob sie Vater ehelichen können, wenn Mutter nicht mehr ist. Häufig sprechen sie hierüber auch ganz offen. Das kann einen allerdings schon auf die Idee bringen, daß der Tod des gleichgeschlechtlichen Elternteils bei diesen Überlegungen in der Phantasie des Kindes durchaus auch seine attraktiven Seiten hat, wenn er auch gleichzeitig gefürchtet wird. Unser anderer Sohn erfand übrigens die Variante, daß er später, wenn er erst Auto fahren kann, uns in Urlaub fahren wird: er am Steuer, Mama daneben, und Papa kann, wenn er unbedingt mitkommen will, hinten sitzen. Und unsere Tochter, die bemerkt hatte, daß bei ihren Eltern ein Teil der Liebe durch den Magen geht, fing in diesem Alter an, ihre Mutter zu belehren, daß Papa gar nicht zu dick ist, wie Mama manchmal unverschämterweise behauptet, sondern, wie Astrid Lindgrens Karlsson vom Dach (54), gerade richtig dick.

Sind in der Zeit dieser ödipalen Liebesgeschichten die Beziehungen der Eltern zueinander nicht ausreichend gut und liebevoll, dann besteht die Gefahr, daß die raffinierten Verführungsversuche der kleinen Jungen und Mädchen auf allzu offene Ohren stoßen bei den gegengeschlechtlichen Elternteilen. Manchmal verteidigen die gleichgeschlechtlichen Elternteile ihren Platz auch nicht deutlich genug. Dann werden die Jungen zu kleinen Vertrauten der Mütter, die Mädchen die der Väter, was die ödipale Illusion nährt, die Mutter oder den Vater wirklich als Partner für sich gewinnen und den anderen Elternteil ausstechen zu können. Setzt sich eine solche Konstellation über Jahre fort, wie es vor allem bei gestörten Partnerbeziehungen der Eltern nicht so selten der Fall ist, dann verfestigen sich diese kindlichen Phantasien, und es entsteht eine ödipale Fixierung.

Unter günstigeren Umständen müssen die kleinen Verführerinnen und Verführer nach einiger Zeit zähneknirschend einsehen, daß sie zwar von den Eltern als Kinder geliebt werden, als Partner aber leider doch keine Chance haben. In dieser Not retten sie sich durch die Identifikation mit dem gleichgeschlechtlichen Elternteil. Die kleinen Mädchen verzichten darauf, den Vater heiraten zu wollen, richten statt dessen ihre Hoffnung in die Zukunft und begnügen sich mit jemandem, der so ähnlich ist wie Vater: «Wenn ich einmal groß bin, dann werde ich mir einen Mann suchen, der so ähnlich ist wie Papa.» Beim Jungen richtet sich dann die Hoffnung darauf, wenn er groß ist, eine Frau zu heiraten, die so ähnlich ist wie Mama.

In Frank O'Connors liebenswerter kleinen Novelle «Mein Ödipus-Komplex» (64) hatte der kleine Larry ein friedliches und angenehmes Leben mit Mutter allein, solange sein Vater als Soldat im Krieg war. Als er dann zurückkam, wurde alles anders, so daß der Sohn beschloß, «es sei höchste Zeit, mit Gegengebeten anzufangen, um Vater so schnell wie möglich wieder in den Krieg zu schicken». Alles war so ungerecht. «Immer, wenn ich zu Mutter gesagt hatte», so erzählt er, «es sei unnötig, zwei Betten zu haben, und wir könnten die ganze Nacht in einem Bett schlafen, hatte sie geantwortet, daß es gesünder in zwei Betten sei. Und nun kam dieser Mann hier, dieser fremde Mensch, und schlief die ganze Nacht in ihrem Bett, ohne im geringsten an die Gesundheit zu denken!» Es kam zu heftigen Auseinandersetzungen, als Larry für Vater auch ein eigenes Bett durchsetzen wollte. Das Leben wurde zur reinsten Hölle. «Mammi, wenn ich groß bin, heirate ich dich!» verkündete Larry. «Ja, mein Herzchen», antwortete Mutter freundlich. Doch Vater lachte ihn laut aus. «Ja», sagte ich voll Verachtung, «und Kinder werden wir auch haben.» Es kam aber anders. Mutter wurde von Vater erneut schwanger, und das führte zu einer Wende in dem Familiendrama. Nach der Geburt des Babys machte Mutter ein furchtbares «Getue» mit dem Säugling, und eines Nachts wachte Larry auf «und spürte etwas Warmes neben mir im Bett. Ich bekam Herzklopfen vor Freude, weil ich dachte, es sei Mutter. Da hörte ich, wie das Baby nebenan jammerte, und wie Mutter leise zu ihm sagte: Ja, ja, ja, mein Babylein! – Sie war es nicht. Sondern Vater... Anscheinend war er teufelswild. Allmählich begriff ich, warum. Jetzt war *er* an der Reihe. Erst hatte er mich aus dem großen Bett verjagt, und nun war er selbst weggejagt worden... Ich war schon mit fünf Jahren sehr großherzig: Rachsucht lag mir einfach nicht. Also streichelte ich ihn leise und sagte wie Mammi: Ja, ja, ja, Pappi! –... Zu Weihnachten strengte er sich mächtig an und kaufte mir eine phantastisch schöne Eisenbahn. Denn seit jener Nacht war's mit den bitteren Gefühlen zwischen uns vorbei.» (64)

Diese glückliche Bewältigung des ödipalen Konflikts ist verbunden mit dem Verzicht auf die Erfüllung der kindlichen ödipalen Wünsche. Gleichzeitig eröffnen sich über die Identifizierung mit dem gleichgeschlechtlichen Elternteil gute Entwicklungsmöglichkeiten im Hinblick auf die eigene Geschlechtsidentität als Frau beziehungsweise als Mann, was die Beziehung zu den Eltern auf einem reiferen Niveau stabilisiert.

Kommt es jedoch zu einer ödipalen Fixierung, so bleiben die verbotenen Wünsche erhalten, werden häufig allerdings im Laufe der weiteren Entwicklung verdrängt und bleiben dann im Unterbewußtsein wirksam. Verboten sind die Wünsche, weil sie gegen das Inzesttabu verstoßen, das sich schon im Tierreich findet, so daß es möglicherweise sogar biologisch-genetisch, in jedem Fall aber seit Tausenden und wahrscheinlich Zehntausenden von Jahren kulturell verankert ist und von Generation zu Generation weitergegeben wird. Verstöße gegen ein derartiges Tabu lösen, kulturell durchaus erwünscht, tiefsitzende Ängste und Schuldgefühle aus, was dann wieder dazu führt, daß diese Wünsche im Laufe der Entwicklung verdrängt werden müssen, wenn sie nicht rechtzeitig aufgegeben werden konnten.

Jetzt haben wir die Lösung des Rätsels mit dem schlagartigen Nachlassen der sexuellen Attraktivität nach dem Einzug in die gemeinsame Wohnung bei manchen Paaren. Vorausgesetzt, daß bei wenigstens einem der beiden Partner eine ödipale Fixierung vorliegt und weiterhin der Partner nach dem Einzug in die gemeinsame Wohnung zum Übertragungsauslöser für den gegengeschlechtlichen Elternteil geworden ist, was nun gerade bei ödipalen Fixierungen besonders häufig vorkommt, ergibt sich die logische Folgerung, daß unser Unterbewußtsein jetzt den Mann in der Wohnung mit Vater, beziehungsweise die Frau in der Wohnung mit Mutter verwechselt. Dadurch wird das Inzesttabu mobilisiert, und der andere kann und darf nicht mehr als sexuell begehrenswert erlebt werden. Das sexuelle Liebesspiel mit ihm wird vermieden.

Darauf, daß wirklicher Inzest, zu dem es bei besonders unstabilen Generationengrenzen manchmal kommt, noch weitaus katastrophalere Folgen hinterläßt, sei an dieser Stelle nur kurz hingewiesen. Es handelt sich ja schon um einen gewissen Mißbrauch des kleinen Kindes, wenn wir es zum Vertrauten machen, anstatt es Kind sein zu lassen. Ein wirklicher Inzest bedeutet einen noch weitaus stärkeren Mißbrauch, der immer auch ausbeuterische Züge trägt. Die Hintergründe des Inzests und die verschiedenen Möglichkeiten von Entwicklungsstörungen, die er nach sich zieht, und seine vielfältigen Auswirkungen im späteren Leben, vor allem auch in den Partnerbeziehungen, sind so außerordentlich vielgestaltig (27), daß sie sich an dieser Stelle nicht hinreichend darstellen lassen.

Inzest ist häufiger, als viele es wahrhaben wollen, nach meiner Erfahrung aus der Supervisionstätigkeit an kinder- und jugendpsychiatrischen Einrichtungen allerdings etwas weniger häufig, als er von manchen Professionellen und vor allem von manchen Journalisten Vätern, seltener auch Müttern, unterstellt wird.

7. KAPITEL

Die «Schrägstrich-Ehe»: Verpflichtungen in der Partnerbeziehung

Den Begriff der «Schrägstrich-Ehe» verdanke ich dem Rechtsanwalt Jochen Duderstadt, der ein gleichlautendes Buch (13) geschrieben hat, das sich als «Rechtsberater für Nichtverheiratete» versteht. Die Schrägstrich-Ehe ist sein etwas flapsiger Begriff für Partner, die in einer nichtehelichen Lebensgemeinschaft (NELE), wie die Juristen und Soziologen dies nennen, zusammenleben.

Der Begriff Schrägstrich-Ehe «leitet sich vom Anblick des Klingelknopfschildes oder des Briefkastenschildes ab, die auf die Wohnung verweisen, in der das Konkubinat sein Unwesen treibt». Beispiele hierfür finden sich auf dem Buchumschlag von Duderstadts Rechtsberater: Schmitt/Meyer, Bock/Gärtner, Koch/Esser.

«Insgesamt waren Ende 1986 etwa 30 Millionen Bewohner der Bundesrepublik verheiratet. Drei Jahre zuvor, also 1983, gab es etwa 2,2 Millionen NELE-Partner... Auf einer Seminarveranstaltung des Juristinnenbundes im September 1988 in Stuttgart wurde eine neue Schätzung bekannt: Circa 3 Millionen Menschen lebten in nichtehelichen Lebensgemeinschaften zusammen.

Vor zehn Jahren, da sind sich alle einig, gab es erst etwa eine Million Beteiligte. Die Zahl derer, die ohne Heiratsurkunde zusammenleben, hat sich also in einem einzigen Jahrzehnt verdreifacht. Dennoch: Gegen die überwältigende Zahl derer, die verheiratet zusammenleben, kommen die Partner einer nichtehelichen Lebensgemeinschaft noch nicht aus ihrer Außenseiterrolle heraus. Die Ehe führt immer noch mit 10 : 1.» (13)

Etwa ein Drittel der Partner, die ohne Trauschein zusammenleben, will gar nicht heiraten, ein weiteres Drittel ist noch unentschieden, das letzte Drittel will später heiraten: entweder wegen finanzieller Vorteile der Ehe oder wenn sie sich ein Kind wünschen oder wenn die Frau schwanger geworden ist oder wegen einer erhofften Stärkung des Zusammengehörigkeitsgefühls. Das Drittel, das überhaupt nicht heiraten will, setzt sich zusammen aus einem Drittel genereller Ehegegner, einem Drittel, bei dem die Partner sich durch die gewählte Lebensform ihre Unabhängigkeit bewahren wollen, und ein weiteres Drittel gibt an, eine Heirat sei «nicht nötig».

Bei der näheren Analyse der Gründe von Partnern, die sich für eine Schrägstrich-Ehe entschieden haben, findet sich der Glaube, «daß die Partnerbeziehung durch den ‹Ehetrott› belastet wird, daß die Ehe eine zu enge Bindung darstellt, die Partner für die Zukunft zu sehr festigt, ‹typische› Rollenmuster bei der Arbeitsaufteilung fördert, überhaupt unzeitgemäß und überholt ist, die Emanzipation der Frau behindert und den Streit unter den Partnern fördert.» (13)

Unverheiratet Zusammenlebende nennen folgende Wertvorstellungen:

Die Fähigkeit, sich offen auseinanderzusetzen (88 %), die sexuelle Treue des Mannes (77 %), die der Frau (80 %), gleiche Hobbys und Interessen (80 %), die Möglichkeit, seinen eigenen Fähigkeiten und Neigungen nachzugehen (71 %) sowie eine adäquate Bildung beider Partner (67 %).

Betrachtet man dann jedoch Vergleichszahlen zum Rollenverhalten von verheirateten und unverheirateten Paaren, so stellt sich heraus, daß es hier keine großen Unterschiede gibt. In den nichtehelichen Lebensgemeinschaften sind es zu 73 % die Frauen, die die Wäsche bügeln, bei den Verheirateten sind es 70 %. Und bei der Durchführung von Reparaturen im Haushalt sind es, ähnlich wie in den Ehen, auch bei den unverheiratet zusammenlebenden Paaren 75 % der Männer und nur 6 % der Frauen, die solche Reparaturen übernehmen.

Wenn der Jurist Diederichsen (zitiert nach [13]) darauf hinweist, daß «die nichteheliche Lebensgemeinschaft ... ihrer rechtlichen Struktur nach eine Verbindung von Egoisten» sei, was sich aber nicht in jedem Fall auswirkt, «weil viele Menschen doch besser sind als die

Rechtsform, die sie für ihr Zusammenleben gewählt haben», dann weist er auf einen Widerspruch hin, der mit einer Illusion zusammenhängt. In vielen Fällen ist das Zusammenleben ohne Trauschein nämlich ein Ausdruck der Verleugnung, daß mit dem Eingehen einer Partnerbeziehung auch Verpflichtungen verbunden sind. Diese Verleugnung findet sich in Ehen nicht seltener als in nichtehelichen Lebensgemeinschaften, ist dort aber offensichtlicher.

Der amerikanische Familientherapeut Ivan Boszormenyi-Nagy (10) streicht heraus: In unserer Kultur wird seit Jahrtausenden die moralische Norm tradiert, daß die Wahl eines Menschen zum Lebenspartner mit Verpflichtungen verbunden ist. Zu diesen Verpflichtungen gehört, daß wir den Partner durch unsere Wahl zum wichtigsten Menschen unseres Lebens machen. Er wird wichtiger als die eigenen Eltern, später auch wichtiger als die Kinder und wichtiger als alle anderen Menschen, mit denen wir es zu tun haben. Das gilt zwar nicht für jeden einzelnen Teilbereich unseres Lebens. So wird diese Norm nicht dadurch in Frage gestellt, daß ein guter Freund auf dem Gebiet des Schachspielens für uns wichtiger sein kann als der eigene Mann oder die eigene Frau, einfach weil er besser spielen kann, oder ein Geschäftspartner kann im beruflichen Bereich wichtiger sein als der Partner oder die Partnerin, weil er davon mehr versteht. Es muß jedoch immer deutlich bleiben, daß es sich hier um Teilbereiche handelt, die die grundsätzliche Norm nicht in Frage stellt.

Diese Norm findet sich auch in der jüdisch-christlichen Tradition. Im Alten Testament heißt es in Genesis 2,24: «Darum verläßt der Mann Vater und Mutter und bindet sich an seine Frau, und sie werden ein Fleisch.» Und im Neuen Testament wird dieser Satz mehrfach aufgegriffen und zitiert (Matthäus 19,5, Markus 10,7, Epheser 5,3), um die Bedeutung der Ehe herauszustreichen.

In anderen Kulturbereichen gilt diese Norm übrigens nicht unbedingt. So weist der Psychoanalytiker Mohammad E. Ardjomandi (3) darauf hin, daß im Islam im persisch-sprachigen Raum «sich die Beziehung zwischen Vater und Tochter gewöhnlich als mächtiger erweist als die Beziehung zwischen Mann und Frau. Diese vordergründig durch den Respekt der Tochter geprägte Beziehung ist durchtränkt von gegenseitigen zärtlichen Gefühlsbezeugungen zwischen Vätern und Töchtern... Die persische Frau verläßt gleichsam nie das Haus ihres Vaters, da sie auch als verheiratete Frau zeitlebens dessen Familiennamen trägt. Das Recht gewährleistet eine strikte Vermögenstrennung der Eheleute. Die Grundeinstellung des traditionellen persischen Mannes seiner Frau gegenüber ist eine mißtrauische. Als eifersüchtiger ‹Patriarch› hütet er seine Frau, weil er sich ihrer nie sicher ist und weil er den Eindruck hat, in der Beziehung zu ihr der zweite zu sein.»

In unserer Kultur jedoch hat sich die Norm, dem Partner beziehungsweise der Partnerin den ersten Rang einzuräumen, im Laufe der Jahrtausende tief in unserem Wertesystem verankert. Sie findet sich als Verpflichtungsgefühl einem Partner gegenüber, dem wir es schuldig sind, ihn an die erste Stelle in unserer Wichtigkeitshierarchie zu setzen. Sie findet sich auch als Bedürfnis oder als Anspruch, ebenso vom Partner behandelt werden zu wollen. Beides findet sich sowohl als bewußte Vorstellung, mit der man dann mehr oder auch weniger einverstanden sein kann, als auch unbewußt, wobei die bewußten Wertvorstellungen dann ähnlich oder auch entgegengesetzt sein können.

Der rapide Wandel der Rollenvorstellungen in der öffentlichen Diskussion ändert an diesen konservativen inneren Werten nur sehr langsam etwas, wenn überhaupt. Er kann aber durchaus dazu beitragen, daß diese Werte ins Unbewußte verdrängt werden. Oftmals fehlt den Frauen und Männern, die um den Erhalt der Freiheit in einer Paarbeziehung kämpfen und das Eingehen von Verpflichtungen verleugnen, ein elterliches Vorbild dafür, daß hier in hohem Ausmaß gegenseitige Loyalitäten eingegangen und vor allem auch eingelöst wurden. Sie halten aufgrund ihrer Erfahrungen die Ehe für ein verlogenes System, entwickeln dann aber in der nichtehelichen Lebensgemeinschaft nicht selten hohe, nicht mehr erfüllbare idealistisch-altruistische Normen.

Vor allem kann die Erfüllung dieser Normen in der Partnerbeziehung nicht mehr überzeugend eingeklagt werden, wenn der andere sich illoyal verhält, weil ja alle Verpflichtungen und Bindungen, die mit dem Eingehen einer Partnerbeziehung einhergehen, verleugnet werden. Wenn es keine Verpflichtungen gibt, so habe ich auch keine Rechte in der Partnerbeziehung, die der andere mir vielleicht vorenthält.

Wenn in der Herkunftsfamilie unfair und illoyal mit Verpflichtungen umgegangen wurde, so werden oft nur noch die negativen Auswirkungen des Eingehens von Verpflichtungen gesehen, nur der Verzicht, der einem damit abverlangt wird, nicht aber der Gewinn, den man daraus zieht, weil sich auch der andere verpflichtet. Oft kommt es dann zu einem verbissenen Kampf darum, vom anderen etwas zu bekommen. Verbissen muß gerade deshalb gekämpft werden, weil es nicht mehr selbstverständlich ist, daß jedem auch etwas zusteht.

Bekanntlich wird ja auch in zahlreichen Scheidungsverfahren so lange verbissen gekämpft, bis der Richter entschieden hat, was jedem zusteht. Erst dann kann der Kampf aufhören.

Der Ehevertrag ist etwas, was mit der Vorstellung von romantischer Liebe kollidiert. Im Vertragsaspekt einer Ehe werden die Verpflichtungen betont, die von manchen modernen Paaren gern verleugnet werden.

Das freiwillige Eingehen von Verpflichtungen, zum Beispiel im Rahmen von Absprachen und Verträgen, setzt, in der Sprache der Psychoanalyse gesprochen, eine gewisse Ich-Stärke voraus. Wenn das Ergebnis der Absprache ein Vertrag ist, so nennen die Juristen dies einen zivilrechtlichen Vertrag. In solchen Absprachen geht es darum, daß zwei Erwachsene ihre wechselseitigen Interessen miteinander aushandeln, und dies in einer möglichst fairen Weise, die keinen der beiden Vertragspartner übervorteilt.

Bei vielen Menschen, vor allem wenn sie unter seelischen Erkrankungen leiden, ist die Ich-Stärke eingeschränkt. Solche Menschen sind dann in ihrem Erleben und Verhalten mehr durch ihre Triebbedürfnisse auf der einen Seite oder durch moralische Vorschriften, Wertvorstellungen und Ideologien auf der anderen Seite bestimmt. Interessenkonflikte können sie schwer in einer gelassenen Art und Weise austragen, in der es selbstverständlich ist, daß ich meine eigenen Interessen habe und der andere seine Interessen hat, die sich nicht immer mit meinen decken.

Ich will das an einem Beispiel aus dem Alltag einer psychotherapeutischen Praxis erläutern. Bei psychoanalytischen Behandlungen führen wir Therapeuten in der Zusammenarbeit mit unseren Patienten häufig eine Absprache oder einen Vertrag ein, der sich auf das Prinzip der Stundenmiete bezieht. Hierbei geht es von seiten des Therapeuten um das Interesse, ein einigermaßen geregeltes Einkommen zu haben. Wir machen deshalb eine Bezahlung für die Stunden aus, die wir für unsere Patienten reservieren, ähnlich wie das ein Klavierlehrer für seine Schüler tut. Die Patienten haben ein Interesse daran, daß der Therapeut ihnen in der abgesprochenen Stunde ungestört und mit voller Aufmerksamkeit seine beruflichen Fähigkeiten zur Verfügung stellt und ein ebenso verständliches und berechtigtes Interesse, für Therapiesitzungen nichts bezahlen zu müssen, die nicht stattgefunden haben.

Was geschieht nun aber, wenn der Patient erkrankt, wenn er auf der Fahrt zum Therapeuten in einen Stau gerät oder wenn er sich kurz vor der Therapiesitzung ein Bein bricht? Für solche Fälle treffen viele Therapeuten mit ihren Patienten eine Regelung, die unter dem Begriff der 24-Stunden-Regelung bekannt geworden ist. Sagt der Patient spätestens 24 Stunden vor der abgesprochenen Therapiesitzung ab, so muß er nicht bezahlen. Der Therapeut kann dann versuchen, die Zeit anderweitig zu vergeben. Wenn ihm dies nicht gelingt, hat der Therapeut den Schaden. Kann der Patient die Therapiesitzung nicht wahrnehmen und sagt, aus welchem Grund auch immer, weniger als 24 Stunden vor dem Termin ab, so muß er die Sitzung bezahlen.

Am Umgang der Patienten (und der Therapeuten) mit solchen Absprachen kann man gut zeigen, ob überhaupt und in welcher Weise sie hier Interessenkonflikte miteinander austragen. So gibt es Patienten, die verlangen, daß der Therapeut seinen Teil der Absprache einhält und zuverlässig und regelmäßig zu den abgesprochenen Therapieterminen zur Verfügung steht. Sie selbst wollen aber kommen, wann sie es möchten, und wenn es sich einmal so ergibt, daß ihnen eine andere Verabredung wichtiger ist als die mit dem Therapeuten, so wollen sie den Termin natürlich auch nicht bezahlen. Hier setzt sich ein Willkürimpuls durch, der mit einem kindlich gebliebenen Versorgungswunsch zu tun haben kann. Der Therapeut wird dann wie ein Vater und eine Mutter erlebt, die für die Versorgung des Kindes zur Verfügung stehen, ohne daß das Kind entsprechende eigene Verpflichtungen von gleicher Tragweite hat.

Besteht der Therapeut in einem solchen Fall auf der getroffenen Absprache und schreibt seine Rechnung, wird dies nicht selten vom Patienten als Strafe empfunden, und der Therapeut wird seinerseits als willkürlicher Tyrann erlebt. Selbst wenn der Vertrag noch erinnert wird, den Therapeut und Patient miteinander abgeschlossen haben, so wird er jetzt doch als zutiefst ungerecht empfunden: So kann es doch nicht gemeint gewesen sein. Der Therapeut wird zu einer strafenden Instanz, die den Patienten unterdrücken und unterwerfen will und ihn unmündig hält. Juristen würden sagen, daß hier das Zivilrecht mit dem Strafrecht verwechselt wird.

Patienten mit mehr Ich-Stärke hingegen sind zum Eingehen von solchen zivilrechtlichen Verträgen imstande. Sie sind sich in einem derartigen Falle darüber im klaren, daß sie nun leider die Rechnung bezahlen müssen, und die Sache ist damit erledigt. Die gleiche Ich-Stärke versetzt sie in manchen Situationen aber auch in die Lage, in Fällen von besonders ausgeprägtem Pech noch einmal nachzuverhandeln, und manchmal läßt sich ein Therapeut dann auf eine Modifikation des Vertrags ein. Mütter von Kleinkindern beispielsweise können in die Situation geraten, daß ihre Kinder mehrmals hintereinander kurzfristig erkranken. Sie müssen zu Hause bleiben, wenn sie nicht so schnell jemanden für die Betreuung des Kindes finden, so daß sie die Therapiesitzung nicht wahrnehmen können. In solchen Fällen habe ich mich manchmal bereit erklärt, auf die Hälfte meines Honorars zu verzichten, auch ohne daß ich die Stunde anderweitig belegen konnte. Der «Schaden» wurde sozusagen geteilt. Wenn ich, was auch einmal vorkommen kann, solche ausgefallenen Stunden kurzfristig belegen kann, lasse ich mir die Sitzung sowieso nicht vom Patienten, der abgesagt hat, zusätzlich bezahlen, auch wenn er nicht vor Ablauf der 24-Stunden-Frist abgesagt hat.

Bei diesem Beispiel aus der psychotherapeutischen Praxis geht es scheinbar «nur» um den Umgang mit Geld. Bei genauerem Hinsehen zeigt sich aber, daß hier schon andere Werte wie Ehrlichkeit, Zuverlässigkeit, Respekt, Rücksicht, Wertschätzung beteiligt sind, die auch in Partnerbeziehungen wichtig sind.

Um Gefühle geht es allerdings nicht. Gefühle kann man nicht per Vertrag oder per Absprache «in den Griff bekommen». Ich kann mich zu bestimmten Verhaltensweisen verpflichten wie bei der 24-Stunden-Regelung, ich kann aber nicht auch noch versprechen, daß ich dieser Verpflichtung *gerne* nachkommen werde, wenn sie mich trifft.

Das gilt auch für manche Absprachen in Paarbeziehungen. Herr E. hat mit seiner Frau ausgemacht, daß er die Mittwochabende immer zu Hause verbringt und die Kinder betreut, weil seine Frau an diesem Abend ihren Sportverein aufsucht. Freitagabends dagegen bleibt sie immer zu Hause, damit er seine Verabredung zum Doppelkopfspielen wahrnehmen kann. An einem Mittwoch kam er zwar pünktlich, aber etwas schlecht gelaunt nach Hause, weil er eine wichtige Angelegenheit auf seinem beruflichen Schreibtisch mitten in der Arbeit abbrechen und liegenlassen mußte. Das führte zu einer heftigen Auseinandersetzung. «Das ist abgemacht!» sagte seine Frau. «Ich halte meinen Teil der Abmachung ja auch ein! Ich finde es unmöglich, daß du deshalb so herummuffelst! Dann muß ich meinen Sportverein halt in Zukunft sein lassen!»

Frau E. konnte es schlecht aushalten, daß ihr Mann aus seinen Gefühlen keinen Hehl machte. Sie hatte den Anspruch, daß er ihr alles, was er gibt, immer auch gerne geben müsse, sonst entwickelte sie leicht ein schlechtes Gewissen. Ihre eigene Mutter hatte ihren Kindern Wünsche und Ansprüche dadurch ausgetrieben, daß sie alles, was gewünscht oder gefordert wurde, zwar gemacht hat, fast immer aber mit einer vorwurfsvollen Haltung. «Durch deine Wünsche machst du mich krank und kaputt», war die Botschaft dieser Mutter gewesen, so daß sich bald keiner mehr getraut hat, etwas zu wünschen oder zu fordern.

Bei Interessenkonflikten wirkten sich diese Erfahrungen auch noch bei der erwachsenen Frau E. aus. Es fiel ihr schwer, etwas ihr Zustehendes in Anspruch zu nehmen, wenn der andere das Geforderte nur ungern gab. In ihr wurde dann leicht ein ähnlich schlechtes Gewissen ausgelöst, wie sie es ihrer Mutter gegenüber früher erlebt hatte. Wenn der andere nicht *gerne* gab, wie Herr E. an jenem Mittwochabend, dann begab sie sich ihrerseits in die Rolle der Mutter und «drohte» mit Verzicht auf ihre Rechte in alle Zukunft, womit sie dem anderen ein schlechtes Gewissen zu machen versuchte. Ein freies Aushandeln von Abmachungen bei Interessengegensätzen war deshalb nur schwer möglich.

Einem Partner kann ich versprechen, daß er für mich die erste Stelle einnehmen soll in meinem zukünftigen Leben, und ich kann mich zu einem fairen Verhalten ihm gegenüber verpflichten. Daß ich ihn immer lieben werde, kann ich nicht versprechen. Liebe ist immer ein Geschenk. Das Geschenk wird zwar einem loyalen Partner lieber und häufiger entgegengebracht als einem nicht loyalen, mit Erfolg einfordern kann man es aber nicht.

Daß es nicht immer weise ist, alles, was einem rechtmäßig zusteht, bis aufs Letzte einzuklagen, steht dann noch auf einem anderen Blatt.

8. KAPITEL

Schwangerschaft und Geburt

Für manche Paare gehört der Kinderwunsch ganz selbstverständlich zu einer Partnerschaft oder Ehe dazu. Er bleibt unreflektiert, da die Elternschaft als wesentlicher Teil der Selbstverwirklichung eines Mannes oder einer Frau begriffen wird.

Andere Paare dagegen verneinen genauso entschieden jeglichen Kinderwunsch. Häufig führen sie berufliche Gründe ins Feld. Wenn beiden Partnern eine Karriere sehr wichtig ist, können Kinder als störend und nicht als Bereicherung empfunden werden. In jüngster Zeit werden auch «altruistische» Argumente laut, die oft zum Teil einer Weltanschauung geworden sind: Die Welt sei so schlecht geworden, daß es unverantwortlich sei, Kinder in diese Welt zu setzen. Bei einer genaueren Analyse dieser Argumente stellt sich dann im allgemeinen heraus, daß die Gründe für den Wunsch nach Kinderlosigkeit mehr mit der eigenen Lebens- als mit der Weltgeschichte zu tun haben.

Von den meisten Menschen wird ein Kinderwunsch bei Paaren für «natürlich» gehalten. Er ist sozusagen eine Naturkonstante, ein Ergebnis des biologischen Fortpflanzungstriebs, so daß Paare, die sich ein Kind wünschen, selten nach einem positiven Grund für diesen Wunsch gefragt werden. Die Kinderlosigkeit hingegen wird häufiger hinterfragt: «Warum wollt ihr denn kein Kind?» Paare mit dem expliziten Wunsch nach Kinderlosigkeit geraten nicht selten unter Rechtfertigungszwang, wenn auch nicht mehr in dem Ausmaß wie in früheren Zeiten oder in archaischeren Kulturen.

Daß Paare ohne Kinder es in unserer Gesellschaft leichter haben, einen höheren Sozialstatus zu erreichen mit mehr Geld als Familien mit Kindern, wurde von den Politikern lange Zeit bewußt oder weniger bewußt übersehen, was vielfältige Ursachen hat. In der hochkomplexen Industriegesellschaft, in der wir leben, wird die Entwicklung langfristiger Konzepte für den Fortbestand der Gesellschaft immer schwieriger und häufig zugunsten von kurz- und mittelfristigen Plänen vernachlässigt. So ist zum Beispiel die Tatsache, daß immer mehr Jugendliche keinen Arbeitsplatz finden und den Eindruck haben, sie seien eine überflüssige Generation, das Ergebnis von jahrelangen Fehlplanungen und sicherlich eines der brisantesten gesellschaftspolitischen Probleme der Gegenwart.

In dem turbulenten Wechselspiel der gesellschaftlichen Kräfte bleibt das basale menschliche Bedürfnis nach Sexualität und intimer Vertrautheit in einer Paarbeziehung jedoch erhalten, in den meisten Fällen verbunden mit dem Wunsch nach eigenen Kindern. Die Modifikationen dieses Wunsches durch gesellschaftliche Verunsicherungen äußern sich mehr quantitativ als qualitativ: Ein verantwortungsvoller Umgang mit der gesellschaftlichen Realität wird von modernen Paaren häufiger in einer bewußten Familienplanung mit der Beschränkung auf ein oder zwei Kinder gesehen als in einer grundsätzlichen Tendenz, auf Kinder ganz verzichten zu wollen.

Wird nun aus einem Paar eine Familie, wenn die Frau zum ersten Mal schwanger wird, so verändert sich vieles. Beim zweiten Kind kommen neue Veränderungen hinzu, die manche Paare als noch erheblicher erleben als beim ersten Kind. Die Geburt weiterer Kinder wird meist als weniger einschneidend empfunden. All solche Veränderungen machen das Leben eines Paares krisenanfällig. Schwangerschaft und Geburt gehen ja nicht nur für die Frau mit starken biologischen Veränderungen einher, die sich in ihrem Befinden, ihrem Erleben und Verhalten auswirken können. Auch der Mann hat, ebenso wie die Frau, in dieser Zeit mit starken psychischen Phänomenen zu tun: mit Affekten, Phantasien und Handlungsimpulsen. Beides, die körperlichen und die psychischen Veränderungen, kann normal oder krankhaft verlaufen.

Daß auch Männer auf die Schwangerschaft ihrer Frau psychisch reagieren, ist schon lange bekannt. Aus psychiatrischen Untersuchungen der sechziger Jahre (77) wissen wir, daß nicht nur in fremden Kulturen, sondern auch bei uns manche Männer auf die Schwangerschaft ihrer Frau sowohl psychisch als auch psychosomatisch reagieren können und daß sie manchmal sogar die typischen Schwangerschaftsbeschwerden ihrer Frau selbst entwickeln. Diese Erscheinung ist unter dem Namen Couvade-Syndrom bekannt geworden. Der Begriff der Couvade (Männerkindbett) geht auf den Anthropologen Tylor (1865) zurück. Er leitet sich aus dem französischen Wort «couver» ab, das etwa «ausbrüten» bedeutet. Wassilios E. Fthenakis beschreibt die Couvade in seinem Buch über «Väter» (24) folgendermaßen:

«Damit sollen bestimmte Praktiken von Männern schwangerer Frauen bezeichnet werden, die man in verschiedenen ‹primitiven› Gesellschaften in weit voneinander getrennten Gegenden der Erde beobachtet hat. Wenn sich nämlich die Geburt ankündigte, zeigten statt der Frauen ihre Männer alle Anzeichen der Beschwerden und Geburtswehen, wie sie in unserer Kultur üblicherweise bei Schwangeren erwartet werden.

Im westeuropäisch-amerikanischen Kulturkreis ist ein derartiges Verhalten ‹schwangerer Männer› unbekannt. Doch stellt sich bei einem gewissen Prozentsatz der werdenden Väter mit dem Einsatz der Schwangerschaft eine Reihe mehr oder weniger ausgeprägter Symptome ein, wie Appetitverlust, Ermüdung, Kopf- und Rückenschmerzen, ja sogar Übelkeit und Erbrechen. Fast unmittelbar nach der Geburt pflegen diese Symptome wieder zu verschwinden.

Die Ergebnisse einer Befragung von Threthowan und Conlon (77) (zweier britischer Psychiater, d. Verf.), lassen eine augenfällige Synchronizität zwischen den Maxima der Beschwerden beim werdenden Vater und denen bei der werdenden Mutter erkennen sowie eine beachtliche Ähnlichkeit mit der für werdende Mütter typischen Symptomatik. Sie prägten für diesen Beschwerdenkomplex, in Anlehnung an anthropologische Berichte und historische Überlieferungen, den Begriff des Couvade-Syndroms... Häufig war es so, daß die befragten Männer ihre Beschwerden überhaupt nicht bewußt in einen Zusammenhang mit der Schwangerschaft ihrer Frau brachten.» (24)

Wenn aus der Paarbeziehung eine Familie mit drei Personen wird und auch später, wenn ein zweites oder weitere Kinder hinzukommen, müssen die Familienmitglieder einen neuen Gleichgewichtszustand finden, in dem sie sich wohl fühlen können. Dieser Zustand ist anders als der Zustand zuvor. Reviere müssen neu abgesteckt, Grenzen neu gezogen werden, die Beziehung der Familie zur Außenwelt muß neu definiert werden.

Heftige Auseinandersetzungen sind keine Seltenheit, wenn das Paar bemerkt, in welch großem Ausmaß es seinen bisherigen Lebensstil umstellen muß. Wenn beide Partner zuvor berufstätig waren, muß ausgehandelt oder erstritten werden, wer nun eine Zeitlang beruflich zurücksteckt. Manche Frau fühlt sich beeinträchtigt und unfair behandelt, wenn ihr Mann ganz selbstverständlich davon ausgeht, daß sie das zu sein hat. Aber es gibt auch Familien, in denen die Mütter sich mit einer solchen Begeisterung auf die Betreuung der Kinder stürzen, daß die Männer sich ausgebootet fühlen und darum kämpfen müssen, in der Beziehung zu den Kindern auch einen wichtigen Platz einzunehmen.

Männer und Frauen, bei denen ein psychisch belastender Partnerkonflikt oder eine psychische Erkrankung in der Schwangerschaft entsteht, sind meist hochmotiviert, das jeweilige Problem möglichst schnell zu lösen. Psychische und körperliche Symptome werden in der Schwangerschaft als besonders belastend und störend erlebt. Mit solchen Paaren läßt sich oft besonders gut psychotherapeutisch arbeiten.

Einen Nestbauinstinkt kennen wir aus der vergleichenden Verhaltensforschung aus dem Tierreich. Beim Menschen dürften sich solche biologisch verankerten Instinkte mit soziokulturell vermittelten Normen verbinden. Wir fühlen uns verpflichtet, die optimalen Voraussetzungen für die Betreuung eines Kindes zu schaffen.

Die Tatsache, daß in unserem Erleben und Verhalten biologisch bedingte Grundbedürfnisse soziokulturell überformt sind, hat der Menschheit einen großen Vorteil in der Evolution verschafft, macht uns aber auch besonders anfällig für Störungen, die sich bei der Frau und beim Mann in psychischen oder psychosomatischen Symptomen äußern können. Darauf wies Margaret Mead in ihren faszinierenden kulturanthropologischen Studien über «Mann und Weib» (59) bereits 1949 hin.

Die Schwangerschaft und Geburt stellen in diesen Fällen nicht die

Ursache des Konflikts oder der Erkrankung dar, diese Ursache läßt sich meist in der kindlichen Entwicklung ausmachen, manchmal in Verbindung mit erbgenetischen Faktoren. Schwangerschaft und Geburt können aber *auslösende Situationen* darstellen, die solche Beeinträchtigungen hervorrufen.

Auslösend für Partnerkonflikte und für manche psychischen Erkrankungen kann unter anderem eine Veränderung im sozialen Beziehungsgefüge sein, wenn das Paar für die neue Konstellation aufgrund von Sozialisationsdefiziten kein Verhaltensrepertoire zur Verfügung hat, so daß Angst entsteht. Eine Schwangerschaft oder die Geburt eines Kindes ist eine solche Veränderung im sozialen Beziehungsgefüge, und zwar eine sehr starke.

Warum beispielsweise geht ein Mann aus einer bislang unauffälligen oder vielleicht sogar glücklichen Ehe nach der Geburt des ersten Kindes plötzlich fremd? Warum wendet sich eine Frau aus einer ebensolchen Ehe nach der Geburt des Kindes nicht nur ausschließlich ihrem Kind zu, sondern empfindet darüber hinaus auch noch den Vater als störend? Warum wetteifert ein junges Elternpaar um die bessere Beziehung zu dem neugeborenen Kind, während gleichzeitig die Partnerbeziehung keine Rolle mehr spielt? Warum geraten viele solcher Beziehungen während der Schwangerschaft oder nach der Geburt eines Kindes in eine ernsthafte Krise, die nicht selten zu Trennungen führt? Diese und ähnlich lautende Fragestellungen waren Anlaß für eine Untersuchung, die ich zusammen mit anderen Psychotherapeuten an der Universität Göttingen durchgeführt habe (48).

Dabei fiel uns auf, daß die Paare mit Krisen während und kurz nach einer Schwangerschaft typische gemeinsame Eigenschaften aufwiesen: Sie taten sich schwer, oder es war ihnen unmöglich, sich mehr als einem wichtigen Menschen zuzuwenden. In Therapiegruppen konnten sie nicht zu mehreren Menschen gleichzeitig in Beziehung treten. Sie behandelten vielmehr die Gruppe wie eine Gesamtheit, sprachen nur die Gesamtgruppe an oder reagierten ausschließlich auf den Therapeuten, nicht aber auf einzelne Gruppenmitglieder. In Mehrpersonenbeziehungen fühlten sie sich unwohl. Sie schienen auf Zweierbeziehung, sogenannte Dyaden, fixiert zu sein.

Zu jener Zeit kamen psychoanalytisch orientierte Forscher bei direkten Säuglingsbeobachtungen und der Beobachtung von Mutter-Kind- und Vater-Kind-Interaktionen zu hochinteressanten Ergebnissen (53, 76). Außerdem wurde zunehmend häufiger auf die entwicklungsfördernde Auswirkung der Beziehung des Kindes zu *beiden* Elternteilen hingewiesen, nämlich zur Mutter und zum Vater. In diesem Konzept der «frühen Triangulierung» (1, 67), der Bildung eines Beziehungsdreiecks zwischen Kind, Mutter und Vater in der frühen Kindheit, wird beschrieben, daß durch den Einfluß des Vaters dem Kind die Ablösung aus der zuvor engen Mutter-Kind-Beziehung erleichtert wird.

Seit Mitte der siebziger Jahre begannen einige Forscher damit, die Bedeutung des Vaters für Kleinkinder experimentell zu untersuchen. Hierbei unterscheidet Lamb (50) bei den Kindern ein Bindungsverhalten, das dann auftritt, wenn die Kinder Schutz und Trost suchen, von einem Anschlußverhalten, das in streßfreien Spielsituationen auftritt, in denen Kinder zum Beispiel ihr Spielzeug zeigen oder zum Mitspielen auffordern.

Im spielerischen Anschlußverhalten bevorzugen die Kinder den Vater gegenüber der Mutter. Die Spiele mit dem Vater sind wilder, die Reaktionen der Kinder auf das Spiel positiver. Studien der vergleichenden Verhaltensforscher zeigen ähnliches bei Affenvätern im Vergleich zur Mutter beim Umgang mit ihren Kindern (24).

Es gibt Untersuchungen, die auf gewisse psychische Störungen bei Vaterabwesenheit hinweisen. Auf der anderen Seite ist die Qualität der Beziehung zwischen den Eltern für die Entwicklung des Kindes offensichtlich noch wichtiger. So konnte der Psychoanalytiker Wolfgang Tress nachweisen, daß eine hochgradig belastete Beziehung zwischen Eltern, die sich *nicht* trennen, häufiger zu späteren psychischen Erkrankungen des Kindes führt als die Abwesenheit des Vaters bei einer alleinerziehenden Mutter (78). Im Kapitel über Trennung und Scheidung werde ich hierauf noch näher eingehen.

Dennoch scheint die Anwesenheit des Vaters eine besonders *günstige* Voraussetzung dafür zu sein, daß sich das Kind aus der ersten sehr engen Beziehung mit der Mutter lösen kann. Untersuchungen der Säuglingsforschung haben zeigen können, daß dieser Vorgang bereits im Säuglingsalter beginnt. Von Menschen, bei denen die Triangulierung nicht gelungen ist, wird später jede Beziehung zu einem Dritten wie ein Verrat erlebt (68).

Wir kamen in unseren Untersuchungen zu der Schlußfolgerung, daß sich ein Mensch im Leben sicherer fühlen kann, wenn er die Erfahrung gemacht hat, daß er nicht nur auf *eine* Beziehungsperson angewiesen ist. In den ersten Lebensmonaten ist die Beziehung des Kindes zur Mutter meist besonders eng, was sich schon daraus ergibt, daß das Kind in der Regel zur Mutter längere Kontaktzeiten hat. Ob diese Entwicklungsphase im Erleben des Kindes wirklich symbiotisch ist, wie in der klassischen Entwicklungslehre behauptet wird, oder ob die Symbiosevorstellung, die wir in manchen Psychoanalysen bei unseren Patienten finden, nur eine Wunschvorstellung nach einer immer verfügbaren Person darstellt, so wie das intrauterin der Fall war, wissen wir nicht.

Wir haben aber die Vorstellung, die durch die Säuglingsforschung unterstützt wird, daß ein Vater, der sich weigert, mit dem Kind in Beziehung zu treten, oder eine Mutter, die ihn daran hindert, die Loslösung des Kindes aus dieser engen dyadischen Beziehungsform erschwert. Von Rotmann (68) wird auf einen wahrscheinlich wichtigen Faktor bei der Entstehung einer «dyadischen Fixierung» (6, 35, 38), einer Fixierung auf Zwei-Personen-Beziehungen, hingewiesen: Eine Mutter, die die kindliche Idealisierung des Vaters nicht unterstützt oder ihr gar entgegenwirkt, und ein Vater, der die kindliche Idealisierung der Mutter nicht unterstützt oder sie stört, erschweren es dem Kind, sich zwischen beiden in Entfernung und Wiederannäherung hin und her zu bewegen. Sie begünstigen damit die Entwicklung von Loyalitätsbindungen, die jede Hinwendung zu einem Dritten als Verrat erscheinen lassen.

Erwarten solcherart auf Zweierbeziehungen fixierte Partner ein Kind, so wird die Beziehung labilisiert, entweder bereits in der Schwangerschaft, spätestens aber nach der Geburt. Eine dyadisch fixierte Mutter wendet sich dann ganz ihrem Säugling zu. Der Mann fühlt sich zu Recht abgeschrieben. Ist der Mann dyadisch fixiert, so fühlt er sich nicht zu Recht abgeschrieben, kann sich aber nicht vorstellen, daß seine Frau gleichzeitig zwei wichtige Beziehungsobjekte haben kann: ihn und das Kind. Das führt dann oft dazu, daß der Mann eine Außenbeziehung eingeht, in der er wieder die Ausschließlichkeit der dyadischen Beziehung sucht. Die Belastungen durch derartige Beziehungskrisen gehören dann ihrerseits wieder zu den psychosozialen Faktoren, die psychische oder psychosomatische Symptome bis hin zur vorzeitigen Wehentätigkeit oder zu Fehlgeburten hervorrufen können.

Zu Schwangerschaften, jedenfalls zu bewußt herbeigeführten, kommt es am häufigsten in zwei entgegengesetzten Situationen einer Paarbeziehung: entweder wenn es dem Paar miteinander besonders gut geht oder wenn es in der Paarbeziehung besonders schlecht geht. Im ersten Fall ist die Schwangerschaft Ausdruck der liebevollen Beziehung beider Partner. Sie schenken sich dann gegenseitig ein Kind. Im zweiten Fall ist die Beziehung schon in einer Krise, die aber meist nicht ausgetragen, manchmal nicht einmal bewußt erlebt wird. Die Schwangerschaft wird dann aus dem unbewußten Motiv herbeigeführt, daß das Kind die Ehe kitten soll. Es wird befürchtet, daß die Beziehung ansonsten auseinanderbricht.

Nun kann zwar eine neue gemeinsame Aufgabe wirklich dazu beitragen, das Gemeinschaftsgefühl zu stärken, vor allem, wenn es beiden Partnern gelingt, aufgrund der gemeinsamen Verpflichtungen für das Kind eigene Egoismen, die zuvor zu Spannungen in der Beziehung geführt haben, weniger wichtig zu nehmen. In den meisten Fällen geht diese Rechnung jedoch nicht auf. Die Kinder verhelfen den Eltern dann nicht dazu, durch die Übernahme der Elternrolle erwachsener zu werden, sondern sie werden umgekehrt von den zu wenig erwachsenen Eltern in die Rolle der Konfliktlöser manipuliert, im Grunde also in eine Erwachsenenrolle. Dabei sollen die Kinder dann den Eltern dazu verhelfen, selbst Kind bleiben zu dürfen.

Hier beginnt die «Parentifizierung», die Zuschreibung von erwachsenen Aufgaben an die Kinder, manchmal bereits in der Schwangerschaft. Und wenn das Kind dann geboren ist und sich herausstellt, daß es selbst höchst bedürftig ist, fühlen sich solche Eltern, die zuvor in der Partnerbeziehung schon überfordert waren, durch die hinzugekommene Aufgabe erst recht überfordert. Als Folge gerät die Partnerbeziehung in eine schwere Krise oder bricht auseinander.

9. KAPITEL

Kinder und Streit um die Erziehung

Aus vielen Untersuchungen ist bekannt, daß über die Erziehung der Kinder in Partnerbeziehungen oft gestritten wird. In einer Erhebung des Sample-Instituts für das Magazin «Focus» vom Mai 1993 finden sich solche Auseinandersetzungen als häufigstes Ehestreitthema. 46 % der Frauen und 42 % der Männer geben an, sich gelegentlich oder oft mit ihrem Partner über die Kindererziehung zu streiten. Am zweithäufigsten werden mit 35 % von beiden Geschlechtern Streitigkeiten um das Geld genannt. Hier handelt es sich manchmal um den Ausdruck von Interessenkonflikten bei Paaren, die sich konstruktiv auseinandersetzen können, so daß diese Konflikte in der psychotherapeutischen Praxis selten genannt werden. Manchmal ist der Streit um das Geld auch ein Teil eines ehelichen Machtkampfes. An dritter Stelle stehen bei 29 % der Frauen und 28 % der Männer Streitigkeiten über die Eltern oder über die Schwiegereltern.

In einer Auflistung von sieben Krisenphasen der Ehe in derselben Zeitschrift taucht das Thema der Kinder sogar an fünf von sieben Stellen auf: Für krisenauslösend werden nämlich hier gehalten:

1. Alltagsprobleme nach dem Zusammenziehen,
2. Streitigkeiten um den Kinderwunsch,
3. Schwierigkeiten mit den neuen Rollen als Vater und Mutter nach der Geburt des ersten Kindes,
4. die Gefahr, daß die Liebe zum Kind die Erotik überlagert,
5. Erziehungsprobleme,
6. der Auszug der Kinder aus dem Elternhaus, der zum «Leere-Nest-Syndrom» führt, und schließlich
7. der Rückzug aus dem Berufsleben.

Streitigkeiten um die Kindererziehung, auf die ich mich an dieser Stelle konzentrieren möchte, sind meistens Ausdruck verschiedener Familien- und Erziehungsstile, die die beiden Partner aus ihren Herkunftsfamilien mitgebracht haben. Am zweithäufigsten geht es bei diesen Streitigkeiten gar nicht wirklich um die Kindererziehung, sondern lediglich darum, wer von beiden Eltern recht hat und sich durchsetzt.

Daß das Kinderthema in vielen modernen Paarbeziehungen und Ehen eine derartig dominante Stellung einnimmt, hängt mit der großen Bedeutung zusammen, die moderne Paare ihren Kindern beimessen. Geschichtlich ist dies eine ganz neue Entwicklung. «Die Geschichte der Kindheit ist ein Alptraum, aus dem wir gerade erst erwachen», meint der amerikanische Historiker Lloyd de Mause (58). Er beschreibt sechs Formen von Eltern-Kind-Beziehungen, die sich im Laufe der Geschichte nacheinander entwickelt haben, die es aber alle auch heute noch nebeneinander gibt:

Von der Antike an bis ins dritte Jahrhundert nach Christus befreiten sich viele Eltern von Kindern, die sie nicht gebrauchen konnten, durch *Kindesmord*. Erst im Jahre 374 wurde der Kindesmord zum Kapitalverbrechen erklärt. Ermordet wurden vor allem die Mädchen, die ja selbst wieder Kinder hätten gebären können, so daß es zum Beispiel in 79 Familien, die zwischen 228 und 220 vor Christus die miletische Staatsbürgerschaft erlangten, 118 Söhne und 28 Töchter gab. Von 600 Familien, die im 2. Jahrhundert vor Christus in Delphi registriert wurden, hatte nur ein Prozent zwei Töchter, während zwei oder drei Söhne durchaus nichts Ungewöhnliches waren. Aristippus vertrat die Auffassung, daß ein Mann mit seinen Kindern machen könne, was er wolle, denn «werfen wir nicht auch unsere Spucke, unsere Läuse und dergleichen unnütze Dinge von uns, obgleich sie von uns selbst erzeugt worden sind».

Vom 4. bis ins 13. Jahrhundert nach Christus, nachdem die Eltern unter dem Einfluß des Christentums eine Seele des Kindes anerkannt hatten, bestand in solchen Fällen für sie nur noch die Möglichkeit, «die Kinder *wegzugeben* zu einer Säugamme, ins Kloster, zu Pflegeeltern, als Diener oder Geisel zu anderen hochgestellten Familien, oder auch darin, sie einfach im Hause der völligen emotionalen Vereinsamung zu überlassen.»

Die dritte Phase vom 14. bis ins 17. Jahrhundert ist durch *Ambivalenz* der Eltern gekennzeichnet. «Man stellte sich vor, das Kind sei wie aus Wachs,

Gips oder Lehm und müsse erst in eine Form gebracht werden.» In dieser Periode findet sich eine zunehmende Zahl von Anleitungen für die Kindererziehung. Die Kontrolle der Kinder durch die Eltern nimmt zu.

In der vierten Form, die de Mause mit dem Begriff der «*Intrusion* (Eindringen)» umschreibt und die sich im 18. Jahrhundert findet, tritt ein großer Wandel in der Eltern-Kind-Beziehung ein. «Statt bloß sein Inneres mit einem Klistier zu prüfen, rückten die Eltern ihm jetzt noch näher zu Leibe und versuchten, in seinen Geist einzudringen, um sein Inneres, seinen Zorn, seine Bedürfnisse, seine Masturbation, ja selbst seinen Willen unter Kontrolle zu bekommen. Das von intrusiven Eltern großgezogene Kind wurde von der Mutter gestillt, wurde nicht gewickelt, erhielt keine regelmäßigen Einläufe, wurde früh zur Reinlichkeit erzogen, betete mit den anderen statt mit ihnen zu spielen, wurde geschlagen, aber nicht mehr regelmäßig gepeitscht, wurde wegen Masturbation bestraft und wurde mit Drohungen und mit Erzeugung von Schuldgefühlen ebenso wie mit anderen Methoden der Bestrafung zu promptem Gehorsam erzogen. Das Kind wurde jetzt sehr viel weniger als Bedrohung empfunden, so daß echte Empathie möglich wurde, und es entstand die Kinderheilkunde, die zusammen mit der allgemeinen Verbesserung der elterlichen Fürsorge zu einem Rückgang der Kindersterblichkeit führte und die Grundlage für den demokratischen Wandel im 18. Jahrhundert schuf.»

Im 19. Jahrhundert schließlich bis in die Mitte des 20. Jahrhunderts hinein findet sich die Form der *«Sozialisation»:* Die Erziehung eines Kindes bestand jetzt «immer weniger in der Unterwerfung seines Willens, sondern vielmehr darin, es auszubilden, es auf den rechten Weg zu bringen, es anzupassen, es zu sozialisieren. Die meisten halten die Beziehungsform Sozialisation noch immer für das einzige Modell, in dessen Rahmen die Diskussion über die Fürsorge für Kinder weitergeführt werden kann. Es ist der Ursprung aller psychologischen Modelle des 20. Jahrhunderts, von Freuds ‹Triebeinschränkung› bis zu Skinners Behaviorismus. Insbesondere stellte es das Modell des soziologischen Funktionalismus dar. Im 19. Jahrhundert beginnt der Vater zudem zum ersten Mal, mehr als nur ein gelegentliches Interesse an seinem Kind zu zeigen, es zu erziehen, und manchmal sogar der Mutter bei der das Kind betreffenden Hausarbeit zu helfen.»

Ab der Mitte des 20. Jahrhunderts findet sich schließlich die Form der *«Unterstützung»* im Umgang der Eltern mit ihren Kindern. Diese Beziehungsform «beruht auf der Auffassung, daß das Kind besser als seine Eltern weiß, was es in jedem Stadium seines Lebens braucht. Sie bezieht beide Eltern in das Leben des Kindes ein; die Eltern versuchen, sich in die sich erweiternden und besonderen Bedürfnisse des Kindes einzufühlen und sie zu erfüllen. Bei dieser Erziehungsform fehlt jeglicher Versuch der Disziplinierung oder der Formung von ‹Gewohnheiten›. Die Kinder werden weder geschlagen noch gescholten, und man entschuldigt sich bei ihnen, wenn sie einmal unter großem Streß angeschrieen werden. Diese Form verlangt von beiden Eltern außerordentlich viel Zeit, Energie und Diskussionsbereitschaft, insbesondere während der ersten sechs Jahre, denn einem kleinen Kind dabei zu helfen, seine täglichen Ziele zu erreichen, bedeutet, ständig auf es einzugehen, mit ihm zu spielen, seine Regressionen zu tolerieren, ihm zu dienen statt sich von ihm bedienen zu lassen, seine emotionalen Konflikte zu interpretieren und ihm die für seine sich entwickelnden Interessen erforderlichen Gegenstände zur Verfügung zu stellen. Bisher haben nur wenige Eltern konsequent versucht, in dieser Form für ihre Kinder zu sorgen.» (*Zitate nach* 56)

Philippe Ariès beschreibt in seiner «Geschichte der Kindheit» (4) zwar eine ähnliche Entwicklung, kommt aber zu gänzlich entgegengesetzten Interpretationen dieser Ereignisse:

Ariès geht auf das Altertum wenig ein. Ihm zufolge wurden die Kinder im Mittelalter sehr schnell, wenn sie nicht mehr absolut auf fremde Hilfe angewiesen waren, vom Kleinkind zum jungen Erwachsenen, ohne die Etappen der Jugend zu durchlaufen. Das bot dem Kind die Freiheit, mit vielen Klassen und Altersstufen umzugehen. «Die Dichte der Geselligkeit ließ der Familie keinen Raum... Sie existierte... nicht als Faktor des Gefühlslebens oder als Wert» (4).

«Seit dem 18. Jahrhundert», so lesen wir bei Ariès weiter, «hat man begonnen, sich gegen den unablässigen Kontakt mit der Gesellschaft zur Wehr zu setzen, der zuvor doch die Quelle der Erziehung, des Ansehens und des Vermögens gewesen war. Ein tiefgreifender Wandel sprengt nun die alten Beziehungen zwischen Herr und Diener, Groß und Klein, Freunden oder Kunden... Beruf und Familienleben haben jene andere Aktivität erstickt, die einst das gesamte Leben durchdrungen hatte, die Pflege gesellschaftlicher Beziehungen.»

Die Einrichtung der Schule wurde nun erfunden, und «die Familie und die Schule haben das Kind mit vereinten Kräften aus der Gesellschaft der Erwachsenen herausgerissen. Die Schule hat das einstmals freie Kind in den Rahmen einer zunehmend strengeren Disziplin gepreßt... Die moderne Familie hat dem Gemeinschaftsleben nicht nur die Kinder, sondern auch einen großen Teil der Zeit und des Interesses der Erwachsenen entzogen. Sie entspricht dem Bedürfnis nach Intimität und auch nach Identität: Die Familienmitglieder sind gefühlsmäßig wie durch Gewöhnung und Lebensweise miteinander verbunden. Das ständige Zusammensein mit Fremden, das die alte Sozialität verlangt hatte, widerstrebt ihnen.» (*Zitate nach* 4).

Ich habe an beiden Interpretationen meine Zweifel. Ich kann nicht recht glauben, daß die aufopferungsvolle Hingabe der Eltern an ihre Kinder, die Lloyd de Mause in seinem als Krone der Entwicklung gerühmten Stadium sechs der Eltern-Kind-Beziehungen beschreibt, den Kindern wirklich am besten bekommt. Und Ariès überzeugt mich nicht davon, daß das Mittelalter für die Kinder so paradiesisch gewesen ist. Dennoch ist dem Buch von Ariès oder auch dem umfangreichen Werk «Über den Prozeß der Zivilisation» von Norbert Elias (14) viel klarer zu entnehmen, daß das Voranschreiten der Zivilisation von einem zunehmenden Zwang zum Selbstzwang begleitet ist (41) als dem Buch von Lloyd de Mause. Die Abgeschlossenheit der Familie nahm über die Jahrhunderte ständig zu. Damit verbunden wuchs die Bedeutung von Erziehung und Kinderbetreuung.

Vor diesem Hintergrund erhalten nun auch die Erziehungserfahrungen, die wir in unserer eigenen Herkunftsfamilie gemacht haben, einen hohen Stellenwert. Sie können ja vom Kind nicht mehr, wie in ferner Vergangenheit, ständig mit den Gebräuchen und Wertvorstellungen der Gemeinschaft verglichen werden. Loyalität und Dankbarkeit gegenüber den Eltern, die sich in einem derartig hohen Ausmaß um uns bemüht haben, wie dies in der Moderne gebräuchlich ist, bedeuten somit häufig auch für die Kinder der Gegenwart das Übernehmen der Erziehungsprinzipien und vor allem des Familienstils der Eltern. Im Gegensatz zu früheren Jahrhunderten erfolgt diese Traditionsübermittlung jedoch mehr über innere Loyalitätsbedingungen als über die äußere allgegenwärtige gesellschaftliche Kontrolle. Dies gilt um so mehr, je mehr sich der Erziehungs- und Familienstil der «höchstentwickelten» Form nach Lloyd de Mause annähert.

Trotz aller Bemühungen der Eltern kann es dazu kommen, daß die Kinder in der Entwicklungsphase der Adoleszenz steckenblieben und sich ihren zu dieser Phase gehörenden Protest gegenüber den

Autoritäten bis ins Erwachsenenalter erhalten. Dennoch kommt es auch dann meist nicht dazu, daß sie sich bei der Erziehung der eigenen Kinder etwas mehr an eigenen Interessen zubilligen und den Kindern mehr Verzicht zumuten. Im Gegenteil wollen sie es oft *noch* besser machen als ihre Eltern. Das heißt dann, daß sie die eigene moralische Meßlatte für das erstrebenswerte Maß an Selbstaufopferung bei der Erziehung ihrer Kinder noch höher legen.

Es zeigt sich hier, daß die Grundprinzipien der Erziehung dieser aufopferungsvollen Eltern halt doch per Identifikation übernommen wurden. Der adoleszente Protest richtet sich dann nicht dagegen, daß die Eltern etwas falsch gemacht haben, sondern daß sie ihren eigenen Ansprüchen nicht gerecht werden konnten. Im Sinne von Watzlawick (79, 80) findet sich hier, Generationen übergreifend, wieder das neurotische Prinzip, mehr vom Gleichen zu versuchen, wenn das bisherige Verhalten nicht zum gewünschten Erfolg geführt hat.

Mit diesen hohen Ansprüchen sind solche modernen Eltern dann aber meist schnell überfordert, noch schneller, als das die eigenen Eltern mit den oft ebenfalls schon hohen Ansprüchen auch waren. Die Treue zur eigenen Herkunftsfamilie, die sich in diesen sehr engen und von der Außenwelt stark abgegrenzten Familienbeziehungen entwickelt, macht es jetzt aber erforderlich, den Familienstil der eigenen Herkunftsfamilie beizubehalten. Beim Partner, der unter ähnlichen Prinzipien, wenn auch mit einem anderen Familienstil aufgewachsen ist, findet sich das Entsprechende.

In der Kindererziehung prallen hier nun die verschiedenen Stile aufeinander. Gibt es Schwierigkeiten mit den Kindern, so hat die Auffassung, der Partner verhielte sich falsch, den großen Vorzug, daß er es unnötig macht, den aus der Herkunftsfamilie mitgebrachten eigenen Erziehungsstil und deren Prinzipien in Frage zu stellen. Die Probleme treten dann nicht auf, weil vielleicht grundsätzliche Erziehungsprinzipien korrekturbedürftig wären, sondern weil der Partner etwas falsch gemacht hat oder immer noch macht.

Diese grundsätzlichen Prinzipien, die korrekturbedürftig wären, sind übrigens bei beiden Partnern, die über die Kindererziehung heftig streiten, oft verblüffend ähnlich, sie wurden nur in den jeweiligen

Herkunftsfamilien auf unterschiedliche Weise umgesetzt. Das Grundprinzip, nämlich das der Selbstaufopferung im Stadium sechs nach Lloyd de Mause, bleibt bei beiden Elternteilen unangetastet.

In manchen Fällen geht es bei einem Streit um die Kindererziehung gar nicht wirklich um die Erziehung, sondern um einen Machtkampf in der Partnerbeziehung. In solchen Paarbeziehungen wird überhaupt viel gestritten, wenn auch wenig konstruktiv. Die Streitigkeiten haben den Charakter eines Tauziehens und entzünden sich an jedem Thema, das sich anbietet. Hierzu gehören auch Streitigkeiten um die Erziehung und Betreuung der Kinder: ob es wichtig ist, daß sie abwechselnd vom Vater und von der Mutter ins Bett gebracht werden, ob sie Zucker und Süßigkeiten essen und ob sie Freunde besuchen dürfen, bei denen es zum Nachtisch Wackelpudding gibt, obwohl die eigene Familie fanatisch auf Biokost eingeschworen ist, ob die größeren Kinder um zehn oder um zwölf Uhr zu Hause sein müssen, wenn sie eine Fete bei Freunden besuchen.

All die strittigen Themen zeichnen sich dadurch aus, daß es relativ egal ist, ob man es so oder so macht. Ein Blick in die familiäre Umgebung könnte zeigen, daß man offensichtlich sowohl auf die eine als auch auf die andere Weise glücklich werden kann. Günstig wäre es nur, wenn man sich auf eine Lösung einigen könnte. Genau das aber wäre gleichbedeutend mit dem Aufgeben einer eigenen Position. Das Nachgeben gegenüber den Vorstellungen des Partners würde als vernichtende Niederlage erlebt. Das hat mit Erfahrungen aus der eigenen Kindheit zu tun, in denen die Eltern dieser Streitpartner von ihren Kindern Unterwerfung gefordert haben. Eine solche Unterwerfung unter die Vorstellungen und die Prinzipien der Eltern gefährdet jedoch die Integrität der Persönlichkeit. Was in der Tiefe des Unterbewußtseins gefürchtet wird, ist Vernichtung, Auslöschung, Tötung, und dies ruft eigene Vernichtungs- und Tötungsimpulse hervor.

Solche Impulse gibt es in jedem Menschen. Eine sehr autoritäre Erziehung macht es jedoch unmöglich, derartige Tendenzen bei sich selbst wahrzunehmen und sie nach und nach in die Persönlichkeit zu integrieren und zu sozialisieren, was sie in ihren sozialen Auswirkungen weniger gefährlich machen würde. Bereits Ansätze solcher Impulse werden in autoritären Familien im Keime erstickt und mit harten Strafen bedroht, so daß sie nach und nach aus dem Bewußtsein gelöscht werden müssen. Dies hat jedoch den Nachteil, daß sie einer Sozialisation im Laufe der Erziehung nicht mehr zugänglich sind und in archaischer Form im Unterbewußtsein erhalten bleiben.

In späteren Partnerbeziehungen führen sie dann zu diesen fruchtlosen Kämpfen und Streitigkeiten, die sich auf Oberflächliches beschränken, weil die heftige Aggressivität, die in der Tiefe wirkt, zu gefährlich ist, um sie bewußt werden zu lassen. Die sozialen Fertigkeiten, die man bei einer solchen Erziehung erwirbt, sind zu gering, um mit solchen Impulsen angstfrei und kompetent umgehen zu können.

Für die Kinder ist es übrigens besser, wenn Differenzen über die Erziehung von den Eltern offen ausgetragen werden, als wenn jeder versucht, sich hinter dem Rücken des anderen durchzusetzen. Kinder können sich besser orientieren, wenn die Eltern zeigen können, daß sie in manchen Dingen unterschiedlicher Meinung sind, auch in Dingen, die den Umgang mit den Kindern betreffen.

Bei kleinen Kindern geht es in den Streitigkeiten der Eltern häufiger darum, wie weit man eigene Interessen zugunsten der Kinder zurückstecken muß, und vor allem, wer das tun soll. Wenn die Kinder in die Adoleszenz kommen, geht es zusätzlich und immer mehr auch darum, eigene Interessen gegenüber den Kindern durchzusetzen, was natürlich schwerer geht in Bereichen, in denen der Partner eine gänzlich andere Meinung vertritt. Solche Schwierigkeiten gehören jedoch zur familiären Realität und tragen mit dazu bei, daß die Jugendlichen in den Auseinandersetzungen der Adoleszenz einen größeren Freiheitsraum gewinnen können und nicht immer unterliegen müssen.

Wenn sie mitbekommen, daß die Eltern sich einverständlich um eine Form des Umgangs miteinander bemühen, in der jeder, die Erwachsenen und die Kinder, eine Chance hat, seine Interessen zu vertreten, was gelegentlich für jeden auch mit Verzicht verbunden sein muß, dann ist dies völlig ausreichend. Die Eltern müssen nicht anstreben, in allen Erziehungsdingen einer Meinung zu sein.

Eltern, die ihren Kindern immer nachgeben und die sich nie mit ihnen, statt dessen aber oft miteinander streiten, behindern die Entwicklung der Kinder. Solche Kinder lernen nicht, daß die eigene Freiheit an der Nasenspitze ihrer Mitmenschen aufhört, wie dies der Begründer der antiautoritären Erziehung, Alexander Sutherland Neill (63), ausgedrückt hat. Und sie können nicht die Erfahrung machen, daß es auch seine attraktiven Seiten hat, erwachsen zu sein, weil ihnen ihre Eltern dies nicht vorleben. Sie behindern auf diese Weise bei ihren Kindern auch deren Loslösung aus dem Elternhaus.

10. KAPITEL

Kinderlosigkeit

Kinderlosigkeit kann bei Paaren mit einem Kinderwunsch zu großen Belastungen in der Beziehung führen. Der bewußte Kinderwunsch ist besonders häufig und tiefgreifend mit unbewußten oder doch nur teilweise bewußten Phantasien verknüpft, was wahrscheinlich mit dem biologisch verankerten Fortpflanzungstrieb und dessen soziokultureller Verarbeitung im Laufe von Jahrtausenden zu tun hat. Das hat zur Folge, daß sowohl der Kinderwunsch als auch die Nichterfüllung dieses Wunsches neurotisch verarbeitet werden kann oder zumindest doch neurotische Züge tragen kann.

Hier wirken sich vor allem die Frage des Selbstwertes und der Wunsch, eine «richtige Frau» oder ein «richtiger Mann» sein zu wollen, aus, also Wünsche nach einer sicheren Geschlechtsidentität, ferner das Bedürfnis, sich potent und stark fühlen zu können, der Wunsch, in einem Kind weiterleben zu wollen und damit das Schicksal, sterben zu müssen, relativieren zu können. Aber auch andere Themen, praktisch aus der gesamten Neurosenlehre, lassen sich hier finden: unbewußte Konflikte zwischen Schenken- und Nicht-hergeben-Wollen, Hingabe- und Abgrenzungsbedürfnisse, Verschmelzungswünsche und -ängste, Macht- und Kontrollbedürfnisse, Zwangsvorstellungen, die zum Beispiel dazu führen können, daß befürchtet wird, das Böse in einem selbst könne zur Zeugung eines beschädigten oder behinderten Kindes führen, exhibitionistische Wünsche und deren Abwehr, die dann dazu führen, daß der schwangere Bauch stolz präsentiert oder aber schamhaft versteckt werden soll, unverarbeitete ödipale Konflikte und vielerlei mehr.

Psychische Konflikte wirken sich bekanntlich manchmal körperlich aus, zum Beispiel wenn Vorgänge im Gehirn zu hormonellen Veränderungen führen, so daß ein hormonell beeinflußter Bereich wie die Fortpflanzung psychosomatisch besonders störungsanfällig ist. In einfacheren Fällen finden sich manchmal eindeutig körperliche Ursachen für eine Kinderlosigkeit. In manchen Fällen kann hier die moderne Reproduktionsmedizin den Paaren helfen und segensreich wirken. In anderen Fällen, vor allem beim Vorliegen von Hormonstörungen mit ungeklärter Ursache, hat man es wahrscheinlich eher mit Kombinationen aus psychischen und körperlichen oder mit ausschließlich psychischen Ursachen zu tun, die aber oft nicht erkannt werden. Dann kann zwar in manchen Fällen mit dem ganzen Arsenal der modernen Reproduktionsmedizin erfolgreich eine Schwangerschaft erzwungen werden, wodurch das Paar spontan entlastet wird. Hin und wieder führt das dann sogar zu Selbstheilungsprozessen im Bereich der zugrundeliegenden psychischen Konflikte.

In anderen Fällen tut man dem Paar und vor allem dem Kind jedoch nur einen sehr fraglichen Gefallen, wenn man ohne Berücksichtigung der psychischen Ursachen mancher Fälle von Kinderlosigkeit eine Schwangerschaft herbeizwingt: zum Beispiel wenn die psychogene Sterilität auf einer unbewußten Ablehnung eines Kindes beruht, obwohl bewußt der Wunsch nach einer Schwangerschaft besteht, oder wenn sich bei einer Frau nicht nur eine Allergie gegen das Sperma des Mannes entwickelt hat, die dazu führt, daß die Spermien im Körper der Frau schnell abgetötet werden, sondern wenn die Frau auch gegen ihren Mann als Partner «allergisch» geworden ist, ohne daß sie eine solche Entwicklung aber bewußt wahrnehmen kann.

Nun ist es erfreulicherweise im Bereich der psychischen und psychosomatischen Störungen und Erkrankungen nicht anders als im Bereich der körperlichen: Die wirklich dramatischen und gravierenden Probleme sind relativ selten, leichtere Störungen sind häufiger. Und in den leichteren Fällen kann das Paar sich dann manchmal auch selbst weiterhelfen, nachdem die medizinische Technik eine vorher nicht mögliche Schwangerschaft möglich gemacht hat.

Dennoch wäre es aus meiner Sicht als Psychoanalytiker wünschenswert, wenn in den Fällen von nicht eindeutig somatisch verursachter Kinderlosigkeit häufiger ein tiefenpsychologisch ausgebildeter Fachmann bei der Diagnostik der Störungsursachen hinzugezogen würde.

Gerade in den Fällen von schwereren psychischen Konflikten sind die zugrundeliegenden Phantasien, Handlungsimpulse und Affekte oft derartig wirkungsvoll abgewehrt, daß sie dem Bewußtsein nicht zugänglich sind. Daher reichen in solchen Fällen die normalen psychologischen Fähigkeiten des gesunden Menschenverstandes für die Psychodiagnostik nicht aus.

Fast jeder kennt in seinem Bekanntenkreis das eine oder andere Paar, das nach jahrelangen Versuchen und dem ganzen Einsatz der organmedizinischen Kunst die Hoffnung auf ein eigenes Kind aufgegeben hat, um sich daraufhin zur Adoption zu entschließen. Kurze Zeit nach der Adoption des Kindes wird die Frau dann schwanger. In solchen Fällen kommt das adoptierte Kind nicht selten in eine schwierige Position.

So war es in einem Fall, in dem das adoptierte Kind, das bereits kurz nach seiner Geburt von der Mutter zur Adoption freigegeben worden war, einige Jahre in einem Heim verbracht hatte. Erst dann war es adoptiert worden. Einige Zeit später wurde die Adoptivmutter schwanger. Die Kombination von einer Traumatisierung des Kindes durch den Heimaufenthalt und der großen Freude der Adoptiveltern über das nun doch noch zu erwartende eigene Kind hatte bereits während der Schwangerschaft bei dem Adoptivkind schwere Ängste ausgelöst. Es fürchtete, nun wieder unerwünscht zu sein, und reagierte mit heftiger Eifersucht gegenüber dem erwarteten Geschwisterrivalen.

Als das leibliche Kind dann geboren war, gelang es den Adoptiveltern nicht, erfolgreich beruhigend in die massive Dynamik von Eifersucht und Haß bei ihrem kleinen Adoptivsohn einzugreifen. Es kam zu einer Eskalation von tätlichen Angriffen des Adoptivkindes gegenüber seinem Geschwister und Hilflosigkeit, Überforderung und unangebracht harten Sanktionen dem adoptierten Kind gegenüber bei den Adoptiveltern. Der adoptierte Junge wurde im Laufe von wenigen Monaten immer mehr das «fremde Kind». Seine Verhaltensstörungen nahmen zu, bis die Adoptiveltern schließlich keine andere Möglichkeit mehr sahen, als es erneut, trotz heftigster Schuldgefühle, in ein Heim zu geben. Eine ausgeprägte Schuldproblematik bei den

Eltern war die Folge, die sich nun wiederum in der Beziehung zu ihrem leiblichen Kind auswirkte. Das Adoptivkind entwickelte im Heim derartig massive psychische Symptome und Verhaltensstörungen, daß es auch dort nicht gehalten werden konnte und danach in einer kinderpsychiatrischen Einrichtung behandelt werden mußte. Die Prognose für den weiteren Entwicklungsverlauf bei diesem Kind nach derartig einschneidenden Trennungserlebnissen und Erfahrungen von Unerwünschtsein in der frühen Kindheit ist leider nicht gut.

In einem anderen Fall von psychogener Unfruchtbarkeit ließ sich der Mann auf eine Außenbeziehung ein, nachdem ihm die untersuchenden Ärzte Zeugungsunfähigkeit bescheinigt hatten. Die neue Partnerin wurde dann sofort schwanger. Trotz der Kränkung der Ehefrau kam es in der Folge aber zu einer Wiederannäherung des Paares, das dann einige Monate später zur großen Verblüffung der beiden Partner ein eigenes Kind zeugte. Die Ehe war zuvor 20 Jahre lang steril gewesen.

Ein anderes Paar hatte sich auf Zwillinge spezialisiert. Nach jahrelanger Unfruchtbarkeit adoptierten die Ehepartner ein kleines Zwillingspaar. Ein Jahr später wurde die Frau schwanger. Und die Mitteilung des Gynäkologen, daß sie nun auch noch ein leibliches Zwillingspaar erwartete, wurde vom Freundeskreis des Paares mit viel Hallo und einer gewissen Schadenfreude, von dem Paar selbst mit viel Humor und zunehmender Freude beantwortet. Es gelang den sechs Beteiligten in diesem Fall, eine glückliche, kinderreiche Familie zu werden. Daß hier Zwillinge gleich zweimal auftauchten, ist natürlich ein Zufall und kann sicherlich nicht psychodynamisch erklärt werden.

Ein weiteres Paar meldete sich in meiner Sprechstunde an mit dem Hinweis, daß die Frau schwanger sei und daß das Paar sich zu einem Schwangerschaftsabbruch entschlossen habe, der bereits für die kommende Woche angesetzt war. Sie wollten jedoch zuvor noch einmal mit einem Psychotherapeuten darüber sprechen. In einem ersten Kriseninterventionsgespräch am kommenden Tag berichteten die beiden darüber, daß sie ein Jahr zuvor schon einmal in einer solchen Situation gewesen waren und einen Schwangerschaftsabbruch herbeigeführt hatten. Danach war die Frau jedoch an einer schweren depressiven Reaktion erkrankt, so daß sie dieses Mal den Schwangerschaftsabbruch psychotherapeutisch begleiten lassen wollte, um einer solchen Entwicklung vorzubeugen.

Der Entschluß, das Kind nicht haben zu wollen, war bei diesem kinderlosen Paar scheinbar wohlüberlegt und fest. Wahrscheinlich war es die Beobachtung eines eigenartigen Kommunikationsstils zwischen den beiden, die mich auf die Idee brachte, daß dieser Entschluß vielleicht doch nicht so sicher sei und mich zu der Frage veranlaßte, wie jeder der beiden wohl entscheiden würde, wenn er alleine und nicht auch der Partner darüber zu bestimmen hätte, ob die Schwangerschaft abgebrochen werden sollte. Nach einer kurzen Denkpause sagte dann zunächst die Frau, daß sie sich eigentlich ein Kind wünscht, ein Kind jedoch leider in die Lebenspläne ihres Mannes nicht hineinpaßt. Ein Kind, das gegen den Wunsch ihres Mannes entsteht, konnte sie sich nicht vorstellen. Der Mann hörte erstaunt und mit großen Augen zu und gab dann zu verstehen, daß es bei ihm genauso sei. Auch er wünschte sich sehr ein eigenes Kind, war jedoch fest davon überzeugt, daß seine Frau kein Kind haben wollte, und ohne das Einverständnis der Frau hielt er das Ganze nicht für machbar. Vor einem Jahr, beim ersten Schwangerschaftsabbruch, war es auch schon so gewesen.

Beide Partner hatten, wie sich in der Folge herausstellte, ein ausgeprägtes Harmoniebedürfnis. Jeder versuchte, immer bereits die unausgesprochenen Wünsche des anderen vorwegzuphantasieren, um sie zu erfüllen, bevor sie dem anderen erst richtig bewußt werden konnten. Einen Interessenkonflikt offen auszutragen, zum Beispiel, daß einer einen Kinderwunsch hat und der Partner nicht, konnten sie sich überhaupt nicht vorstellen. Sie befürchteten, daß ein solcher Konflikt sehr schnell zur Trennung führen würde. In den Vorgeschichten beider Partner fanden sich, wie oft in solchen Fällen, Herkunftsfamilien, in denen wenig Erfahrungen im Umgang mit konstruktiver Konfliktbewältigung gemacht werden konnten: In der Herkunftsfamilie der Frau waren alle Probleme unter den Teppich gekehrt worden, in der des Mannes war jede Auseinandersetzung mit hoher kämpferischer Destruktivität geführt worden, die diese Familie fast vollständig zerrüttet hatte.

Die Krisenintervention hatte dazu geführt, daß der Schwangerschaftsabbruch unterblieb. Die Bearbeitung der Hintergründe der Kommunikationsstörung des Paares erforderte eine mehrjährige Einzeltherapie beider Partner. Das Paar hat jetzt zwei gesunde Kinder und lebt, wie die beiden mir kürzlich mitgeteilt haben, ein glückliches Familienleben miteinander, zu dem zeitweise Auseinandersetzungen und Streitigkeiten inzwischen dazugehören.

11. KAPITEL

Der Bau oder Kauf einer eigenen Wohnung

Neben dem Herbeiführen einer Schwangerschaft zur Rettung einer desolaten Paarbeziehung ist der Bau eines Hauses oder der Kauf einer Eigentumswohnung das zweithäufigste Manöver, das dem unbewußten Wunsch dient, eine in hohem Ausmaß gestörte Ehe doch noch zu retten. Auch hier gilt, daß es zu dem Entschluß, ein solches Unternehmen in Angriff zu nehmen, nicht nur dann kommt, wenn es den Partnern in der Beziehung besonders gut geht, sondern eben auch dann, wenn es besonders schlecht geht.

Bei den meisten Paaren, bei denen es nach der Fertigstellung des Eigenheims zu einer heftigen Krise kommt, stellt nicht etwa die Belastung durch den Bau des Hauses oder die finanzielle Belastung die wirkliche Ursache für die Krise dar. Die Schwierigkeiten in der Beziehung bestanden vielmehr schon vorher. Die Partner wagten nur nicht, eine Auseinandersetzung herbeizuführen, weil sie eine Trennung befürchteten. Das Ausmaß der Schwierigkeiten wurde verleugnet. Statt dessen kam es zum Entschluß, eine eigene Wohnung zu erwerben oder, noch häufiger, zu bauen.

So war es auch bei einem Paar, bei dem der Mann über viele Jahre die Aufgaben eines Hausmannes übernommen hatte, während die Frau ganztags berufstätig war. Im Laufe der Jahre entwickelte sich bei beiden jedoch eine zunehmende Unzufriedenheit. Sie trauerten beide der traditionellen Rollenverteilung nach, die sie aus ihren Herkunftsfamilien kannten, wagten jedoch nicht, sich das gegenseitig einzugestehen. Sie nahmen an, der Partner würde das nicht tolerieren.

Neben seiner Hausmannstätigkeit baute der Mann auch noch in

mühsamer Eigenarbeit ein Eigenheim. Dadurch führte er eine Situation herbei, in der die Familie jahrelang fast nichts mehr von ihm hatte, weil er nur noch arbeitete. Er selbst wurde immer gereizter und dadurch unattraktiver für seine Frau. Sie trennte sich schließlich von ihm und heiratete einen erfolgreichen Unternehmer.

Die partnerschaftlichen Konflikte im Zusammenhang mit dem Erwerb eines eigenen Heimes sind sehr verschieden. Immer aber finden sich bei diesen Paaren bei mindestens einem, meist aber bei beiden Partnern, ausgeprägtere depressive Persönlichkeitszüge, die ja mit einem erhöhten Harmoniebedürfnis und einer Scheu vor Auseinandersetzungen sowie mit starken Trennungsängsten einhergehen. Die Erkenntnis, daß die Paarbeziehung auseinanderzubrechen droht, löst bei solchen Menschen nicht nur Trennungsängste aus, sondern auch schwer erträgliche Schuldgefühle, das Gefühl, versagt zu haben, Schuld zu sein am eigenen Unglück und am Unglück des Partners und, was oft noch schlimmer ist, am Unglück der Kinder, die bei diesen Konstellationen meist dazugehören.

Solche schwer erträglichen Gefühle sind starke psychische Gründe für das Verdrängen von Konflikten, was der Depressionsvermeidung dient.

Viele depressive Menschen verfügen nun neben der Fähigkeit zur Verdrängung über einen weiteren wirkungsvollen Konfliktvermeidungsmechanismus: den hypomanischen Aktivismus. Aktivität wirkt antidepressiv. Das wissen die meisten Menschen instinktiv. Davon machen sie Gebrauch, wenn sie einem depressiven Freund oder einer Freundin den Rat geben: «Laß dich nicht so hängen!» Davon macht man auch in manchen psychotherapeutischen Behandlungen, vor allem verhaltenstherapeutischer Ausrichtung, Gebrauch. Besonders bei leichteren Formen von Depressionen ist die Strukturierung des Tagesablaufs, das bewußte Übernehmen von Aufgaben ein oft erfolgreiches Heilungs- oder Selbstheilungsmittel, um die Depression zu besiegen.

Viele Psychoanalytiker halten es für wahrscheinlich, daß die hypomanische Aufbauphase in Deutschland nach dem Zweiten Weltkrieg nicht zuletzt der Depressionsabwehr diente, einer Depression, die nach der Niederlage, den Verlusten und der Schuld, die man auf sich geladen hatte, eigentlich zu erwarten gewesen wäre. Der schnelle Aktivismus der Nachkriegsjahre half, dies alles zu verdrängen, und verzögerte damit gleichzeitig die Bewältigung der Vergangenheit, die nur möglich ist, wenn Trauer, Scham und Schuld auf sich genommen und ausgehalten werden können (62).

Ganz Entsprechendes findet sich bei den Hausbauern in schwer gestörten Ehen auch. Auch hier reicht die Ich-Stärke der Persönlichkeit nicht aus, um sich rechtzeitig dem zu stellen, was die Partner sich bereits an Beschämendem und Schuldhaftem gegenseitig angetan haben und sich möglicherweise sogar der Erkenntnis des Scheiterns zu stellen. Statt dessen stürzt sich das Paar in Aktivismus, in eine neue Aufgabe, erreicht damit wirklich im allgemeinen einen Aufschub der Probleme, steht dann aber oft um so fassungsloser vor der Erkenntnis, daß sich die Probleme dadurch mitnichten verändert haben und der Konflikt nach Fertigstellung des Hauses erneut und oft schwerer als zuvor ausbricht.

Manche Paare stellen dann entsetzt fest, daß sie sich kein Heim, sondern ein Gefängnis gebaut haben mit der unbewußten Absicht, hieraus schwerer ausbrechen zu können als aus der Mietwohnung zuvor. Es gibt sehr variantenreiche Formen dieses Phänomens. Manchmal werden die Eltern und Schwiegereltern in einen solchen Gefängnisbau miteinbezogen, manchmal werden sie mit in das gemeinsame Haus geholt, wo sie dann die Rolle von Gefängniswärtern übernehmen sollen und nicht selten auch übernehmen.

Eine angstneurotische Frau, die in einer sehr engen Beziehung mit ihrem Mann zusammenlebte, drang zu einem Zeitpunkt, als dem Mann die dauernde Betreuung seiner Frau, die niemals alleine das Haus verlassen konnte, zuviel wurde, darauf, sich am Haus ihrer Eltern an einem Anbauprojekt zu beteiligen. Anschließend wollte sie dort einziehen. Sie begründete das damit, daß dieses Arrangement «finanziell vernünftig» sei, weil die junge Familie bei dem Umbau von den Eltern der Frau mit kräftigen Geldmitteln unterstützt wurde und später kostenlos in dem angebauten Haus wohnen durfte. Der Mann ließ sich dazu überreden. Als sich dann aber nach der Fertigstellung des Hauses seine Schwiegereltern immer mehr in die Ehe einmischten und ihm verboten, abends seine liebgewonnenen Treffen mit Sportkameraden weiter zu besuchen, weil er doch seine kranke Frau nicht auch noch abends alleine lassen dürfe, wurde es ihm zuviel. Nach heftigen Auseinandersetzungen mit seiner Frau, die sich ganz auf die Seite ihrer Eltern geschlagen hatte, trennte er sich von seiner Familie.

Der Effekt war hier, wie das in ähnlichen Fällen häufig der Fall ist, der umgekehrte als derjenige, der unbewußt herbeigeführt werden sollte. Mit wachsendem Außendruck nimmt der Wunsch nach Ausbruch aus dem Gefängnis zu und wird dann manchmal von einem der Partner herbeigezwungen. Die hierdurch herbeigeführten Turbulenzen sind besonders geeignet, um dem Partner einen Großteil der gemeinsamen Schuld in die Schuhe zu schieben. In der Tat ist es fast unmöglich, aus dem nun entstandenen Desaster frei von Schuld wieder hervorzugehen. Ein depressiver Partner, der ja selbst im Übermaß zu Schuldgefühlen neigt, kann sich innerseelisch oft erst dadurch entlasten, daß er eine Situation mit herbeiführt, in der der andere schuldig werden muß. Nicht selten findet sich ein Teil der Schuld in Form von Schulden dann in der Folge auf den Bankkonten der ehemaligen Partner, die nun zu Kontrahenten geworden sind. Die Tatsache, daß der andere nun unverkennbar Schuld auf sich geladen hat, ist für einen depressiven Menschen zwar bitter, aber innerseelisch entlastend, weil hierdurch die eigenen Schuldgefühle erträglicher werden.

Scheidungsanwälte leben von diesem Phänomen. Sie sind auch «meist in das Spannungsgeschehen ihrer Mandanten verstrickt und agieren für diese hart und unerbittlich. Der Streit droht, sich uferlos auszuweiten» (81).

Verständlich wird eine solche Dynamik erst, wenn die zugrundeliegenden psychischen und interpersonellen Konflikte deutlich werden und in die Auseinandersetzung einbezogen werden können. Ist eine Trennung unumgänglich, kann es hier nützlich sein, als Paartherapeut einige Sitzungen einer «Scheidungstherapie» mit einem Paar zu vereinbaren. Die Paare, die sich hierzu entschließen können, sind meist bereits eine positive Auslese, weil bei ihnen das unbewußte Bedürfnis, sich selbst von Schuldgefühlen zu entlasten, nicht so dominant ist. Dadurch lassen sie dem Bedürfnis, fair auseinanderzukommen und den Partner und die Kinder nicht unnötig zu schädigen, noch ausreichend Raum. Näheres hierzu findet sich in dem Kapitel über Trennung und Scheidung.

12. KAPITEL

Der Beruf und berufliche Veränderungen als Krisenauslöser

In vielen Lebensbereichen geht es bei Krisen in Paarbeziehungen darum, daß das Verhältnis von Individuellem und Gemeinsamem in der Beziehung von einem oder von beiden Partnern nicht mehr als zufriedenstellend empfunden wird. Die beiden Extrempositionen sehen so aus, daß zwei Partner jeweils zahlreiche individuelle Interessen haben, die in keinem Bereich von dem anderen geteilt werden; dann gibt es gar keine Gemeinsamkeiten. Oder die Partner teilen alle Interessen miteinander; dann gibt es überhaupt nichts Eigenständiges mehr.

Meistens jedoch bewegt sich ein Paar in dem Bereich dazwischen: Manche Dinge sind gemeinsam und werden miteinander geteilt, manche gehören in einen Bereich, in dem nur einer der beiden Partner sich auskennt und sich bewegt und der den anderen nicht oder weniger interessiert. Diese Bereiche sind nicht ein für allemal festgeschrieben, es handelt sich hier vielmehr um dynamische Prozesse, die im Laufe des Lebens vielfältigen Veränderungen unterliegen. Von manchen Veränderungen profitieren beide Partner, von anderen nur einer der beiden, und manche Veränderungen sind für einen Partner angenehm und für den anderen unangenehm. In solchen Fällen kommt es in lebendigen Partnerschaften zu Auseinandersetzungen, manchmal auch zu Krisen, die Reviere müssen neu gesteckt werden.

Das alles gilt auch für den beruflichen Bereich.

Im traditionellen Familienmodell ergreift die Frau zu Beginn der Beziehung den Beruf der Hausfrau mit seinen vielfältigen Aufgaben, zu denen auch die Versorgung und Erziehung der Kinder gehört, während der Mann einem anderen Beruf nachgeht, mit dem er die Familie finanziell versorgt. Junge Paare halten dieses Modell immer seltener für attraktiv, jedenfalls was die lebenslange Festschreibung dieser Rollenverteilung anbetrifft.

Bei älteren Paaren, die noch nach diesem Familienmodell leben, löst meist der Zeitpunkt der Pensionierung des Mannes oder der Zeitpunkt, zu dem die Kinder das Haus verlassen und das Paar wieder auf sich selbst gestellt ist, eine Krise aus. In beiden Fällen fällt bei einem der beiden Partner eine Beschäftigung weg, die zuvor wesentlich den Lebenssinn mitbestimmt hat. Dies macht Umstrukturierungsprozesse notwendig, in denen beide Partner sich neu orientieren müssen.

Entweder wissen solche Männer nicht, wozu sie nun noch gut sein sollen, so daß sie in Depressionen verfallen oder psychosomatisch krank werden, wodurch die Beziehung belastet wird. Oder sie dringen ganz selbstverständlich in den Bereich ihrer Frau ein und beginnen dort zu stören, glauben, alles besser machen zu können als die Frau, oder nehmen ihr einen Teil ihrer früheren Aufgaben weg, um ihr zu «helfen». Dadurch kommt die Frau in die Situation, daß sie nicht mehr weiß, wozu sie nun noch gut sein soll.

Wenn es sich darum handelt, daß die Kinder aus dem Haus gegangen sind, geht es meist der Frau schlecht. Ist der Mann noch berufstätig, führt das oft zu depressiven Reaktionen bei der Frau. Ihre Möglichkeit, sich in den beruflichen Bereich des Mannes einzumischen, ist beschränkt. Ist der Mann bereits pensioniert, kommt es auch bei den Frauen dazu, daß sie die Männer nun wie Kinder behandeln und ihnen so viel abnehmen, daß diese sich überflüssig vorkommen. Manche Männer reagieren aggressiv auf die Versuche ihrer Partnerin, sie zu infantilisieren, und es kommt zu erbitterten Streitigkeiten.

Die Weisheit, sich bereits in der beruflich aktiven Lebensphase Tätigkeiten und Interessengebiete anzueignen sowie einen privaten Freundeskreis zu pflegen, die auch im Alter und nach der eigenen Pensionierung oder der des Partners noch tragfähig sind, ist nämlich nicht jedem gegeben. Vor allem sind es Menschen, in deren Werteskala der Beruf, Geltung, Macht und Geld ganz obenan stehen, die eine große Angst vor dem Alter haben und die die Tatsache, daß dennoch auch sie älter werden, über lange Zeit verleugnen. Sie kommen dann nicht auf die Idee, daß andere Lebensbereiche auch entwickelt werden müssen. Ein privater Freundeskreis muß gepflegt werden, was Phantasie, Aktivität und einiges Engagement erfordert, wenn man nicht vereinsamen will, nachdem einem die Routine an der Arbeitsstelle nicht mehr zu täglichen zwischenmenschlichen Kontakten in Form von beruflichen «Terminen» verhilft oder nachdem die Betreuung und Erziehung der Kinder nicht mehr das Bedürfnis nach Kontakt zu anderen Menschen abdeckt, wenn die Kinder erst das Haus verlassen haben.

Dies gilt alles auch, wahrscheinlich in noch ausgeprägterem Maße, für moderne Familien, in denen beide Partner sich nicht ein Leben lang ausschließlich mit dem Beruf der Hausfrau oder des Hausmannes zufrieden geben wollen. Sie wählen eine andere Berufstätigkeit, die sie allenfalls ein paar Jahre lang einschränken oder aufgeben, in denen sie sich mehr um die Kinderbetreuung kümmern.

Erstaunlich wenige Paare kommen übrigens auf die Idee, daß so etwas am leichtesten geht, wenn man den Beruf der Hausfrau dann an jemand anderen delegiert, den man anstellen und dafür bezahlen muß. Das Geld hierfür ist ja häufig vorhanden, wenn beide berufstätig sind, außer in manchen Fällen von besonders schlecht bezahlten Berufen. Die moderne Vorstellung ist jedoch häufiger die, daß die Berufstätigkeit beider Partner zu einer Verbesserung des Lebensstandards beitragen soll, was natürlich nicht mehr gewährleistet ist, wenn das Geld, das einer von beiden verdient, für eine Ganztagskraft ausgegeben wird, die den Haushalt führt.

Die Kinderbetreuung dagegen wird offensichtlich im Wert höher geschätzt als die Haushaltsführung im engeren Sinne. Hierfür investieren einige Paare das Geld für eine Kinderfrau, manchmal auch einen Kindermann, nicht selten auch eine «Oma», meist alleinstehende ältere Damen, die gerne mit Kindern zu tun haben und sich auf diese Weise gleichzeitig etwas hinzuverdienen.

Von solchen modernen Paaren wird oft eine unangenehme Erkenntnis verleugnet: nämlich daß der Beruf der Hausfrau oder des Hausmannes ein anspruchsvoller Ganztagsberuf ist. Daher führt die moderne Lösung von zwei ganztags außer Haus berufstätigen Partnern notgedrungen dazu, daß ein weiterer, dritter Ganztagsberuf, nämlich der der Hausfrau beziehungsweise des Hausmannes, dann noch nach Feierabend zusätzlich ausgeübt werden muß. Meist sind es Erfahrungen mit unzufriedenen Müttern in den eigenen Herkunftsfamilien, die zu dem Eindruck geführt haben, daß die Haushaltsführung kein wirklicher Beruf sei. Deshalb geben auch viele Frauen, die als Hausfrauen arbeiten, bei der Frage nach ihrem Beruf zur Antwort: «Keinen.»

Wenn es kein Beruf ist, was die Hausfrau oder der Hausmann macht, dann ist das, was sie hierbei tun, natürlich auch keine Arbeit. Es ist vielmehr etwas, was man, sozusagen mit links, nebenbei erledigen kann, vielleicht eine Art der Freizeitgestaltung oder etwas Ähnliches. Und deshalb halten es viele junge Paare, bei denen sich dieser Eindruck festgesetzt hat, auch nicht für notwendig, sich zusammenzusetzen und darüber zu verhandeln, wie und in welcher Aufteilung der dritte Beruf eigentlich in ihrem modernen Familienarrangement ausgeübt werden soll. Deshalb kommt es auch so selten zu der Idee, daß hierfür vernünftigerweise eigentlich eine Ganztagskraft angestellt und bezahlt werden müßte. Wer sich dafür entscheidet, lieber in einem anderen Beruf als dem im Haushalt arbeiten zu wollen, könnte das hierbei verdiente Geld für jemanden ausgeben, der einem den ungeliebten Beruf der Hausfrau oder des Hausmannes abnimmt. Das erscheint vielen auch deshalb abwegig, weil die Hausfrauen früherer Generationen scheinbar ja auch kein Geld verdient haben. In manchen besonders unfairen Arrangements war es auch wirklich so, daß der Mann alleine über das Bankkonto verfügte und die Frau um jede Mark, die sie für den Haushalt brauchte, bitten mußte.

Wird dieses Problem von jungen Paaren nicht bewußt reflektiert und miteinander besprochen, so führt das häufig dazu, daß beide Partner ganz selbstverständlich den Anspruch an den anderen haben, daß er von dieser Arbeit, die keine wirkliche Arbeit ist, gefälligst mehr übernehmen soll, als er in Wirklichkeit tut. Da es sich ja nicht um Arbeit handelt, wird dies auch nicht einmal als Zumutung empfunden. Es kommt dann zu einem unzufriedenen und unreflektierten

Hinundhergezerre um die Übernahme von häuslichen Pflichten, bei dem jeder dem anderen auch die Anerkennung für das Übernommene vorenthält, eben weil die Haushaltsarbeit so wenig gewürdigt wird.

Kommt es hierdurch zu einer Krise, so wird den Partnern möglicherweise bewußt, daß sie es mit dem Problem der Verteilung von drei Ganztagstätigkeiten auf zwei Personen zu tun haben. Diese Erkenntnis reicht meistens aus, um das Paar auf kreative neue Lösungen zu bringen, die zu ihm, dem Familienarrangement und den finanziellen Möglichkeiten passen. Die meist unbewußte Abwertung der Haushaltstätigkeit zum Nicht-Beruf läßt diese eigentlich naheliegende und einfache Erkenntnis aber oft nicht zu. Hinzu kommt, daß die Entwertung der Haushaltstätigkeit in der Gesellschaft weit verbreitet ist, so daß nur selten jemand aus dem Freundes- oder Bekanntenkreis hier korrigierend einwirkt.

Aber auch die Rechtsprechung hat sich noch nicht zu einer den Realitäten angemessenen Würdigung dieses Problems durchringen können. Norgard Kohlhagen (39) beschreibt am tragischen Beispiel einer Mutter, die von einem Autofahrer angefahren und schwer verletzt wurde, so daß ihr der rechte Arm abgenommen werden mußte, wie viel die Tätigkeit einer Hausfrau in den Augen der Jurisprudenz wert ist. Im Rechtsstreit gegen die Versicherung des Autofahrers kam es zu folgenden Überlegungen: Der Begründung der Richter zufolge ist eine monatliche Arbeitszeit von 178 Stunden «üblich». Einen Urlaubsanspruch für Hausfrauen hielten sie aber für «jenseits der Lebenswirklichkeit». Auch die Möglichkeit, daß eine Hausfrau jemals wegen einer Erkrankung ihren Pflichten nicht nachkommen könnte, sahen die Richter als abwegig an. So ergab sich bei einem «maßgeblichen Einkommen» von DM 1068 pro Monat der bemerkenswerte Stundenarbeitslohn von sechs Mark pro Stunde.

«Der Hanauer Rechtsanwalt Alfred Fleischmann kommentierte: ‹Im Durchschnitt ist eine Hausfrau vor den Gerichten 30 Prozent weniger wert als jeder beliebige Arbeitnehmer. Bei einem unverschuldeten Unfall wäre ich lieber ein Auto als eine Hausfrau.›» (39)

Manche Paare kommen bei Konflikten um die Haushaltsführung, vor allem, wenn Trennung droht, auf die Idee, paartherapeutische Hilfe in Anspruch zu nehmen. Hier genügen manchmal einige wenige Sitzungen, um die verleugnete Realität bewußt zu machen und dadurch kreative Lösungsmöglichkeiten anzustoßen.

Andere kommen nicht oder noch nicht auf diese Idee. In diesen Fällen setzt sich dann meist die langlebige traditionelle Geschlechterrollenverteilung durch. Das Paar wählt die etwas absonderliche Lösung, daß der Ehemann einen Ganztagsberuf hat, nämlich den außer Haus, und die Ehefrau zwei Ganztagsberufe: den außer Haus und den der Hausfrau. Dieses Arrangement ist zwar nicht fair, wird aber dennoch erstaunlich häufig gewählt und dann meist von beiden Partnern mit verschiedensten Rationalisierungen gerechtfertigt.

Zufriedene Partnerbeziehungen können auf diese Weise meist nicht entstehen. Der Grund für die Unzufriedenheit ist aber dem kritischen Bewußtsein nicht oder nur ausschnittsweise zugänglich. Kommt es hier zu einem späteren Zeitpunkt zu einer Paartherapie, so ist die Lösung des Problems oft schon deutlich schwieriger, weil sich schon soviel Wut angehäuft hat: bei der Frau, weil sie das diffuse Gefühl hat, ausgenutzt zu werden, und bei dem Mann, weil seine Frau chronisch unzufrieden ist, ohne deutlich sagen zu können, warum eigentlich. In der Mehrzahl der Fälle kommen solche Paare aber auch nicht zum Paartherapeuten, sondern die Frau wird krank, psychisch oder psychosomatisch, und geht dann zu einem organmedizinischen Arzt, der sie mit seinen Mitteln behandelt oder zur Kur schickt. Eine rechtzeitige Psychotherapie wäre zwar erfolgversprechender und auch billiger. Aber von dieser Erkenntnis sind wir in unserem Gesundheitswesen noch weit entfernt. Im Durchschnitt dauert es in unserem Land nach einem umfangreichen, wenn auch folgenarmen Forschungsgutachten des Gesundheitsministeriums (61) sieben Jahre, bevor eine psychische oder psychosomatische Erkrankung richtig diagnostiziert und einer sachgerechten Behandlung zugeführt wird. Und Paar- und Familienpsychotherapie sind überhaupt noch keine Kassenleistungen, obwohl psychische Erkrankungen fast immer mit Störungen in zwischenmenschlichen Beziehungen einhergehen und sich manchmal, wenn auch nicht immer, in diesen Beziehungen auch am erfolgreichsten bearbeiten lassen.

Nach diesem kurzen, zornigen Ausflug in die Gesundheitspolitik komme ich zurück zur Berufstätigkeit. Die sogenannten dyadischen Fixierungen, die uns schon im Kapitel über die Schwangerschaft und Geburt begegnet sind, können sich nämlich auch in diesem Bereich auswirken. Dyadisch fixierte Menschen können ihren Partner nicht mit anderen teilen: nicht mit anderen Menschen, oft aber auch nicht mit deren Beruf. Der Beruf des anderen wird als Rivale erlebt. Derjenige, der sich durch die Berufstätigkeit seines Partners bedroht und betrogen fühlt, findet, daß der andere viel zuviel Zeit in seinen Beruf oder in seine Berufsausbildung investiert. Es kommt dann dazu, daß er dauernd in den beruflichen Lebensbereich des Partners hineinwirkt und diesen Bereich stört. Und hierdurch kann sich der andere seinerseits wieder bedroht fühlen. Er merkt, daß, wenn er den Erwartungen und Ansprüchen des Partners nachgibt, dies zur Folge haben wird, daß er seinem Beruf nicht mehr gut nachkommen kann. Er kann dann nicht mehr gut arbeiten, und schlechte Arbeit ist wenig erfolgreich und macht außerdem weniger Spaß. Die daraus entstehenden krisenhaften Auseinandersetzungen können ähnlich brisant verlaufen wie Auseinandersetzungen um eine Dreiecksbeziehung, und es können ähnliche Alternativentscheidungen eingeklagt werden: «Entweder wählst du deinen Beruf, oder du wählst mich.»

Liegt einer solchen Auseinandersetzung eine dyadische Fixierung zugrunde, so ist das etwas völlig anderes, als wenn sich ein Partner im Übermaß oder nahezu ausschließlich seiner Berufstätigkeit zuwendet, weil er es zu Hause und in der Partnerbeziehung nicht mehr attraktiv und interessant genug findet. Manche Menschen wählen in solchen Situationen die Lösung, sich sozusagen am Schreibtisch festzuhalten und so gut wie gar nicht mehr nach Hause zu kommen. Hier liegt ein anderes Phänomen vor als bei der dyadischen Fixierung. Der Beruf ist wirklich zum Rivalen geworden, dem sich ein frustrierter Partner zugewandt hat, oft deshalb, weil ihm dies sicherer und einfacher erscheint, als sich einem dritten Menschen erneut zuzuwenden und vielleicht auszuprobieren, ob eine andere Partnerbeziehung glücklicher verlaufen kann als die gegenwärtige. Menschen, die eine solche Lösung wählen, kommen häufig in engen zwischenmenschlichen Beziehungen nicht so gut zurecht. Genau hierin liegt dann meist auch ihr Anteil am Zustandekommen der nicht mehr zufriedenstellenden Partnerbeziehung.

Besonders schwer zu ertragen sind oft partnerschaftliche Krisen, die durch berufliche Veränderungen auf einem bestimmten Hintergrund der Partnerwahl und Partnerbeziehung ausgelöst werden. Manche Menschen wählen nämlich einen Partner, der ihnen in einem wichtigen Lebensbereich unterlegen ist, weil sie sich ihrer selbst nicht sicher sind und ihren eigenen Wert nicht schätzen. Sie benötigen dann einen Bereich, in dem sie dem anderen deutlich etwas voraushaben, um sich selbst sicherer zu fühlen.

Haben solche Menschen nun beruflich Erfolg, so geht das eigene Minderwertigkeitsgefühl oftmals deutlich zurück oder wird ganz beseitigt. Sie benötigen nun den Partner zur Stabilisierung ihres Selbstwertgefühls nicht mehr. Darüber hinaus empfinden sie ihn nun sogar aus den gleichen Gründen als mangelhaft, aus denen sie ihn zuvor gewählt haben. Dem Psychoanalytiker Karl König, mit dem ich jahrelang zusammengearbeitet habe, verdanke ich das Beispiel von dem chirurgischen Anfänger, der eine Frau geheiratet hatte, der von Geburt an eine Hand fehlte. Als er es zum Chefarzt gebracht hatte, verließ er diese Frau und heiratete eine Pianistin. Solche Entwicklungen sind meist mit schweren Kränkungen des verlassenen Partners verbunden und mit der Entwicklung von manchmal schwersten Schuldgefühlen oder Selbstbestrafungstendenzen bei demjenigen, der den anderen verläßt oder verlassen möchte.

Bei beruflichen Mißerfolgen oder wenn einer der Partner plötzlich arbeitslos wird, tun sich oft andere schwere Probleme auf, die den oben beschriebenen Schwierigkeiten bei der Pensionierung ähneln. Meist aber sind sie noch schwerer, weil Mißerfolge oder Arbeitslosigkeit «im besten Alter» das Selbstwertgefühl viel stärker beeinträchtigen als der wohlverdiente Ruhestand nach einem arbeitsreichen Leben.

In anderen Fällen ist es so, daß die Kinder von beruflich erfolgreichen Eltern, die zuwenig Zeit für sie hatten, selbst beruflich erfolgreich werden. Das hat mit der Identifikation mit diesen Eltern zu tun. Gleichzeitig wählen sie aber einen Partner, der es beruflich zu nichts gebracht hat, aber viel Zeit für sie hat. Ist der beruflich Erfolgreiche der Mann, so geht eine solche Beziehungskonstellation in unserer Gesellschaft häufiger gut: Die Partner arrangieren sich dann oft in dem Muster der traditionellen Rollenverteilung. Es kann jedoch auch eine Entwicklung eintreten, in der der Mann einen Großteil seiner Beziehungsbedürfnisse in seinen beruflichen Bereich unterbringt, so daß jemand zu Hause mit viel Zeit für ihn nicht mehr so wichtig ist. Er kann dann den Wunsch entwickeln, mit jemandem zusammenzuleben, der beruflich ähnlich erfolgreich ist wie er, mit dem er diese Erfahrungen besser teilen kann als mit der bisherigen Partnerin.

Ist die Frau die beruflich Erfolgreiche, so kommt es meist zu Schwierigkeiten, wenn das Paar sich entschließt, ein Kind zu haben, und die Frau dann gerne eine Zeitlang zu Hause bleiben möchte. In dieser Situation wird der Mann dann nicht selten als unzulänglich und mangelhaft erlebt und ein anderer Partner mit besseren Voraussetzungen zur finanziellen Versorgung der Familie herbeigewünscht. Ich kenne Fälle, in denen der bisherige berufliche Versager mit Abitur, der mit einer Ärztin verheiratet war, durch die neue Verantwortung als Familienvater nun doch noch dazu motiviert wurde, unter oft großen Mühen eine qualifizierte Ausbildung nachzuholen. In anderen Fällen, in denen so etwas nicht gelungen ist, führte diese Konstellation meist zur Trennung der Partner.

Die Hintergründe solcher Partnerwahlen und Partnerkrisen sind natürlich meist nur auf den ersten Blick so einfach, wie ich sie hier dargestellt habe. In der therapeutischen Arbeit mit solchen Paaren reicht es deshalb auch nur manchmal, in einigen wenigen Sitzungen einer Kurztherapie diese oberflächen nahen Probleme und Verwicklungen zu bearbeiten, um dem Paar dadurch kreative Lösungsmöglichkeiten wieder zu eröffnen. Manchmal liegen solchen Konflikten jedoch schwerere neurotische Probleme bei einem oder bei beiden Partnern zugrunde, die einer intensiveren therapeutischen Arbeit bedürfen, meist dann in Form einer Einzel- oder Gruppenpsychotherapie. So hingen beispielsweise die beruflichen Mißerfolge und Partnerkrisen einer meiner früheren Patientinnen mit ihrer hochproblematischen Beziehung zu einer Mutter zusammen, die sich inzwischen als homosexuell begriff und mit einer anderen Frau zusammenlebte. Sie hatte meiner Patientin wenig Anreiz geboten, sich mit ihr als Frau zu identifizieren, die eine Familiengründung wünscht. Die Kindheitsgeschichte eines meiner Patienten, der die Lösung gewählt hatte, sich am Schreibtisch festzuhalten und sich mit seinem Beruf zu verheiraten, weil er nach dem Mißerfolg seiner ersten Ehe keiner Frau mehr trauen konnte und wollte, stellte sich als eine Serie von Vernachlässigungen und grausamen Mißhandlungen heraus.

In all solchen Fällen kommt zu den bereits beschriebenen Problemen fast immer die Erwartung an den Partner hinzu, ein besserer Vater oder eine bessere Mutter sein zu sollen als sie einem in der eigenen Kindheit vergönnt waren. Leider kann ein Partner einem aber allenfalls zu einer glücklichen Partnerbeziehung verhelfen, niemals aber zu einer nachgeholten glücklichen Kindheit.

13. KAPITEL

Der Einfluß der Herkunftsfamilien auf Partnerkrisen

Die zahlreichen Witze von den bösen Schwiegermüttern weisen darauf hin, daß viele Menschen den Eindruck haben, daß die Schwiegermütter und natürlich auch die Schwiegerväter einem das Leben in der Paarbeziehung nicht immer gerade erleichtern. Die Mütter und Väter werden in solchen Witzen nicht so häufig genannt, obwohl die Schwiegereltern des einen Partners ja immer auch die Eltern des anderen sind. Die Loyalität gegenüber der eigenen Herkunftsfamilie ist jedoch im allgemeinen größer als die gegenüber der Herkunftsfamilie des Partners, und das macht es schwerer, die Aggressivität gegenüber den eigenen Eltern in Witzen auszutoben.

Diese unterschiedlich stark ausgeprägten Loyalitäten (10) erschweren auch manches andere im Leben des Paares, so daß bei vielen Partnerkonflikten der Anteil der Schwierigkeiten, der mit den beiden Partnern selbst zu tun hat, viel geringer ist als der Anteil, der mit den Herkunftsfamilien zu tun hat. Ganz trennen kann man diese Anteile aber doch nicht, weil wir immer durch unsere Herkunftsfamilien stark geprägt sind, oft stärker, als manchem lieb ist, und weil wir die eigenen Eltern in Form von Erinnerungen und Erinnerungsspuren immer mit uns herumtragen.

In manchen Scheidungsverfahren zeigt sich noch einmal mit aller Deutlichkeit, daß die Partner weitaus stärker mit ihren Herkunftsfamilien als miteinander verbunden waren. Bei der Trennung des Hausrats werden nämlich nicht selten Tischdecken, Geschirr und andere Geschenke, die dem Paar gemeinsam gemacht worden sind, mit aller Selbstverständlichkeit so aufgeteilt, daß die Frau das erhält, was ihre Familie geschenkt hat, und der Mann das, was von seiner Familie stammt, und zwar auch dann, wenn keine Gütertrennung ausgemacht war und der eine vor lauter Tischdecken nicht weiß, wohin damit, und der andere völlig leer ausgeht. Hier ist ein Gefühl von Gemeinsamkeit, gemeinsamem Besitz nicht entstanden, sonst wäre die Aufteilung nach anderen Kriterien erfolgt. Beide Partner haben offenbar den Eindruck, daß die Geschenke in Wahrheit an die Frau beziehungsweise an den Mann gerichtet waren und nicht wirklich an das Paar. Oft haben sie damit sicher auch recht.

Paul Watzlawick, der einen Sinn für makabren Humor hat, hat ein Beispiel für einen Partnerkonflikt beschrieben (80), an dem die eine Herkunftsfamilie kräftig beteiligt war, und seine therapeutische Auflösung durch einen bösen guten Rat, den er dem jungen Paar gegeben hat:

«Ein junges Paar kommt in Ehetherapie, da die Frau sich nicht länger mit der übermäßigen Abhängigkeit des Mannes von seinen Eltern abfinden kann (er ist ihr einziges Kind, 30 Jahre alt, beruflich erfolgreich und daher finanziell unabhängig). Der Mann stimmt dieser Definition des Problems vorbehaltlos bei, fügt aber hinzu, daß er keinen Ausweg aus seinem Dilemma sieht. Zeit seines Lebens haben ihm seine Eltern nicht nur alles Notwendige gegeben, sondern ihn außerdem in jeder nur denkbaren Weise verwöhnt (ein Bankkonto, teure Kleidung und Autos, eine ausgezeichnete Ausbildung, weite Reisen usw.). Wie er angibt, hat er seit langem den Punkt erreicht, an dem jedes weitere Geschenk die bereits drückende Last seiner Dankesschuld noch unerträglicher macht. Gleichzeitig weiß er aber auch, wie bitter die Eltern seine Abweisung ihrer ständigen, unerwünschten Hilfe kränken würde, denn ihrer Auffassung nach ist dauerndes Geben sowohl die rechte Haltung als auch die größte Befriedigung ‹guter› Eltern.

Die Eltern waren über die Wahl seines Ehepartners nicht sehr begeistert, doch bot ihnen die Heirat sofort zusätzliche Anlässe zu massiven Interventionen in das Leben der jungen Leute. So wählten sie das Haus und leisteten die Anzahlung, obwohl die beiden ein kleineres, bescheideneres Heim in einem anderen Stadtteil weit vorgezogen hätten. Die Eltern trafen auch alle Entscheidungen über die Innenausstattung des Hauses und sogar die Bepflanzung des Gartens. Sie beschafften das sehr kostspielige Mobiliar und ließen so dem jungen Paar praktisch keine Wahl, ihr eigenes Heim so zu gestalten, wie sie es gern getan hätten. Viermal jährlich kommen die Eltern, die in einer 2500 km entfernten Stadt leben, auf je drei Wochen zu Besuchen, die das junge Paar zu fürchten gelernt hat. Die Eltern übernehmen den Haushalt in jeder Hinsicht; die junge Frau wird aus der Küche verbannt, während die Schwiegermutter alle Mahlzeiten zubereitet und dazu Berge von Lebensmitteln einkauft; sie wäscht alles Waschbare und stellt die Möbel um, während der Vater die beiden Wagen wäscht und überholt, Laub zusammenrecht, das Gras mäht, Bäume beschneidet, pflanzt und jätet. Wenn alle vier ausgehen, zahlt der Vater unweigerlich für alle Ausgaben.

Die beiden sind mit ihrem Latein am Ende. Sie haben sich beide große, doch erfolglose Mühe gegeben, ein Minimum an Unabhängigkeit zu erkämpfen, doch auch der schüchternste Versuch, sich gegen die Vormundschaft seiner Eltern zu wehren, wird von diesen als Zeichen von Undankbarkeit empfunden und versetzt den Sohn in tiefe Schuldgefühle, seine Frau aber in hilflose Wut. Diese Versuche führen auch zu lächerlichen Szenen in der Öffentlichkeit, so etwa, wenn sowohl die Mutter als auch die Schwiegertochter eine Verkäuferin beschwören, ihr Geld und nicht das der anderen anzunehmen, oder wenn Vater und Sohn buchstäblich um die Restaurantrechnung ringen, sobald der Kellner sie zum Tisch bringt. Um das drückende Gefühl ihrer Dankesschuld wenigstens etwas zu entlasten, hat das junge Paar auch versucht, den Eltern nach ihrem Besuch ein teures Geschenk zu schicken – mit dem einzigen Erfolg, daß sie postwendend von diesen ein noch teureres erhielten. Beide fühlten sich dann verpflichtet, dieses Geschenk an gut sichtbarer Stelle im Haus aufzustellen und wurden damit um ein weiteres Memento dessen reicher, was sie nur zu gern vergessen möchten. Je mehr sie sich bemühen, ein Mindestmaß an Unabhängigkeit zu erreichen, desto mehr bemühen sich die Eltern, ihnen zu ‹helfen›, und alle vier sind so in einem typischen ‹Mehr desselben›-Dilemma, einem Spiel ohne Ende gefangen.

Die oft schwierige Aufgabe, ein konkretes Ziel festzulegen, war in diesem Falle recht leicht. Die Eltern sollten endlich aufhören, sie als Kinder zu behandeln, sie sollten ihnen das Recht geben, auch während ihrer Besuche ihre eigenen Entscheidungen zu treffen und auf ihre eigene Façon selig zu werden – und all dies möglichst ohne die Schuld auf sich laden zu müssen, die alten Leute zu kränken und zu enttäuschen...

Die Sachlage ließ keinen Zweifel darüber, daß eine erfolgreiche Intervention nur in der einzigen, den Eltern verständlichen ‹Sprache› durchgeführt werden konnte, nämlich im Rahmen der für sie alles andere überwiegenden Notwendigkeit, ‹gute› Eltern zu sein. Da einer ihrer vierteljährlichen Besuche bevorstand, wurde dem jungen Paar folgende ‹Weniger desselben›-Taktik empfohlen: Bis zum letzten Besuch hatten sie ihr Äußerstes getan, den Eltern so wenig Anlaß wie möglich zum Putzen, Ändern und Verbessern zu geben. Diesmal sollten sie mit der Reinigung des Hauses einige Tage vor dem Eintreffen der Eltern aufhören, ein Größtmaß an Schmutzwäsche ansammeln lassen, die Autos nicht mehr reinigen und ihre Benzinbehälter fast leer lassen, den Garten vernachlässigen und die Küchenvorräte möglichst völlig aufbrauchen. Irgendwelche Schäden (wie tropfende Wasserhähne, ausgebrannte Glühbirnen und dergleichen) sollten sie nicht beheben; ferner sollten sie nicht nur nicht versuchen, die Eltern am Bezahlen für Lebensmittel, Restaurantrechnungen, Theaterkarten, Benzin usw. zu hindern, sondern sollten in aller Ruhe darauf warten, daß die Eltern ihre Brieftaschen zückten und alle diese Ausgaben beglichen. Der Frau wurde besonders aufgetragen, schmutziges Geschirr in der Küche ansammeln zu lassen und zu warten, bis die Mutter wasche; der Mann sollte nach dem Heimkommen und an den Wochenenden lesen oder fernsehen, während der Vater in Garten oder Garage fleißig arbeitete. Gelegentlich sollte er den Kopf zur Tür hinausstecken und sich freundlich nach dem Fortschritt dieser Arbeit erkundigen. Vor allem wurde es ihnen untersagt, irgendeinen Wunsch zu unternehmen, die Eltern davon überzeugen zu wollen, daß sie (das junge Paar) ein Recht auf ihre Unabhängigkeit hatten. Sie hatten alles, was die Eltern für sie taten, als Selbstverständlichkeit anzunehmen und ihnen dafür nur sehr flüchtig zu danken.

Vermutlich wäre es kaum möglich gewesen, das junge Paar für diesen Plan zu gewinnen, wenn ihre Rat- und Hoffnungslosigkeit nicht den Ausschlag gegeben hätte. Denn rein von der Vernunft her gesehen, schienen die Verhaltensverschreibungen sie noch tiefer in die Abhängigkeit zu zwingen, aus der sie entkommen wollten. So führten sie denn wenigstens einen Teil der Instruktionen aus, und als sie zwei Wochen später zur nächsten Sitzung kamen, berichteten sie, daß die Eltern ihren Besuch abgebrochen hätten. Vor der Abreise hatte der Vater seinen Sohn zur Seite genommen und es ihm freundlich, aber unmißverständlich klargemacht, daß er und seine Frau viel zu verwöhnt wären, sich anscheinend vollkommen daran gewöhnt hätten, von den Eltern bedient und versorgt zu werden und daß es nun höchste Zeit sei, sich als Erwachsene zu benehmen und weniger von ihnen abzuhängen.» (80)

Solche «systemischen» therapeutischen Vorgehensweisen haben etwas Faszinierendes an sich, aber sie sind auch sehr manipulativ. Nebenbei bemerkt, haben sie den Nachteil, daß sie dann nicht mehr wirken, wenn, wie die italienische Systemtherapeutin Mara Selvini-Palazzoli (72) einmal auf einem Familientherapiekongreß bekannt hat, ihre Patienten all ihre Bücher gelesen haben, was sie mit Vorliebe tun, und dann all ihre «Tricks» bereits kennen. Dennoch hat das systemische Denken in familiären Rückkopplungskreisen auch andere Therapierichtungen, so auch die psychoanalytische, beeinflußt und deren Wahrnehmungsspektrum und Handlungsspielraum erweitert.

In psychoanalytisch orientierten Paar- und Familientherapien (7, 38, 45, 74, 82, 83) gehen wir anders vor. Hier beschäftigen wir uns mehr mit den Familienprozessen, die zwar bewußt sind, über die aber nicht gesprochen werden darf, und vor allem mit den unbewußten Hintergründen der individuellen, partnerschaftlichen und familiären Probleme. So war es auch in einer Familientherapie, in der sich die Herkunftsfamilien gar nicht mehr leibhaftig einmischten in das Leben des Paares und dennoch in hohem Ausmaß wirksam waren. Bei dem Paar handelte es sich um die Eltern eines jungen Mannes, der sich zunächst als der Problemträger präsentierte. Der «Patient», der fünfundzwanzigjährige Sohn, war an schweren Depressionen und Selbstwertkrisen, Kopfschmerzen und Magengeschwüren erkrankt und deswegen bereits einmal stationär psychotherapeutisch behandelt worden.

Er befand sich in vielen Lebensbereichen in einem Spannungsfeld zwischen erwachsenen Wünschen nach Eigenständigkeit, Kreativität und Leistung auf der einen Seite und regressiven Abhängigkeitsbedürfnissen mit Wünschen nach Umsorgtwerden, Sich-fallen-lassen-Können auf der anderen Seite. Er hatte das Gymnasium in der Oberstufe trotz guter Leistungen abgebrochen, hatte mehrere Berufsausbildungen angefangen und abgebrochen, hatte eine Reihe von Beziehungen zu Frauen begonnen, war nach einiger Zeit mit diesen Frauen zusammengezogen, brach jedoch auch diese Beziehungen nach kurzer Zeit wieder ab und zog ins Elternhaus zurück.

Sein Aufenthalt in der psychotherapeutischen Klinik nahm den gleichen Verlauf. Der junge Mann wurde aktiver und initiativfreudiger. Er begann eine Beziehung zu einer Frau und zog nach der Entlassung mit ihr zusammen. Anfangs vorhandene psychosomatische

Symptome wie Kopfschmerzen und Magenschleimhautentzündungen waren abgeklungen. Drei Monate nach der Entlassung jedoch zog er wieder in sein Elternhaus zurück. Die Eltern gingen sehr fürsorglich mit ihm um, sorgten dafür, daß der Kühlschrank auf seiner Etage immer voll war, und sie hatten, wie der Patient selbst in einem Gespräch mit mir zufrieden mitteilte, viel mehr Verständnis für seine psychischen Probleme als vor seinem Aufenthalt in der Klinik. Er hatte seine Freundin inzwischen wieder verlassen, seine Arbeitsstelle aufgegeben und erneut die früheren körperlichen Symptome entwikkelt. Er kam jetzt zur psychotherapeutischen Behandlung mit der Absicht, hier wieder tüchtig aufzutanken, um es dann im Leben außerhalb der Therapie wieder zu schaffen.

Familientherapie statt Einzeltherapie des Patienten ist häufig in den Fällen angebracht, in denen ein manifestes enges Abhängigkeitsverhältnis zwischen dem Symptomträger und der Herkunftsfamilie besteht. Dies ist in vielen Fällen in der Kinder- und Jugendlichenpsychotherapie der Fall, aber auch bei einigen erwachsenen Patienten, die noch in ihrem Elternhaus wohnen. In solchen Fällen kommt es am häufigsten dazu, daß entweder die Familie durch den durch die Psychotherapie veränderten Patienten überfordert ist oder daß der Patient durch die unveränderte Familie überfordert ist. Beides macht familientherapeutische Interventionen notwendig.

So war es auch im hier beschriebenen Falle. Ich bestellte deshalb die Herkunftsfamilie, den Vater, die Mutter und die Schwester des Patienten, zu einem Gespräch zusammen mit dem jungen Mann und mir in die Praxis ein.

Nachdem ich mich bei der Familie bedankt hatte, daß sie ein solches gemeinsames Gespräch möglich gemacht hatte, fragte ich die Eltern, was sie zu der erneuten psychotherapeutischen Behandlung ihres Sohnes sagen würden. Daraufhin ergab sich folgendes Gespräch:

MUTTER (sehr erregt): Ich habe ja immer bezweifelt, daß eine eigene Wohnung für ihn gut ist, wie manche Ärzte meinen. Einer hat mal vorgeschlagen: Er sollte allein, also selbständig sein und sein Reich ganz für sich haben. Wir haben nur eine Etagenwohnung. Sie ist zwar sehr geräumig, aber er ist mit auf der Etage. Und stellen Sie sich vor, sein Hausarzt meint doch tatsächlich, er solle ein eigenes Zimmer irgendwo außerhalb unseres Hauses haben! Wir haben da eine bessere Lösung gefunden: Wir geben ihm ein Zimmer im Haus, meinetwegen ein Speicherzimmer, so daß er mit uns also nichts zu tun hat, also zumindest nicht auf der gleichen Etage lebt. Ich finde es unheimlich wichtig, daß ich das erwähne. Wenn er bei uns auf der Etage lebt, dann kann er nämlich in die Küche gehen. Der Kühlschrank ist voll, und er ißt einfach. Also er ist dann nicht abhängig von uns, aber er braucht sich nicht anzustrengen, um leben zu können. Hat er aber jetzt über uns oder meinetwegen auch bei unserer Tochter im Haus eine Wohnung, sagen wir mal ein Zimmer, nicht im Familienbereich, sondern außerhalb des Familienbezirks, aber doch im eigenen Haus, dann ist er nicht allein. Er kann nämlich nicht alleine wohnen. Und es ist auch gut, daß das ins Gespräch kommt. Er hat jetzt eine eigene Wohnung genommen. Das ist schon seine dritte eigene Wohnung! Und lebt er dort länger als einen Monat, höchstens zwei Monate, dann ist er allein, ganz allein. Auch wenn er arbeitet. Um 5 Uhr hat er bestimmt Schluß. Ja, und dann ist er allein. Zwei, drei Tage kommen vielleicht noch Bekannte und sagen: «Ja, du hast eine Wohnung, ist ja interessant, mal zu gucken.» Ja und dann sitzt er allein. Dann sitzt er ganz allein! Und auch zuletzt, als es ihm wieder so schlecht ging, da sagte mein Mann: «Wir haben schon so lange nichts mehr gehört.» Sonst rief er nämlich immer an. Da kam er bei uns oder seiner Schwester vorbei. «Hol ihn zum Mittagessen», sagte mein Mann. Da bin ich am Samstagmorgen runtergefahren. «Ach, das ist ja gut, daß du mich holst», hat er gesagt. Da saß er ganz traurig, ganz einsam, also da muß man ja krank werden, nicht? Und dann sagte ich: «Also soll ich dich heute abend wieder runterfahren nach X-Dorf?» Das sind 9 km von unserer Wohnung. «Oder willst du etwa mit dem Bus fahren?» – «Ach nein, ich möchte lieber hier bleiben», sagte er. «Kann ich hier bleiben?» Ist ja logisch, er kann ja hier bleiben, es ist ja sein Reich, nicht wahr? Er ist ja nicht verheiratet, also ist es sein Zimmer und alles. Und ich wollte nur damit sagen, also, allein zu wohnen, ganz allein, weder bei seiner Schwester noch bei uns meinetwegen, halte ich nicht für richtig. Und er meinte auch, allein zu wohnen, schafft er gar nicht. Wer schafft das schon?

THERAPEUT: Na, ich zum Beispiel.

MUTTER (ungläubig): Ja? Na, ich habe mit meiner ganzen Familie gesprochen, Großmutter, Tante, Onkel, alle sagen: Der Rudolf kann gar nicht alleine wohnen. Hätte er jetzt eine Freundin, die regelmäßig käme, oder einen Menschen, der immer für ihn da ist, dann ist das ja schön, wenn man eine Wohnung hat. Dann weiß ich ja, daß der andere kommt. Ich weiß auf jeden Fall: der kommt. Und vor allen Dingen kommt der samstags und sonntags, dann bin ich mit ihm zusammen. Aber das ist ja nicht so bei ihm! Also, der Rudolf ist kein Mensch, der alleine sein kann. Ich könnte das auch nicht. Kein Mensch. Also, alle die ich kenne, können das nicht. Ich habe mit seiner Tante gesprochen und so weiter: Die können das alle nicht.

THERAPEUT: Das ist also eine Familie, in der keiner alleine sein kann.

MUTTER: Ja, genau. Also, ich könnte das auf gar keinen Fall.

Wir haben es hier also mit einer Familie zu tun, in der keiner allein sein kann. Besonders wird deutlich, daß die Mutter Angst davor hat, allein zu sein, weil man das Leben allein nicht schaffen kann. Trennungen wirken bedrohlich und ängstigend. Der Patient wird durch Verwöhnung von der Mutter an die Familie gebunden, indem sie dafür sorgt, daß auf seiner Etage der Kühlschrank immer voll ist und daß er sich nicht anzustrengen braucht. Dieser Bindungsmodus wird von Familientherapeuten als Es-Bindung bezeichnet. Weiterhin besteht eine moralische Bindung an die Herkunftsfamilie, eine Über-Ich-Bindung, indem die Eltern signalisieren, daß ihr psychisches Überleben nur mit Hilfe der Kinder möglich ist.

Es wurde relativ bald deutlich, daß die Schwierigkeiten der Kinder immer in Situationen aufgetreten waren, in denen sich der Konflikt zwischen den Eltern derartig zugespitzt hatte, daß sie an Trennung dachten. Der Inhalt des Konfliktes zwischen den Eltern war zunächst noch unklar. Hierzu sagte Rudolf:

RUDOLF: Mir ist letztens aufgefallen, als wir noch einmal über die Entwicklung von uns Geschwistern gesprochen haben, daß wir eigentlich sehr vieles ähnlich gemacht haben, was eigentlich kaum noch Zufall sein kann: Sachen abgebrochen, abgehauen, ich in Psychotherapie, du in Richtung Süden, immer wieder abgebrochen, abgebrochen. Wir haben immer wieder Krisen herbeigeführt. Und schon war die Familie da für uns. Und im gewissen Sinne sind Krisen gut für die Familie, weil man dann zusammen spricht.

VATER: Irgendwie war der Rudolf immer der Leidtragende. Ich sehe schon bei uns Eltern einige Probleme, das ist gar keine Frage. Er ist der Leidtragende, derjenige, welcher die ganze Geschichte ausbaden muß.

MUTTER: Mhm. Das würde ich auch sagen.

THERAPEUT: Ja, dann müßte man ihm ja helfen.

An dieser Stelle schlage ich der Familie vor, daß sie vielleicht den Patienten dadurch am besten entlasten könnte, daß sie anfängt, die Probleme der Familie zu lösen. Ich frage den Vater dann ziemlich direkt, was es denn für Probleme mit seiner Frau gibt.

VATER: Wie soll ich das jetzt so formulieren? Äh, Sie wissen ja selbst, wenn man noch ein junger Mensch ist, dann hat man allerhand Pläne, bestimmte Sachen. Na ja, in meinem Fall, ich hatte tatsächlich auch früher solche Pläne. Ach, was wollte ich nicht auch alles! Ich wollte mal ins Ausland gehen. Das ist dann alles an meiner Frau gescheitert. Sie ist halt vom Dorf. (Er wendet sich seiner Frau zu:) Du kannst dich überhaupt nicht irgendwie in solche Pläne einfühlen. Als wir mal ins Nachbardorf umgezogen sind, da wolltest du schon am nächsten Tag wieder zurückziehen. Du kannst dich nicht aus A-Dorf lösen.

MUTTER (sehr traurig): Mhm.

VATER: Nicht? Denn wir sind ja immer wieder dahin zurückgezogen. Ja und ich? Du weißt ja selbst, wie ich damals immer ins Ausland wollte. Das wollte ich immer wieder. Na ja, jetzt bin ich mittlerweile so Mitte Fuffzig. Ich sehe ja auch beruflich, nachdem ich in mehreren Firmen in der Nähe von A-Dorf gearbeitet habe, eigentlich auch darin kein weiteres Fortkommen. Ich habe meine Position erreicht, die ich erreichen konnte.

THERAPEUT: Mhm.

VATER: Nicht wahr? Und ich habe keine höhere Schulbildung. Unseren beiden Kindern wollten wir das geben.

Hier deutete sich bereits an, daß in der Ehe der Eltern ein permanenter Konflikt bestand, in dem der Mann aktiv und unternehmend war und ins Ausland strebte, während die Frau sich bemühte, die Familie im Dorf zusammenzuhalten. Es läßt sich vermuten, daß es sich hier um eine Kollusion handelt, in der jeder Elternteil im Partner etwas bekämpfte, was er auch in sich selbst stark fürchtete. Das heißt, daß der Vater neben seiner Aktivität auch ängstliche und unsichere Seiten hatte, die ihn sehr beunruhigten, und daß die Mutter neben ihren im Vordergrund stehenden ängstlichen Zügen auch expansive Impulse hatte, die sie deshalb als bedrohlich erlebte, weil sie die Gefahr beinhalteten, daß sie selbst möglicherweise aus der Familie hätte weglaufen können, wenn sie diesen Impulsen nachgegeben hätte. Beide Partner bekämpften das, was sie in sich selbst als beunruhigend erlebten, im anderen.

Darauf bin ich an dieser Stelle des Familiengespräches jedoch zunächst nicht eingegangen, sondern ich bemühte mich darum, die familiären Hintergründe der unterschiedlichen Anschauungen von Mutter und Vater herauszuarbeiten. Dabei ergab sich folgendes:

THERAPEUT: Es muß doch einen Grund haben, daß Sie so dazwischengefunkt haben, als Ihr Mann so große Pläne hatte: ins Ausland zu gehen.

MUTTER: Ach so, ja, einen Grund, ja allerdings. Meine Mutter, also, da hieß es immer in der Familie meiner Mutter: «Bleibe im Lande, und nähre dich redlich.» Meine Eltern, na ja, die waren eben gut situiert mit einem Haus und großem Grundstück. Und deine Eltern, wie auch deine anderen Verwandten, die sind immer ins Ausland gegangen, wenn sie hier nichts verdienten. Und ich habe immer nur gehört von meiner Mutter: «Bleibe im Lande, und nähre dich redlich», weil man da auch alles schaffen kann.

THERAPEUT: Also Ihre Mutter hängt da mit drin?

MUTTER: Ach, ich weiß nicht, ich habe nur immer gedacht: «Was soll ich im Ausland, in Australien oder sonst wo?»

VATER: Deine Mutter hat zum Beispiel...

MUTTER: Jetzt kommt meine Mutter wieder dran!

VATER: ...die hat auch immer so einen Blödsinn geredet.

Wir haben jetzt erfahren, daß in der Großelterngeneration unseres Patienten zwei unterschiedliche Lebenskonzepte in den Familien entwickelt worden waren, die miteinander konkurrierten. Diese Konzepte hatten die Großeltern an ihre Kinder weitergegeben: an die Eltern unseres Patienten.

Die eine Großeltern-Familie strebte in die Ferne, möglicherweise auf dem Boden einer depressiven Ideologie: «Die Nahrung in der Heimat ist schlecht, die in der Ferne ist gut; bei anderen Leuten schmeckt es immer besser.» Dieser Lebensstil wurde ideologisch überhöht nach dem Motto: «Die Tüchtigen wenden sich fremden Ländern zu.»

Die andere Großeltern-Familie zog es vor, zu Hause zu bleiben, und war eher beunruhigt durch den Gedanken an Unsicherheit, Ungewißheit und, wie es später im Familiengespräch hieß, «unstetes Herumzigeunern». Auch der Lebensstil dieser Familie wurde ideologisch überhöht: «Bleibe im Lande, und nähre dich redlich.» Mit anderen Worten: Wer ins Ausland geht, ist unredlich, unsolide, auf jeden Fall angstmachend.

Nun heiratete ein Sohn aus der «Ausländer-Familie» eine Tochter aus der «Inländer-Familie», beide loyal mit ihren Herkunftsfamilien verbunden. Der Konflikt zwischen zwei Familien, nämlich den beiden Großeltern-Familien, wurde zum Konflikt zwischen zwei Personen in einer Familie, nämlich zwischen Vater und Mutter.

Dieser innerfamiliäre, interpersonelle Konflikt zwischen den Eltern drohte immer wieder die Familie auseinanderzusprengen. Und die Trennung der Eltern wird von Kindern meist als bedrohlich empfunden, so daß sie sich darum bemühen, sie zu verhindern.

Die Kinder, also unser Patient und seine Schwester, haben nun jedoch beide Wertesysteme, nämlich das des Vaters und seiner Herkunftsfamilie und das der Mutter und ihrer Herkunftsfamilie, verinnerlicht, und diese Lebensphilosophien stehen intrapsychisch in Konflikt miteinander.

Symptomträger wurde zunächst das jüngste Kind: der Sohn, der länger im Hause blieb, nachdem seine Schwester zunächst die Lösung von den Eltern geschafft und eine eigene Familie gegründet hatte.

Der innerseelische Konflikt äußert sich bei ihm darin, daß er Aktivitäten (sozusagen im Auftrage des Vaters) beginnt und sie dann (sozusagen im Auftrage der Mutter) wieder abbricht. Die Entwicklung dieser Verhaltensstörungen ist gleichzeitig in kompromißartiger Form eine Lösung des Loyalitätskonflikts, in dem sich die Kinder befinden: Durch dieses Verhalten erweist er sich nämlich Vater und Mutter gegenüber gleichermaßen loyal, zumal er durch sein Verhalten die Eltern von deren Konflikten ablenkt, den Zusammenhalt der

Familie fördert und schließlich die Einleitung einer Familientherapie bewirkt.

Im Laufe der Familientherapie kam es nun zu verschiedenen familiären Krisen. Nachdem der Patient sich nach einer längeren psychotherapeutischen Behandlung dauerhaft stabilisiert hatte, entwickelten sich in der Ehe seiner Schwester heftige Streitigkeiten, die diese Beziehung nahezu zum Scheitern brachten. Familiendynamisch betrachtet, hatte die Schwester die Rolle ihres inzwischen gesünderen Bruders übernommen.

Nach der Bearbeitung dieses Problems steigerte sich der Alkoholkonsum des Vaters als Ausdruck des zunehmenden Partnerkonflikts zwischen den Eltern, den die beiden aber noch nicht konstruktiv bearbeiten konnten. Erst als die Mutter selbständiger wurde und ihre Trennungsängste überwinden konnte, konnte auch der Vater angstfreier selbständig werden, und beide Eltern konnten eine Art des Zusammenlebens entwickeln, in der sie sich wohler fühlen konnten.

In einer Einzeltherapie geht es häufiger darum, Unbewußtes bewußt zu machen, in einer Familientherapie darum, bisher Verschwiegenes, aber Tabuisiertes aussprechbar zu machen, was manchmal schmerzlich ist, aber oft zu konstruktiven Umstrukturierungsprozessen in der Familie führt. Hierdurch kann bei günstigem Verlauf für die zuvor neurotisch eingeengten Partner und ihre Kinder ein gesünderes, freieres Leben möglich werden.

Anhand dieses Beispiels aus der psychotherapeutischen Praxis wird klar, wie sich ein innerseelischer, ein «intrapsychischer» Konflikt also, der zu neurotischen Symptomen führen kann, aus einem «interpersonellen» Konflikt zwischen zwei oder mehr Menschen entwikkeln kann. Die meisten intrapsychischen Konflikte waren ursprünglich interpersonelle Konflikte, zum Beispiel zwischen Mutter und Kind oder Konflikte im Dreieck zwischen Mutter, Vater und Kind. Wenn solche Konflikte in der Herkunftsfamilie gelöst werden oder wenn sie nur kurzfristig bestehen und dann von keiner weiteren Relevanz sind, so ist die Angelegenheit erledigt. Bestehen derartige Konflikte jedoch chronisch über Monate, Jahre oder die ganze Kindheit hindurch, so werden sie häufig, wie wir sagen, «internalisiert», verinnerlicht, zum Bestandteil unserer eigenen Persönlichkeit, was interpersonell den Vorteil hat, daß die zwischenmenschlichen Beziehungen in der Herkunftsfamilie entlastet werden, wenn der Konflikt erst verinnerlicht wurde und interpersonell nicht mehr zum Tragen kommt.

Interpersonelle Konflikte sind Konflikte zwischen zwei oder mehr Menschen. Sie sind ein ubiquitäres, alltägliches Phänomen. Wenn meine Frau im Urlaub nach Griechenland will und ich selbst lieber nach Finnland fahren möchte, dann haben wir einen Interessenkonflikt. Derartige Interessenkonflikte lösen Ehepaare in unterschiedlicher Weise, wie ich aus meiner klinischen Praxis weiß. Am einfachsten ist es, wenn sich immer einer durchsetzt. Dann fährt die Familie jeden Sommer nach Finnland, wenn der Mann das Sagen hat, oder jeden Sommer nach Griechenland, wenn die Frau für solche Entscheidungen zuständig ist. Andere Paare lösen das Problem so, daß in einem Jahr die Familie nach Finnland und im nächsten Jahr nach Griechenland fährt. Andere trennen sich im Urlaub, und der eine fährt nach Finnland, der andere nach Griechenland. Interessenkonflikte sind, in der Sprache der Psychoanalyse gesprochen, Konflikte auf der «Ich-Ebene».

Solche interpersonellen Konflikte gibt es nicht nur in der Familie, sondern überall: an der Arbeitsstelle, wenn ich zur selben Zeit Urlaub machen will wie mein Kollege, in der Nachbarschaft, wenn ich ein rauschendes Fest im Garten feiern möchte, die Nachbarn aber ruhebedürftig sind, im Freundeskreis, wenn ich bei einem abendlichen Treffen lieber zwanglos beisammen sitzen möchte, die Freunde aber unbedingt ihre Urlaubsdias zeigen wollen und so weiter.

Viele interpersonelle Konflikte sind jedoch keine reinen Interessenkonflikte, vielmehr gehen Wertvorstellungen und Triebbedürfnisse in sie ein: Vorstellungen davon, was gut und richtig und was böse und falsch sei, das Bedürfnis zu lieben und geliebt zu werden und Gefühle von Abneigung und Haß.

Von *intrapsychischen Konflikten* sprechen wir dann, wenn sich in einem Menschen unvereinbare Wünsche, Wertvorstellungen oder Triebbedürfnisse gegenüberstehen. Ein wesentlicher Beitrag der Psychoanalyse bei der Betrachtung dieser Phänomene besteht darin, daß sie herausgefunden hat, daß es neben den uns bewußten Wünschen, Wertvorstellungen und Strebungen auch noch unbewußte gibt, die unser Erleben und Verhalten sowohl im interpersonellen als auch im intrapsychischen Bereich beeinflussen.

So läßt sich ein neurotisches Symptom als das Ergebnis eines Kompromisses in einem intrapsychischen Konflikt betrachten, bei dem zwei Vorstellungsgruppen im entgegengesetzten Sinne wirken.

Ein intrapsychischer Konflikt kann manifest und bewußt sein, zum Beispiel zwischen einem Wunsch und einer moralischen Forderung, zwischen zwei entgegengesetzten moralischen Forderungen oder zwischen zwei unvereinbaren Wünschen, oder er kann latent und unbewußt oder zumindest teilweise unbewußt sein und dabei in abgewandelter Form in einem manifesten Konflikt zum Ausdruck kommen. Schließlich kann er sich in Symptomen, Verhaltensstörungen, Charakterstörungen äußern.

Verläßt man nun das Gebiet der klassischen psychoanalytischen Theorie des Individuums und bewegt sich im Bereich der Mehrpersonenperspektive der Familiendynamik, ergibt sich folgendes: Ein Kind, das mit seinen expansiven Bedürfnissen chronisch in Konflikt gerät mit einer überforderten Mutter, die ihre Ruhe haben will und deshalb das Kind beschimpft, wenn es laut wird, hat zunächst einen interpersonellen Konflikt mit der Mutter. Die Reaktion der Mutter, wenn das Kind seinen eigenen expansiven Wünschen nachgeht, löst im Kind die Angst aus, daß die Beziehung zur Mutter beeinträchtigt oder vielleicht sogar gefährdet wird, wenn es seinen Bedürfnissen nachgibt. Hier erfolgt schon der erste Schritt zur Verinnerlichung des ursprünglich interpersonellen Konfliktes.

Ist diese Form des Umgangs von Mutter und Kind miteinander chronisch, kommt es in einem weiteren Schritt zur Übernahme der Position der Mutter durch das Kind. Wir sprechen in der Psychoanalyse hier von einer «Identifikation» des Kindes mit der Mutter. Das Kind braucht dann, wenn dieser Schritt erst vollständig vollzogen ist, nicht mehr von der Mutter gesagt zu bekommen: «Du bist ein böses Kind», wenn es den Wunsch hat, die Welt zu erobern, was für die Umgebung manchmal anstrengend ist. Es tut dies dann schon selbst und reagiert auf eigene expansive Impulse mit der Selbstbeschuldigung: «Jetzt bin ich ein böses Kind.»

Schließlich lernt es, solche Impulse ganz zu unterdrücken, so lange, bis sie schließlich verdrängt sind und nicht mehr bewußt werden können. Statt dessen stellen sich in Situationen, in denen ein Außenstehender Expansivität oder Aggressivität erwarten würde, überangepaßte, brave Verhaltensweisen ein. Das Kind hat eine depressive Persönlichkeitsstruktur entwickelt. Der Konflikt ist intrapsychisch geworden.

In einer psychoanalytischen Behandlung kommt es zu einem rückläufigen Prozeß, in dem die intrapsychische Dynamik schrittweise in der Beziehung zwischen Patient und Therapeut wieder auftaucht, wieder erlebbar wird und damit einer therapeutischen Bearbeitung zugänglich gemacht werden kann.

14. KAPITEL

Keine Lust auf Lust: Sexualstörungen in der Partnerbeziehung *

Wie ich zu Beginn bereits erwähnte, hat die moderne westliche Entwicklung hin zur romantischen Partnerwahl dazu geführt, daß Gefühle und Erotik in den modernen Ehen stark an Bedeutung zugenommen haben. Daher führen sexuelle Schwierigkeiten zwischen den Partnern eigentlich immer zu Unzufriedenheit in der Ehe. Daraus entstehen nicht immer Krisen, vor allem nicht bei Paaren, die wenig Bereitschaft haben, Konflikte miteinander auszutragen. Manche wählen dann den Weg, eine Ehe auf sexueller Sparflamme zu leben, was meist mit der Übernahme einer resignativen Haltung einhergeht. Manche suchen das in der Ehe vermißte sexuelle Glück in Außenbeziehungen. Aber auch das kann bekanntlich zu erheblichen Komplikationen führen.

In manchen Paarbeziehungen entfaltet sich auch die volle Kraft tiefer leidenschaftlicher Gefühle von Liebe, Haß und Eifersucht, von Schuld und Scham. Hier kann es zu schweren und tragischen Auseinandersetzungen kommen, in denen die Partner bis an die Grenzen ihrer Leidensfähigkeit kommen und oft innerlich nahezu zerrissen werden zwischen Liebe und Begehren und zwischen Loyalitätsverpflichtungen gegenüber dem Partner, einem anderen geliebten Menschen und oft auch gegenüber Kindern (11, 56).

Früher war eine der häufigsten Ursachen für sexuelle Probleme,

* Einige Gedanken dieses Kapitels finden sich in einem Interview, das Inge Nordhoff vom pro familia magazin mit mir geführt hat, veröffentlicht in Heft 3/1992 dieser Zeitschrift.

sexuelles Desinteresse, Frigidität und Potenzstörungen in einer bestimmten Form der religiösen Erziehung zu finden. Ich meine damit eine triebfeindliche Erziehung, die sich sowohl im Katholizismus als auch im Protestantismus, dort vor allem in einigen pietistischen Kreisen, findet. Da das sexuelle Triebbedürfnis ein sehr starkes ist, läßt sich mit Unterdrückung von Sexualität in besonders wirksamer Weise Macht ausüben. Die Folgen solcher Erziehungspraktiken finden wir auch heute noch in zahlreichen psychotherapeutischen Behandlungen.

Zu Problemen kommt es bei einer solchen kirchlichen Erziehung allerdings nur dann, wenn Familien für solche Lehren anfällig sind. In einer Familie, in der Zärtlichkeit, Körperlichkeit und Erotik unbefangen gelebt und genossen werden können, überstehen die Kinder auch Pastoren oder Nonnen, die bei unkeuschen Gedanken mit den Feuern der Hölle drohen, was für die kindliche Seele allerdings schon starker Tobak ist. Isabel Allende beschreibt in ihrem Roman «Das Geisterhaus» (2) eine solche Szene aus dem südamerikanischen Kulturkreis, in dem die katholische Kirche noch einen deutlich größeren Einfluß hat als bei uns:

Der Priester, der den Mitgliedern seiner Gemeinde in diesem Roman mit Exkommunikation droht, wenn sie in der Fastenzeit auch nur das kleinste Stückchen Fleisch oder Fisch kosten würden, ist Pater Restrepo: «Niemand hätte gewagt, ihm nicht zu gehorchen, denn der Priester war mit einem langen Zeigefinger ausgestattet, um damit öffentlich auf die Sünder zu deuten, und besaß eine Zunge, die im Aufrütteln der Gefühle bestens trainiert war.

‹Du hast Geld aus der Kollekte gestohlen, du Dieb›, wetterte er, von der Kanzel herab auf einen Herrn deutend, der vorgab, mit einem Fussel an seinem Revers beschäftigt zu sein, um nicht aufblicken zu müssen. ‹Du, Schamlose, prostituierst dich auf den Molen›, beschuldigte er die von Arthritis verkrümmte Ester Trueba, eine Getreue der heiligen Jungfrau vom Karmel, die erstaunt die Augen aufriß, weil sie die Bedeutung dieses Wortes nicht kannte und nicht einmal wußte, wo die Molen lagen. ‹Geht in euch, Sünder, faules Aas, die ihr nicht würdig seid des Opfers, das unser Herr auf sich genommen hat. Fastet! Tut Buße!›

Wenn ihn im Eifer der Seelsorge Begeisterung hinriß, mußte sich der Priester Zwang antun, um nicht offen gegen die Anweisungen seiner Oberen zu verstoßen, die im Zuge der neuen Zeiten Büßergürtel und Geißelungen ablehnten. Er selbst war durchaus dafür, der Schwachheiten der Seele mit einer ordentlichen Tracht Prügel Herr zu werden. Er war berühmt für seine hemmungslosen Predigten. Seine Getreuen folgten ihm von Gemeinde zu Gemeinde und schwitzten, wenn er ihnen die Höllenqualen der Sünder schilderte, die ingeniösen Folterwerkzeuge, die das Fleisch zerfetzten, die ewigen Flammen, die Krallen, die sich in das Glied des Mannes einbohrten, die abscheulichen Schlangen, die in die Leibesöffnungen der Frauen krochen, und viele andere Martern, mit denen er in jeder Predigt Gottesfurcht verbreitete. Selbst den Teufel beschrieb er bis in seine intimsten Anomalien.

...Die Stille verdichtete sich, in der Kirche schien die Zeit stillzustehen, aber niemand hätte zu husten oder die Stellung zu verändern gewagt, um nicht Pater Restrepos Aufmerksamkeit auf sich zu lenken, dessen letzte Worte noch zwischen den Säulen nachzitterten.

Und in diesem Augenblick, erinnerte sich Nívea Jahre später, inmitten der Bangigkeit und der Stille, erklang mit aller Deutlichkeit die Stimme ihrer kleinen Clara.

‹Pst, Pater Restrepo! Wenn die Geschichte mit der Hölle aber nur geschwindelt ist? Dann sind wir alle angeschmiert.›» (2)

Mindestens genauso bedeutsam ist in der Gegenwart jedoch die rasche Veränderung der gesellschaftlich akzeptierten Rollenvorstellungen von männlicher und weiblicher Rolle bei der Entstehung sexueller Probleme. Genauso wie sich religiöse Wertvorstellungen, seien sie auch theologisch noch so schief, in der Sexualität auswirken können, so können es auch gesellschaftliche oder weltanschauliche Normen oder Wertvorstellungen. In einer Zeit solch rascher Veränderungen in diesem Bereich wie in der Gegenwart, muß es hier eigentlich zwangsläufig zu Irritationen kommen.

Auf die Pastorentöchter aus den pietistischen Elternhäusern bin ich im Kapitel über «Nutzen und Fluch der Erinnerungen» schon kurz eingegangen. In den achtundsechziger Jahren waren manche von ihnen und auch manche anderen jungen Erwachsenen, die aus moralisch besonders strengen Elternhäusern stammten, bekannt oder berüchtigt dafür, daß sie ihre Kinder in den Kommunen zwangen, öffentlich zu onanieren und sich gegenseitig an den Genitalien zu manipulieren. Sie hielten das für besonders frei und gesund. Für einen außenstehenden Beobachter liegt hier der Verdacht nahe, daß der Zwang die stabile Komponente ist, die hier über die Generationen weitergereicht wurde, nur das Vorzeichen war ausgetauscht: vorher Zwang zur Enthaltsamkeit, jetzt Zwang zur sexuellen Olympiade.

Inzwischen gibt es eine neue Mode, die wieder ins andere Extrem ausschlägt: «No-Sex» heißt eine Bewegung der neunziger Jahre. Wahrscheinlich ist dies eine Gegenbewegung zu der eben beschriebenen Sexual-Olympiade, in der versucht wurde, den sehr prüden, lustfeindlichen Umgang mit Sexualität in der Generation davor abzulösen.

Auch in der psychotherapeutischen Praxis höre ich von manchen Paaren in den letzten Jahren häufiger, daß sie ganz ohne Sexualität leben könnten. Am häufigsten kommt das bei Frauen vor, während die Männer, zumindest in unserem Land, oft heftig dagegen aufbegehren.

Überhaupt ist in Deutschland die Überzeugung weit verbreitet, daß Männer stärkere sexuelle Bedürfnisse haben als Frauen. Die Frauen lassen dann die Sexualität der geilen Männer entweder lustlos über sich ergehen, um ihre Ruhe zu haben, oder sie verweigern sich standhaft, um ihre Würde zu bewahren. Dieses Rollenverteilungsmuster ist bei uns bei Sexualproblemen in krisenhaften Partnerbeziehungen das häufigste.

Interessant ist nun, daß in der englischen paartherapeutischen Ambulanz der Tavistock-Klinik in London genau das Umgekehrte zu finden ist. Dort kommen die Frauen mit ihren Männern an und klagen darüber, daß diese zu wenig Sex zu bieten haben und daß die Frauen deshalb frustriert sind (38).

Solche Beobachtungen können einen auf die Idee bringen, daß es sich bei der Bedürfnisverteilung zwischen Frauen und Männern nicht in erster Linie um biologische Gegebenheiten handelt, sondern um gesellschaftliche. Wahrscheinlich hängt das Selbstbewußtsein von deutschen Männern viel stärker davon ab, ob es ihnen gelingt, eine Sexualpartnerin befriedigen zu können. Das heißt, daß die sexuelle Beziehung nicht nur für das sexuelle Triebleben, sondern auch für das

Selbstwertgefühl wichtig ist. Möglicherweise trägt in England das Erziehungssystem mit seiner hohen Wertigkeit von Gruppenaktivitäten unter Männern, zum Beispiel in Sportvereinen und später in Clubs, dazu bei, daß die englischen Männer aus solchen Aktivitäten einen großen Teil ihres Selbstbewußtseins speisen können. Entsprechend geringer wird die Bedeutung der Sexualität für die Stabilisierung des Selbstwertgefühls. Sexualität macht dann zwar immer noch Spaß, aber für den eigenen Selbstwert wird sie nicht benötigt. Bei den englischen Frauen hingegen besteht hier ein größeres Defizit. Aus dem Umgang mit anderen Frauen können sie wahrscheinlich weniger Aufbauendes für ihr Selbstwertgefühl entnehmen als die Männer. Sie sind deshalb stärker darauf angewiesen, die Erfahrung machen zu können, daß sie für ihre Männer sexuell begehrenswert sind. Für sie hat die Sexualität für das Selbstwertgefühl höhere Bedeutung.

Da wir in Partnerkonflikten (so sind wir Menschen nun einmal) eine starke Tendenz haben, die schwachen Stellen des anderen herauszufinden und dort immer wieder draufzuhauen, und da das Selbstwertgefühl für viele Menschen eine solche sensible Stelle ist, verwundert es kaum, daß demjenigen, dem Sex auch für sein Selbstbewußtsein wichtig ist, dieses Vergnügen von dem anderen oft verweigert wird, wenn es in irgendeinem Bereich in der Beziehung Ärger gegeben hat.

Hierbei kann die Empfindlichkeit der Männer so weit gehen, daß sie es als heftige Demütigung empfinden und sich abgelehnt fühlen, wenn ihre Partnerin auf einen sexuellen Kontaktwunsch nicht jederzeit eingeht. Sie verlangen dann den Sexualakt wie der Säugling die Brust. Dabei erscheinen ihnen schon das Werben um die Partnerin und Erwartungen an ihre Phantasie und ihr Engagement in der Vorphase des gemeinsamen sexuellen Spiels als Zumutung.

Annelise Heigl-Evers und Franz Heigl (26) beschreiben eine Variante des partnerschaftlichen Werbungsverhaltens, die wohl irrtümlich von manchen heutzutage für überholt gehalten wird: Sie weisen darauf hin, «daß viele Männer ein anfängliches Nein der Frau zum Liebesakt oder ein halbes Nein in seinen verschiedenen Schattierungen bis hin zum leisen Zögern fälschlicherweise als ein Nein gegenüber den männlichen Liebeswünschen deuten und nicht verstehen können, daß dieses Nein zur weiblichen Rolle im Liebesspiel gehört. Sie können sich nicht vorstellen, daß die Frau mit diesem Nein den männlichen Liebeswunsch auf seine Ernsthaftigkeit und seine Intensität hin prüfen, daß sie den Mann dadurch zu weiterer erotischer Entfaltung reizen und ihn veranlassen möchte, die Schale des Nein zu öffnen, damit das darin eingeschlossene Ja herausspringt.

Solche Männer können häufig deswegen nicht werben, ... weil sie fürchten, sich dadurch lächerlich zu machen, von der Frau offen oder insgeheim verlacht zu werden.»

Allerdings meinen auch diese beiden Autoren, daß das Nein der Frau «auch etwas anderes ausdrücken kann als die spielerische Verkleidung eines Ja des Partners zum gemeinsamen Liebesgenuß. Es gibt Frauen, für die das Nein der ausgestreckte Arm ist, an dem sie den Mann zappeln und hungern lassen, ein Mittel ihrer Macht über ihn. Ein solches Nein ist nicht Schale für ein freudiges Ja, sondern zielt auf Unterwerfung ab, die eventuell mit einem Akt gnädigen Gewährenlassens beantwortet wird.»

Sexuelle Lustlosigkeit kann ganz verschiedene Ursachen haben. (49) Am häufigsten ist es wohl so, daß eine zu große Vertrautheit miteinander das sexuelle Interesse senkt. So lange es trotz der bestehenden Beziehung beim Partner noch etwas Fremdes gibt, Aufregendes, Unbekanntes, so lange noch etwas am anderen ist, das einen neugierig machen kann, so lange hält sich in der Regel auch das sexuelle Interesse, wenn natürlich auch mit Schwankungen. Daß eine Dauerbeziehung sozusagen wie nach einem Naturgesetz in sexuelle Lustlosigkeit einmünden muß, trifft sicher nicht zu.

Als zweite Ursache für sexuelle Lustlosigkeit findet sich häufig eine starke Bindung an den gegengeschlechtlichen Elternteil. Hierauf bin ich im Kapitel über die ödipalen Fixierungen bereits ausführlicher eingegangen. Oft stellt sich erst nach längerer Therapie heraus, daß diese engen Bindungen an den Vater beziehungsweise an die Mutter die Sexualität blockieren. Hier liegt eine behandlungsbedürftige Störung vor, wie sie sich bei neurotischen Erkrankungen findet.

Die ödipalen Fixierungen gehen außerdem häufig damit einher, daß der gegengeschlechtliche Elternteil, Vater oder Mutter, an dem man, zumindest unbewußt, immer noch hängt, idealisiert wird. Besonders ausgeprägt sind solche Idealisierungen auch bei Menschen, die ihren Vater oder ihre Mutter sehr früh verloren haben, meist durch einen Unglücksfall oder eine tragische Erkrankung oder auch durch den Krieg, und bei denen der überlebende Elternteil den verstorbenen nachträglich grenzenlos idealisiert hat, was von dem halbverwaisten kleinen Kind in seiner Not gerne aufgegriffen und übernommen wurde. In solchen Fällen hatten die Kinder keine Chance, die Idealisierungen durch den alltäglichen Umgang mit Mutter oder Vater zu relativieren. Hierbei kann man ja immer merken, daß sie alles andere als ideal sind, selbst wenn sie sich als liebenswerte Mutter oder als liebenswerter Vater erweisen.

Gegenüber einem solchermaßen überhöhten, idealisierten Bild von Mutter oder Vater, mit dem sich manche Menschen auch noch im Erwachsenenalter innig verbunden fühlen, hat dann der reale Partner kaum eine Chance, anerkannt zu werden.

Überhaupt trägt eine starke Bindung an die Herkunftsfamilie dazu bei, daß das menschliche Bedürfnis nach Vertrautem, Stabilem, Bekanntem verstärkt und das entgegengesetzte Bedürfnis nach Erregendem, Fremdem, und dazu gehört auch das sexuell erregende Erlebnis mit dem Partner, gedämpft wird. Wo sich eine Pantoffel-Atmosphäre immer weiter ausbreitet, wo es zu heimelig wird, hat Sexualität immer weniger Platz.

Daß in Partnerbeziehungen, in denen es um Machtkampf geht, sexuelle Verweigerung eingesetzt wird, habe ich schon erwähnt. In vielen Fällen wird diese Verweigerung als sexuelle Lustlosigkeit deklariert. Manchen Partnern ist es bewußt, daß diese Behauptung ein Schwindel ist und daß sie lediglich auf die Befriedigung der eigenen sexuellen Bedürfnisse verzichten, um dem anderen eins auszuwischen oder um ihn in einem Machtkampf in die Knie zu zwingen. In manchen Fällen wird die sexuelle Inappetenz aber auch wirklich als Lustlosigkeit erlebt. Die eigenen sexuellen Bedürfnisse sind unbewußt geworden.

Allerdings ist es in vielen Fällen in dem Moment, in dem der abgewiesene Partner nicht mehr nur protestiert, sondern wirklich genug hat und sich eine andere Partnerin oder einen anderen Partner in einer Außenbeziehung sucht, mit der scheinbaren sexuellen Lustlosigkeit rasch vorbei. Gerade in Fällen von Machtkampf war es so ja auch nun wieder nicht gemeint. Wenn es der eigene Stolz zuläßt, setzt dann erneut ein intensives Werbungsverhalten ein, die Frau bemüht sich darum, ihren Mann zurückzuerobern, oder der Mann strengt sich an, seine Frau wieder für sich zu gewinnen. Nicht selten höre ich von Paaren, daß selbst auf dem Höhepunkt solcher Krisen gelegentliche sexuelle Begegnungen von beiden als ausgesprochen lustvoll erlebt werden.

Manche Autoren (5) vertreten die Auffassung, daß Leidenschaft das Ergebnis von Grenzüberschreitungen, vom Übertreten eines Verbots sei. Entsprechend folgern sie, daß in der modernen Gesellschaft, in der Sexualität mit weniger Verboten belegt ist, die polare Spannung zwischen den Geschlechtern verflacht und der Umgang miteinander brüderlich-schwesterlicher wird, damit sexuell aber auch reizärmer.

Ich selbst glaube nicht, daß es unbedingt der Reiz des Verbotenen sein muß, der Leidenschaft hervorruft. Ich bin eher der Meinung, daß der Reiz des Fremden für die sexuelle Attraktivität von Bedeutung ist.

Die Androgynität, die Verwischung der Unterschiede zwischen den Geschlechtern, ist wohl am ehesten bei Menschen anzutreffen, die Unterschiede schwer aushalten können. Solche Menschen tendieren dazu, die Differenz, die sie als etwas Trennendes empfinden, zu verleugnen. Damit wird der Umgang zwischen Mann und Frau uniformer und eben auch langweiliger.

Überhaupt gibt es nach meinem Eindruck eine gesellschaftliche Entwicklung der Grenzverwischung, die sich bereits in den Familien äußert. Aus dem Wunsch heraus, es anders zu machen als die vorigen Generationen, in denen es ja oft noch ein starkes Autoritätsgefälle gab, entwickeln heutige Eltern oft eine kumpelhafte Beziehung zu ihren Kindern. Sie versuchen, alles so harmonisch zu gestalten wie möglich, wozu dann auch gehören kann, daß sie die potentiellen Sexualpartner ihrer Kinder ermutigen, unter schönen und gemütlichen

Bedingungen mit unter dem elterlichen Dach zu leben. Ein solches elterliches Verhalten trägt wahrscheinlich in einem erheblichen Ausmaß dazu bei, daß eine Menge Spannungen aus der Sexualität herausgehen, daß das Bedürfnis, eine Partnerschaft mit wenig Gefälle und wenig Spannungen einzugehen, groß wird. Das Bedürfnis, immer in einem stabilen, vertrauten, reizarmen Raum zu leben, der Sicherheit verspricht und Geborgenheit, spielt dann auch in der Beziehung der nachfolgenden Generation eine große Rolle.

Dann werden Wünsche nach Zärtlichkeit, Streicheln und Kuscheln wichtig, während die Freude an aufregender sexueller Lust zurückgeht.

Die Klagen vieler Frauen, die Männer seien zu wenig zärtlich, sie seien hauptsächlich genital fixiert, für sie sei der Körper eher eine Art funktionierender Apparat, findet sich in der paartherapeutischen Praxis auch. Auf der anderen Seite ist das Zärtlichkeitsverhalten nicht streng an das biologische Geschlecht gekoppelt. Nach den Maßstäben der traditionellen Geschlechterrollenstereotype gibt es zum Beispiel sehr weibliche Männer und sehr männliche Frauen.

Dennoch ist es in der Regel tatsächlich so, daß Frauen mehr Wert legen auf Gefühle und Beziehungen, während für Männer Funktionalität vorrangiger ist.

Darüber hinaus besteht ein weit verbreiteter Informationsmangel bei Frauen und bei Männern darüber, daß die Art und der zeitliche Ablauf des Lustempfindens physiologisch mitbedingt und bei Männern und Frauen sehr unterschiedlich ist. Das führt zu vielen Mißverständnissen. Männer haben nach dem Orgasmus eine Refraktärzeit, in der sie nicht erregbar sind, was es für sie unangenehm oder sogar schmerzhaft macht, den Geschlechtsverkehr fortzusetzen, während Frauen dies nach einem Orgasmus ohne weiteres können. Eine solche Refraktärphase wie beim Mann ist bei ihnen nicht vorhanden, so daß viele Frauen auch mehrere Orgasmen hintereinander haben können, wenn das Liebesspiel nach dem ersten Orgasmus der Frau fortgesetzt wird. Frauen, die dies nicht wissen, halten einen Mann, der nach der Ejakulation den Geschlechtsverkehr nicht fortsetzen will, deshalb oft für rücksichtslos. Männer reagieren aus dem gleichen Grunde darauf häufig mit Insuffizienz- und Schuldgefühlen.

Weiterhin ist wenig bekannt, daß in funktioneller Hinsicht die Lubrikation der Frau der Erektion des Mannes entspricht. Die Lubrikation ist das Feuchtwerden der Vagina bei geschlechtlicher Erregung durch die Absonderung eines Sekrets der sogenannten Bartholinischen Drüsen, das die Gleitfähigkeit erhöht, und durch eine Flüssigkeitsabsonderung der Vagina. Fehlt diese Flüssigkeitsabsonderung bei einer Frau diesseits der Wechseljahre, ist die Frau sexuell nicht erregt. Nur wenige Frauen erwarten, daß der Mann mit ihr den Geschlechtsverkehr durchführt, wenn der Penis nicht eregiert ist. Männer erwarten aber häufig, daß eine Frau, bei der die Lubrikation noch nicht eingesetzt hat, bereits erregt ist. Schon weil der Geschlechtsverkehr dann aber schmerzhaft sein kann, wird meist ein Erregungsniveau nicht erreicht, bei dem ein Orgasmus ausgelöst werden kann. Der schmerzhafte Geschlechtsverkehr führt dann manchmal zu krampfartigen Zuständen, die dem echten Scheidenkrampf, dem Vaginismus, ähneln.

Wenn hier keine tiefergehenden Störungen zugrunde liegen, so reicht in solchen Fällen, ähnlich wie bei manchen Fällen von Erektionsstörungen, die Information über die körperlichen Vorgänge, um es den Partnern möglich zu machen, sich mehr Zeit beim sexuellen Vorspiel zu lassen und den notwendigen Erregungszustand bei der Partnerin beziehungsweise beim Partner erst einmal herbeizuführen.

Der Sexualtrieb ist etwas, was wir mitbringen. Seine Umsetzung im Umgang miteinander ist jedoch etwas, was wir erst lernen müssen, so wie andere soziale Tätigkeiten auch. Wir müssen lernen, uns aufeinander einzustellen, die unterschiedlichen Erregungskurven aufeinander abzustimmen, wenn wir sexuelles Vergnügen miteinander haben wollen.

Ein Mann kann mit einem Geschlechtsverkehr bereits zufrieden sein, bei dem er nach einer Minute zum Orgasmus kommt. Das führt bereits zur Spannungsabfuhr mit einem gewissen Lustgefühl. Frauen hingegen benötigen bereits längere Zeit als diese Minute, um überhaupt in einen Erregungszustand zu kommen, in dem für sie das sexuelle Spiel erst richtig beginnen und Lust bereiten kann. Deswegen müssen Partner zuerst lernen, sich aufeinander einzustellen. Das geht oft leichter, wenn sie offen darüber sprechen können, was sie sich vom anderen wünschen oder wie sie es sich wünschen. Von vielen Menschen wird die Bedeutung solcher Diskussionen und Gespräche aber auch überschätzt, zumal wenn sie sich nach den Sexualratgebern mancher Druckerzeugnisse aus unserem Illustriertenwald richten. Sie führen dann so viele Gespräche mit dem Partner über sexuelle Techniken, bis der ganze Zauber des sexuellen Liebesspiels verflogen ist. Man kann sich viel auch ohne Worte zeigen, kann den Partner mit den Händen oder mit dem Körper auf etwas hinweisen oder kann sich von ihm auf etwas hinweisen lassen. Lediglich das Zeigen sowie das Hinhören oder das Hinfühlen sind notwendig, ob es in der Form von Gesprächen stattfindet ist zweitrangig.

Manche sexuellen Probleme hängen mit den modernen Möglichkeiten der Konzeptionsverhütung zusammen. Verschiedentlich finden sich bei Männern Hinweise darauf, daß sie es reizvoller oder lustvoller finden, mit einer Frau zu schlafen, die schwanger werden kann, als mit einer, bei der es absolut «sicher» ist. Vielleicht, aber hier kann man nur spekulieren, hat dies etwas mit einer tiefverwurzelten biologischen Komponente zu tun. Schließlich unterliegen wir ja alle den Gesetzen der Evolution, und die Fortpflanzung ist nun einmal ein wichtiger Nebeneffekt der Erotik. Von der Evolution her betrachtet würde es deshalb auch einen Sinn machen, daß Partnerinnen, die fortpflanzungsfähig sind, sexuell attraktiver erscheinen als solche, die es nicht mehr sind. Darunter leiden ja auch viele Frauen nach den Wechseljahren. Tatsächlich werden sie seltener noch für feste Partnerbeziehungen gewählt. Diese statistische Aussage muß allerdings eine älter gewordene Frau im Einzelfall nicht entmutigen; hier gibt es auch eindrucksvolle Gegenbeispiele.

Ich habe bereits darauf hingewiesen, daß nicht nur das Ja, sondern auch das Nein in der intimsten Form des partnerschaftlichen Kontakts, dem Sexualspiel, seinen Platz hat. Nur wenn wir sicher sein können, daß wir uns nach der emotionalen Verschmelzung und dem Höhepunkt der sexuellen Lust auch wieder voneinander lösen können, können wir uns auf die sexuelle Hingabe überhaupt einlassen. Auch hier können die modernen Mittel der Konzeptionsverhütung zu manchen Schwierigkeiten führen. Einige Frauen, die die Pille nehmen, haben das Gefühl, sie müßten nun jederzeit zur Verfügung stehen beziehungsweise liegen. Da hatte es die Generation der Mütter und Großmütter noch leichter, die mit dem Hinweis auf eine mögliche Schwangerschaft ein gutes Argument hatte, um auch einmal Nein sagen zu können. Dieses «Ich muß immer zur Verfügung stehen» findet sich allerdings meist nur dann, wenn es auch in anderen Lebensbereichen das Thema dieser Frau ist.

Manchen Menschen ist das Nein gar nicht bewußt. Sie sagen dann: «Ich kann nicht», wenn es eigentlich heißen müßte: «Ich will nicht.» Gerade dieses «Ich will nicht» ist bei Menschen mit einer depressiven Persönlichkeitsstruktur, die besonders schlecht Nein sagen können, verboten oder gefährlich. Denn sie befürchten, damit die Gefahr einer möglichen Trennung heraufzubeschwören, wovor sie große Angst haben. Manchmal stellen sich dann bei ihnen körperliche Symptome ein, zum Beispiel Kopfschmerzen oder Migräne, so daß sie sagen können: «Ich kann nicht.»

In meiner Praxis sehe ich hin und wieder auch Frauen, die sagen: «Ich will nicht.» Manchmal leben sie mit etwas hilflos wirkenden Männern zusammen, die den traditionellen Geschlechtsrollenvorstellungen wenig entsprechen. Es sind dies die weichen Männer, die sich bei den Frauen weniger gut durchsetzen können, vor allem wenn diese sich der Emanzipationsbewegung oder dem Feminismus verbunden fühlen.

Oft stellt sich dann in den Therapien heraus, daß diese Frauen den Männern den Eindruck vermitteln, sie wollten Softies, darunter versteckt aber ein Bedürfnis anderer Art haben, nämlich ein Bedürfnis nach einem Mann, der sich wirklich mal «wie ein Mann verhält». Während diese Männer sich dem vermeintlichen Wunsch der Frauen entsprechend verhalten, verzweifeln die Frauen schier, weil alles so soft und langweilig ist. Im Laufe der Therapie merken solche Männer dann meist auch, daß sie gar nicht immer so glücklich waren mit ihren soften Rollen. Und die Frauen bemerken, daß sie auch dann emanzipierte Frauen sein können, wenn sie sich männlichere Männer wünschen.

Solche Paare merken dann manchmal, daß sie in das Räderwerk von Ideologien geraten sind, die mit den emanzipatorischen Zielen der Frauenbewegung nicht mehr viel zu tun haben. Hier werden zwar auch neue Rollenverteilungen ausprobiert, die aber meist nicht sonderlich phantasievoll sind: In solchen Beziehungen geschieht manchmal nichts weiter als der Austausch der alten, traditionellen Rollenstereotype zwischen den Partnern: Die Frauen streben dann in die frühere Rolle der Männer hinein, und die Männer bemühen sich um die frühere Rolle der Frauen oder, was häufiger ist, sie lassen sich in diese Rolle hineinzwingen. Qualitativ verändert sind diese Rollenvorstellungen dadurch jedoch noch nicht. Das, was an den traditionellen Geschlechterrollenverteilungen schlecht war, wird nicht dadurch besser, daß es nun mit vertauschten Rollen fortgesetzt wird.

Wenn beide Partner sich aber wirklich emanzipieren, dann gewinnen sie größere Freiräume. Das Zusammenleben wird phantasievoller, und das wirkt sich auch in der Sexualität aus. Die Sexualität gewinnt dann ihren spielerischen Charakter zurück, der in verbissenen Machtkämpfen oder gnadenlosen Rollenverteilungskämpfen oft verlorengeht.

Daß man nicht gut sexuell miteinander umgehen kann, wenn man einen Konflikt miteinander hat, der noch nicht bewältigt ist, ist nach Arnold Lazarus (51) einer der am weitesten verbreiteten Irrtümer über das Leben zu zweit. Er zitiert ein junges Paar, bei dem der Mann sagte: «‹Bevor ich überhaupt irgendwie an Sex denken kann, muß zwischen Paula und mir alles in Ordnung sein. Ich muß mich wirklich bei ihr wohl fühlen und umgekehrt. Ich brauche das Gefühl, daß wir uns nah sind und uns lieben, daß wir zusammengehören. Ich muß ihre Wärme und ihre Zuneigung spüren.› – ‹Und wie häufig sind all diese Bedingungen gleichzeitig erfüllt?› fagte der Therapeut. ‹Ungefähr einmal im Monat – oder seltener›, sagte Paula traurig.» (51)

Solche Menschen sind sehr harmoniebedürftig. Wenn sie Auseinandersetzungen nicht gänzlich vermeiden, führt das nicht selten dazu, daß sie eine Meinungsverschiedenheit in stundenlangen Diskussionen, die die halbe Nacht hindurch dauern können, zu bereinigen versuchen, bis sie dann im Morgengrauen erschöpft ins Bett wanken. Selbst wenn es ihnen gelungen sein sollte, den Streit zu beenden, ist ihnen in diesem Zustand die sexuelle Lust im allgemeinen auch vergangen. Konfliktfreiheit und Sexualität müssen also nicht immer synchron laufen.

Da haben es andere Paare besser, die ins Bett gehen und «die Sache sexuell ‹klären›, wenn sie Krach haben oder die Spannungen überhand nehmen» (51). Man kann sich zwar nicht darauf verlassen, daß sich die Probleme im Bett von selbst regeln, aber es ist schon so, daß durch die Sexualität wieder Nähe entsteht, wo im Streit zuvor Distanz entstanden war. Und ein freierer Umgang mit dem Herbeiführen von Nähe und dem Schaffen von Distanz, also mehr Beweglichkeit im Einsetzen von Erotik und Aggressivität, trägt dann doch oft zu einer höheren Fähigkeit zur Konfliktbewältigung bei.

Es gibt auch Paare, für die «Sex in der Ehe... immer etwas Besonderes» sein muß, «es muß vor Erotik nur so knistern, leidenschaftliche Hingabe und tiefe Befriedigung gehören unbedingt dazu».

«Das würde ungefähr der Haltung entsprechen, daß jedes Essen ein epikuräisches Mahl bei leiser Musik und gedämpftem Licht sein müsse, bei dem nur feinstes Porzellan und Kristall benutzt wird, und schnell mal ein Sandwich zwischendurch wäre undenkbar! Jemand, der darauf besteht, nur in Vier-Sterne-Hotels zu speisen, wäre dann die meiste Zeit hungrig und würde vermutlich bald ernsthafte Symptome der Unterernährung aufweisen.» (51)

Auf sexuelle Funktionsstörungen von Krankheitswert will ich im Rahmen dieses Buches nur kurz eingehen. Wer sich hier genauer informieren möchte, sollte zu entsprechender Fachliteratur (z.B. 28, 38) greifen. Hinweisen möchte ich jedoch darauf, daß sexuelle Funktionsstörungen meist behandlungsbedürftig und in der Mehrzahl der Fälle auch behandelbar sind. Zu den sexuellen Funktionsstörungen gehört der Vaginismus, das ist ein Scheidenkrampf, der eintritt, obwohl die Frau sexuell erregt ist, so daß der Penis nicht in die Vagina eingeführt werden kann. Wenn organische Ursachen ausgeschlossen sind, ist hier oft eine Verhaltenstherapie wirksam. Da der Vaginismus aber oft auch auf dem Boden von unbewußten innerseelischen Konflikten entsteht, kann auch eine psychoanalytische Therapie angebracht sein.

Die sexuelle Impotenz im Sinne einer Erektionsschwäche oder Erektionsunfähigkeit des Mannes ist oft, wenn auch nicht immer, von der Beziehung abhängig. Bei vielen Männern ist es möglich, daß bei einer Partnerin eine Erektionsschwäche auftritt, bei anderen Frauen nicht. Die psychodynamischen Hintergründe sind vielfältig.

Orgasmusstörungen bei einer Frau wiederum können zum Beispiel damit zu tun haben, daß der Partner den Erregungsablauf bei der Frau nicht kennt oder nicht genügend berücksichtigt, hier können aber auch psychische Blockierungen zugrunde liegen.

Die Ejaculatio praecox, das ist der vorzeitige Samenerguß des Mannes, ist relativ unabhängig von der Partnerin und stärker in der Persönlichkeit des Mannes verankert. Eindeutig liegt eine Ejaculatio praecox vor, wenn der Samenerguß bereits vor dem Eindringen in die Scheide erfolgt. Was danach als «vorzeitig» definiert wird, ist unklar wegen der fehlenden Übereinkunft darüber, wie lange ein Geschlechtsverkehr des Mannes dauern sollte. Es ist jedoch nützlich, zu wissen, daß die Vorstellungen bei Paaren hier außerordentlich weit auseinandergehen: Manche finden einen Samenerguß nach einer Minute völlig in Ordnung, und wenn das sexuelle Vorspiel lang und lustvoll genug war, kann die Frau dann auch einen Orgasmus erleben. Andere Paare definieren eine Ejakulation nach zehn Minuten noch als «vorzeitig». Bei unsicheren Männern findet sich die Tendenz, das eigene Sexualverhalten, das die Partnerin nicht zufriedenstellt, sehr schnell zu pathologisieren, obwohl es andere Frauen zufriedenstellen würde.

Analoges gilt für die Orgasmusstörungen der Frau. Manche Frauen lassen sich von ihren Männern suggerieren, daß es unnormal sei, nicht bei jedem Geschlechtsverkehr einen Orgasmus zu erleben. Selbstsicherere Frauen und freundlichere Männer lassen hier einen größeren Spielraum.

Viele sexuelle Funktionsstörungen sind verhaltenstherapeutisch gut zu beeinflussen. Liegt eine Störung der Persönlichkeitsentwicklung zugrunde, ist eine psychoanalytische Therapie indiziert oder sollte mit einer Verhaltenstherapie kombiniert werden (28).

Sexuelle Funktionsstörungen belasten die Partnerbeziehung weniger als sexuelle Lustlosigkeit. Sie werden meist vom Partner als Krankheitssymptom verstanden, das nicht ausdrückt, daß der andere nicht geliebt wird. Sexuelle Lustlosigkeit dagegen wird meist auf die Partnerbeziehung selbst bezogen. Sie wird vom anderen so verstanden, daß der Partner nicht genügend liebt. Diese Interpretation ist verständlich, trifft aber nicht immer zu.

15. KAPITEL

Wer liebt, hat recht? Fremdgehen und Eifersucht

Neben Goethes «Wahlverwandtschaften» (25) und Boccaccios «Decamerone» (9) hat ein Schweizer Literaturwissenschaftler, Peter von Matt, eines meiner Lieblingsbücher zu diesem Thema geschrieben. Es trägt den Titel «Liebesverrat» (57). Hier, wie oft in der Weltliteratur, geht es um das, was Freud «das Unbehagen in der Kultur» (22) genannt hat: nämlich um das Spannungsverhältnis zwischen Lust und Ordnung, zwischen Trieb und Gesellschaft. Peter von Matt stellt dies zunächst an der siebten Novelle des sechsten Tages in Boccaccios «Decamerone» dar und wirft gleich zu Beginn die entscheidende Frage auf, ob dies «nun eine unsittliche oder eine sehr sittliche Geschichte sei».

Filippa, die Gattin von Rinaldo, wird von ihrem Mann beim Ehebruch überrascht. Rinaldo möchte zunächst die beiden in flagranti Ertappten auf der Stelle erschlagen, hält sich dann aber zurück, weil er befürchtet, er könne selbst dabei zu Schaden kommen. Auf seine Rache möchte er aber doch nicht verzichten. Er verklagt seine Frau, damit diese verbrannt werde. Filippa, die sich offen zu ihrem Ehebruch bekennt, weist in ihrer Verteidigungsrede auf die Ungerechtigkeit des Gesetzes hin, das die ehebrecherischen Frauen mit Strafe bedroht, weil «nicht nur keine Dame, als das Gesetz abgefaßt wurde, ihre Zustimmung gegeben (hat), sondern es wurde nicht einmal eine solche dabei zu Rate gezogen». Sie fragt dann ihren Mann, ob sie nicht, so oft er es verlangte, ihm widerspruchslos zu Willen war. Nachdem Rinaldo dies bestätigt hat, kommt sie zu folgendem Schluß: «Nun frage ich, Herr Richter, wenn er stets von mir erhalten hat, was er bedurfte und verlangte, was sollte ich mit dem beginnen, was mir noch übrigblieb? Sollte ich es den Hunden vorwerfen? Ist es nicht weit besser, einen edlen Mann, der mich über alles liebt, damit zu erfreuen, als es ungenützt verderben zu lassen?»

Filippa wird freigesprochen, das Gesetz wird geändert. In Zukunft können nur noch diejenigen angeklagt werden, die sich für Geld anderen Männer hingeben. Lust und Liebe haben recht bekommen.

Nun ist, wie Peter von Matt betont, die Literatur kein Spiegel der Gesellschaft, sondern sie entsteht in Reaktion zu ihr. So ist der Ausgang dieser Geschichte auch keine Realität, sondern Utopie. Hier setzt sich der Wunsch durch, daß die Liebe den Sieg über Ordnung und Zwang in der Gesellschaft davontragen möge.

Goethe spricht in seinem ganzen Werk davon, «daß, wer liebt, unbedingt recht hat, und diese Wahrheit schrecklich ist, weil sie soviel Glück vernichtet wie sie schafft». (57).

Wenn in der Partnerbeziehung die Leidenschaft fehlt oder verlorengegangen ist, wenn alles, was man über den anderen wissen kann, bekannt ist, wenn es keine Überraschungen und nichts Neues mehr zu entdecken gibt, dann wird die Ehe langweilig und trist. Es besteht nur noch das Gerüst des Ehevertrages. Pflicht und Zwang herrschen, nicht mehr Lust und Liebe. Dann wird die Paarbeziehung zu einem öden Gefängnis. Und in einem solchen Gefängnis kann sich der Wunsch nach Ausbruch entwickeln. Dann werden manchmal die Fesseln der Bindung und der Verpflichtungen gesprengt, und ein Partner geht fremd.

Bei Menschen, die die Vorstellung hatten, der andere könnte *alle* ihre Wünsche und Bedürfnisse befriedigen, kommt es besonders früh und in ausgeprägtem Maße zur Unzufriedenheit mit der Beziehung. Sie wird nur noch als Gefängnis empfunden, obwohl sie doch auch einiges zu bieten hat.

In der Fremde wird dann das gesucht, was in der Nähe nicht mehr gefunden werden kann: das Erregende, das, was neugierig macht, das Abenteuer. Darin besteht auch die Kränkung für den Betrogenen, wenn die Sache auffliegt: Sein Partner gibt ihm durch den Liebesverrat zu verstehen, daß er ihn für ungenügend und mangelhaft hält. Der Betrogene wird eifersüchtig und wünscht Rache. Manchmal geht er, um dieses Rachebedürfnis zu befriedigen und um seine Selbstachtung wiederherzustellen, dann selbst fremd.

Es gibt moderne Partnerschaftsideologien, die Eifersucht verbieten. Eifersucht sei ein bürgerliches Gefühl, das sich lediglich aus dem Besitzanspruch an den Partner ableite. In einer fortschrittlichen Paarbeziehung habe Eifersucht nichts zu suchen. In einer Paartherapiegruppe, die ich vor einigen Jahren geleitet habe, vertraten alle Gruppenmitglieder, Männer wie Frauen, zu Beginn der Therapie diesen Standpunkt. Nach einiger Zeit merkten sie, daß sie sich alle selbst getäuscht hatten. Alle reagierten eifersüchtig, wenn der Partner oder die Partnerin sich ernsthafter für jemand anderen zu interessieren begann. Und viele von ihnen konnten die Erfahrung machen, daß ihre Partner dann nicht etwa protestierten und einen angeblichen Besitzanspruch zurückwiesen. Im Gegenteil, sie wirkten sogar zufrieden, weil der andere ihnen dieses bislang aus ideologischen Gründen vorenthaltene Gefühl nun endlich entgegenbrachte. Wenn ein Partner eifersüchtig reagiert, dann kann ich spüren, daß ich ihm noch etwas bedeute.

Die Laisser-faire-Haltung gegenüber einem Partner, der eine Außenbeziehung eingeht, ist wohl häufiger ein Ausdruck von Beziehungslosigkeit und Gleichgültigkeit als von Überlegenheit und Großzügigkeit. Möglicherweise gibt es auch Paare, bei denen das anders ist. Jean-Paul Sartre und Simone de Beauvoir zum Beispiel haben sich um die Verwirklichung einer Beziehung bemüht, in der beide einander Außenbeziehungen zugestanden haben. Sie haben versucht, ein Stück der aufbegehrenden und trotzigen Utopie zu leben, die dem gesellschaftlichen Zwang, der Begrenzung und Einschränkung die Stirn bietet. Goethe vermutet, daß hierdurch ebensoviel Glück zerstört wie Glück erzeugt wird. Ich weiß nicht, ob das bei dem französischen Intellektuellen-Paar auch so gewesen ist. Bei den vielen Paaren, die ich in meinem beruflichen Alltag gesehen habe, trifft Goethes Beobachtung jedenfalls zu. Zumindest ist anscheinend nicht jeder Sartre oder Simone de Beauvoir.

Der Wunsch, fremdzugehen, existiert natürlich viel häufiger als seine Verwirklichung. Bei den meisten Menschen kommt er vielleicht nicht gerade täglich, aber auch nicht sehr viel seltener auf. Nicht immer allerdings wird dieser Wunsch voll bewußt, vor allem nicht bei Menschen, denen in ihrer Erziehung erfolgreich vermittelt worden ist, daß sich so etwas nicht gehört. Er wirkt dann untergründig, weil er sich der bewußten Beeinflussung entzogen hat. Das führt in manchen Fällen nach einigen Jahren zu dem beschriebenen Gefängnisgefühl und zu Ausbruchstendenzen.

Das Leben wird aufregender und bunter, wenn dieser Impuls bewußtseinsfähig ist. Die Welt ist dann voller begehrenswerter Menschen, und die Vorstellung ist erlaubt, daß mit nicht wenigen davon ein sexuelles Abenteuer Spaß machen könnte. Daß in einem zweiten Schritt dann meist mit einem leisen Bedauern auf die Umsetzung dieser subversiven Wünsche verzichtet wird, kann verschiedene Ursachen haben.

Geht es einem mit dem Partner oder der Partnerin gut, fällt der Verzicht leichter. Man empfindet kaum Mangel, liebt den anderen und will ihn oder sie nicht kränken. Wenn es mit dem anderen gerade nicht so gut geht, bleibt es vielleicht immer noch beim Verzicht aus Gründen der schönen Erinnerungen und der Hoffnung auf bessere Zeiten. Das miteinander Vertrautsein, das sich im Laufe der Jahre entwickelt, ist eine starke, bindende Kraft. Es trägt dazu bei, daß die bestehende Beziehung nicht so leicht durch ein Abenteuer aufs Spiel gesetzt wird. Sicherlich scheuen auch manche vor den zahlreichen möglichen sozialen Komplikationen zurück, die unvermeidlich wären, wenn man mit jedem erotisch attraktiven Menschen ein Verhältnis einginge. So bewahrt der Triebverzicht vor manchen Unannehmlichkeiten und trägt zur Stabilisierung der Partnerbeziehung bei.

Das Zusammenleben mit jemandem, der nicht nur über die Fähigkeit zur Äußerung einer gewissen Eifersucht verfügt, was dem Selbstbewußtsein im allgemeinen ganz gut bekommt, sondern der extrem eifersüchtig ist, bringt allerdings meist Schwierigkeiten mit sich. Das aufregende Spiel mit dem Feuer, das in vielen Begegnungen zwischen Frauen und Männern möglich ist, muß eingestellt oder verheimlicht werden, will man es nicht auf permanente Auseinandersetzungen und Krisen ankommen lassen. Dann wird es enger in der Partnerbeziehung, und vielleicht entsteht im Laufe der Zeit ein Gefängnis ohne Freiheiten und mit großer Langeweile. Mit solch quälender Eifersucht reagieren besonders Menschen, die sich ihrer selbst wenig sicher sind, die befürchten oder bemerken, daß sie ihrem Partner weniger bieten können als andere. Manchmal haben sie auch selbst starke Bedürfnisse, aus der Ehe auszubrechen und fremdzugehen. Dieser Impuls ist ihnen aber verboten, so daß er unbewußt gehalten und nicht selten dann halt auf den Partner projiziert werden muß. Dann wird im anderen das bekämpft, was im eigenen Inneren gefürchtet wird.

In vielen Partnerbeziehungen, in denen der eine Partner die Elternrolle übernommen hat und der andere sich in einer Kindrolle befindet, kommt es oft dann zur Eifersucht, wenn sich derjenige in der Kindposition besonders abhängig von dem anderen fühlt, so daß dessen Hinwendung zu einem Dritten besonders bedrohlich erscheint. Gerät allerdings der Partner in der Kindposition nach einiger Zeit in eine Art von jugendlichem Protest, so kann sich das Blatt wenden. Nun ist es derjenige in der Erwachsenenposition, der das frech gewordene Kind eifersüchtig kontrolliert.

Zeigt sich bei Partnerbeziehungen mit der Rollenverteilung von Elternteil und Kind überhaupt keine Eifersucht, dann hat sich der eine Partner meist in die Rolle eines sehr kleinen Kindes begeben oder ist in diese Rolle gebracht worden. So war es in einer Ehe, in der sich die Frau ihrem sehr abhängigen Mann, der an einer Herzphobie erkrankt war, sexuell standhaft verweigerte. Sie versicherte, im Kopf könne sie einsehen, daß der Mann ja auch zu einer anderen Frau gehen könnte. Vom Gefühl her erscheine ihr das aber ganz unmöglich (38). Der Mann befand sich in einer Kind-, die Frau in einer Mutter-Position.

Besonders häufig tritt das völlige Fehlen von Eifersucht bei Menschen mit einem narzißtisch übersteigerten Selbstbewußtsein auf. Sie finden sich selbst so großartig, daß die Vorstellung, der Partner könne sie verlassen und sich einem anderen zuwenden, nicht mehr denkbar ist. Stellt sich dies als Irrtum heraus und der Großartige merkt, daß der andere fremdgegangen ist, kommt es nicht selten zu einer derart massiven Erschütterung des ohnehin labilen narzißtischen Selbstwertgefühls, daß der Betreffende völlig zusammenbricht oder sich gar das Leben nimmt.

Das Fremdgehen führt meist zu besonders heftigen Krisen in Partnerbeziehungen. Hier ist die Gefahr, daß die Beziehung auseinanderbrechen könnte, offensichtlich, denn einer der beiden Partner hat ja bereits eine Alternative gefunden. In manchen Fällen drängt auch der Partner aus der Außenbeziehung auf eine Entscheidung. Vor allem Frauen, die die Geliebten von verheirateten Männern werden, geben sich oft nach einiger Zeit nicht mehr mit dem Status der Geliebten zufrieden. Frauen trennen ja Sexualität und Beziehung weniger und seltener, als viele Männer dies tun.

Manchmal ist das Gemeinsame, Verbindende in der bisherigen Partnerbeziehung sehr wenig geworden. Oder die Partner haben in früheren Krisen bereits einen großen Scherbenhaufen angerichtet, es aber nicht fertiggebracht, ihn auch wieder abzubauen. Oder die jetzige, durch die Außenbeziehung entfachte Krise hat allzuviel an Kränkungen und Haß ausgelöst. In solchen Fällen kann der entstandene Scherbenhaufen so groß geworden sein, daß er nicht mehr beseitigt werden kann, und es kommt zur Trennung der Partner. Zwar läßt sich die Bewältigung einer solchen schweren Partnerkrise nicht über Nacht erzwingen. Auf der anderen Seite aber kann ein solcher krisenhafter Zustand auch nicht grenzenlos lange durchgehalten werden. Der Fortbestand der Beziehung ist besonders dann gefährdet, wenn nicht einer der Partner eine gewisse Zeitgrenze ins Spiel bringt, bis zu der eine Entscheidung gefordert wird. Das kann ein halbes Jahr dauern, in manchen Fällen auch noch länger. Nach ein oder zwei Jahren jedoch hat sich meist so viel an Kränkung, Enttäuschung, Wut und Haß angesammelt, daß es schwer geworden ist, sich das gegenseitig noch zu verzeihen.

Bestehen jedoch noch Gemeinsamkeiten und liebevolle Gefühle für den Partner, so kann eine Krise, die durch eine Außenbeziehung ausgelöst wurde, auch zu außerordentlich fruchtbaren Auseinandersetzungen des Paares führen. In dem schmerzhaften Prozeß kann dann viel von dem betrachtet werden, was sich beide in der Vorgeschichte einander angetan und wo sie sich schuldig gemacht haben. In einem solchen Prozeß, wenn er offen und mutig, nicht brutal, sondern behutsam geführt wird, kommt es dann manchmal zu einer Weiterentwicklung beider Partner und zu einer inneren Umstrukturierung der

Partnerbeziehung, die nach einiger Zeit, wenn sich die Wunden sanft geschlossen haben, wieder ein liebevolles Zusammenleben ermöglicht.

Daß Liebe immer ein Geschenk ist und nicht durch Wohlverhalten erzwungen werden kann, wird in diesen Auseinandersetzungen oft besonders schmerzhaft deutlich. Eine solche Krise kann meist nur dann erfolgreich bewältigt werden, so daß sich beide hinterher glücklicher in der Beziehung fühlen können als zuvor, wenn beide Partner trotz erlittener Kränkungen und trotz erlittenem Unrecht bereit sind, viel in die Beziehung zu investieren. Dabei kann ihnen aber der andere nicht mit Sicherheit versprechen, daß diese Investition zum gewünschten Erfolg führt. Das Risiko ist hoch. Aber wenn die beiden Partner dieses Risiko nicht eingehen wollen oder können, kommt es allenfalls zu lauen Arrangements oder zu Lösungen, bei denen der Konfliktstoff unter den Teppich gekehrt wird, nicht aber zu einer wirklichen Veränderung oder Verbesserung der Beziehung.

16. KAPITEL

Krankheit und Tod

Erkrankungen des Partners oder eines Kindes in der Familie, manchmal auch Krankheiten in der Herkunftsfamilie oder der Tod von nahen Angehörigen sind Ereignisse, die das bisherige Leben besonders nachhaltig verändern. Sie können deshalb manche Familien in Krisen führen, die die Familienmitglieder bis an den Rand ihrer Belastungsfähigkeit bringen und manchmal auch darüber hinaus, so daß eine Paarbeziehung an einer derartigen Krise zerbrechen kann. In vielen Fällen geschieht jedoch auch das Gegenteil: Eltern schließen sich näher zusammen, um mit den Belastungen durch ein krankes Kind besser fertigwerden zu können; Frauen, die sich ihrem Mann gegenüber auf Distanz befunden haben; werden zu liebevollen Pflegerinnen dieses kranken Mannes; und Männer, die nur noch ihren Beruf im Sinn hatten und die Familie vernachlässigt haben, entwickeln auf einmal ungeahnte Ressourcen bei der Pflege und Versorgung ihrer kranken Frau.

Manche Familien geraten bereits aus den Fugen, wenn eines der Kinder an einer Grippe erkrankt ist und im Bett liegen muß. Steckt sich dann auch noch der kleine Bruder des erkrankten Kindes an, geht gar nichts mehr. So hat Frau F., eine freundliche Hausfrau, die nach der Geburt des ersten Kindes ihren Beruf an den Nagel gehängt hatte, um sich ganz der Kinderbetreuung zu widmen, bereits mit ihrem Haushalt und ihren inzwischen drei Kindern rund um die Uhr zu tun. Sie stammt aus einem Elternhaus, in dem die Kinder sich vernachlässigt gefühlt hatten, und hat sich vorgenommen, alles besser zu machen. Sie bemüht sich, es allen recht zu machen, was immer dann schon zu Schwierigkeiten führt, wenn das eine Kind zum Mittagessen Spaghetti wünscht und das andere Hühnersuppe. Das jüngste Kind ist als Säugling in dieser Hinsicht noch das unproblematischste. Frau

F. kann nicht nein sagen. Und ein Mensch, der es allen recht machen will und der nicht nein sagen kann, hat es bekanntlich um so schwerer, mit je mehr Menschen er es zu tun hat. In manchen Fällen entschließen sich solche Menschen deshalb auch dazu, gar keine Kinder zu bekommen. Dann können sie sich vollständig auf die Bedürfnisse ihres Partners ausrichten.

Diese Lösung hatte Frau F. aber nicht gewählt. Sie hatte es fertiggebracht, mit viel Organisationstalent und Aufopferungsfähigkeit den Alltag so durchzuorganisieren, daß sie es ihren drei Kindern und ihrem Mann fast immer recht machen konnte. Sie wirkte meist erschöpft und ein wenig lustlos, aber da sie eine warmherzige und sehr attraktive Frau mit spitzbübischen Zügen war, wurde sie von ihren Kindern und ihrem Mann dennoch sehr geliebt.

Das änderte sich in jedem Herbst, wenn die Grippewelle einsetzte. Kaum legte sich eines der Kinder mit Fieber ins Bett, begannen die Probleme. Sie bemühte sich dann darum, das kranke Kind besonders intensiv zu versorgen. Das aber bereitete ihr ein schlechtes Gewissen den beiden anderen Kindern gegenüber, die dann ja zurückstecken mußten, was sie ihnen aber nicht zumuten wollte. So geriet sie in eine Situation, in der sie nicht nur mehr Zeit und Kraft für das kranke Kind investieren mußte, sondern auch noch für die beiden gesunden Kinder. Und wenn sie es im Eifer eines solchen Krankheitsalltags einmal versäumt hatte, ihrem Mann sein Lieblingsessen zu kochen, so war sie sehr zerknirscht und mußte das am kommenden Tag durch ein umfangreiches Menü wieder gutmachen. In solchen Zeiten verging dem Ehemann die Freude an seiner aufmerksamen, aufopferungsvollen Frau, so daß er sie zu beruhigen und ihr zu helfen versuchte, was sie aber nur schwer annehmen konnte. In den Fällen, in denen die Krankheit des Kindes schnell vorüberging, kehrte dann wieder Ruhe ein. Wenn sich jedoch auch noch ein anderes Kind ansteckte, wurde es zu Hause immer hektischer, bis Frau F. dann eines Abends weinend zusammenbrach und ihrem Mann sagte, daß sie sich das Leben nehmen wolle. Als dies zum zweiten Mal so geschehen war, kam der Mann auf die Idee, zusammen mit seiner Frau psychotherapeutische Hilfe in Anspruch zu nehmen.

Bereits in diesem Beispiel ist es so, daß durch die Erkrankung nur eines Familienmitglieds die bisherigen Lebensweisen und Rollenmuster nicht mehr reibungslos funktionierten, vor allem bei der Mutter. Hier wurde jedoch noch ein Lösungsversuch dadurch herbeigeführt, daß sie das bisherige versorgende und aufopferungsvolle Verhalten nicht veränderte, sondern verstärkte, um mit der neuen Situation fertigzuwerden, so lange, bis sie an den Rand ihrer Kräfte geriet. Ihr Mann, der sich sonst durchaus gerne von ihr verwöhnen ließ, versuchte dann, dem etwas entgegenzusteuern, war damit jedoch nicht erfolgreich. Zu einer tiefgreifenderen Veränderung der Rollenverteilung in der Familie kam es nicht.

Eine ähnliche Entwicklung wäre bei Familie F. auch bei einer Erkrankung des Mannes zu erwarten gewesen. Er war neben den Kindern schon immer derjenige, der innerhalb der Familie versorgt wurde, die Frau war die Versorgerin. Wenn er krank geworden wäre, hätte sie ihn wahrscheinlich wie ein viertes Kind mütterlich behandelt. Probleme hätten allenfalls entstehen können, wenn sie durch ein Übermaß an Versorgung auch hier an den Rand ihrer Kräfte gekommen wäre oder wenn, vor allem bei einer längeren Krankheit, Herrn F. die Infantilisierung durch seine Frau zuviel geworden wäre, weil er den Ausgleich des beruflichen Alltags vermißt hätte, in dem er sich durchaus nicht wie ein Kind verhielt, sondern erfolgreich «seinen Mann stand».

Noch schwieriger wäre es im umgekehrten Fall geworden. Bei Familie G. fanden sich ähnliche Beziehungsmuster und Rollenverteilungen wie bei Familie F. Hier war es aber Frau G., die krank wurde, also keines der Kinder und auch nicht das große «Kind» in der Familie, der Mann, sondern die Mutter. Diese Erkrankung konnte von der Familie so lange noch einigermaßen bewältigt werden, wie Frau G. in einem Krankenhaus behandelt werden mußte, das die mütterlichen Funktionen ihr gegenüber übernahm. Sie selbst hatte allerdings schon im Krankenhaus Schwierigkeiten, sich dort bemuttern zu lassen. Dem Vater andererseits fiel es nicht ganz leicht, zu Hause die Betreuung der Kinder zu organisieren und zum Teil selbst zu übernehmen.

Ganz schwierig wurde es aber, als Frau G. nach dem Krankenhausaufenthalt zu Hause noch einige Wochen bettlägerig war und die beiden Partner miteinander in ungewohnten Rollen zu tun bekamen: Herr G. mütterlich-väterlich versorgend, Frau G. kindlich-abhängig. Es kam zu erbitterten Auseinandersetzungen, manchmal ausgelöst dadurch, daß der Mann sich darüber beklagte, daß ihm das alles zuviel werde, daß er ja schließlich noch seinen Beruf habe und daß das einfach nicht gehe, daß er sich jetzt zu Hause auch noch in hohem Ausmaß um eine kranke Frau kümmern müsse. Dann wieder gab es Streitigkeiten, weil der Mann abends ein Essen kochen wollte und seine kranke Frau das erbittert zurückwies, oder wenn er einen Verbandswechsel bei ihr vornehmen wollte. «Bleib mir vom Leibe, das kann ich auch selbst!» stieß sie dann manchmal aus, wodurch er sich um so mehr gekränkt fühlte, als diese Aktivitäten ihn selbst Mühe kosteten, weil er sie nur gegen einen starken inneren Widerstand leisten konnte.

Am leichtesten tun sich Partner bei der Bewältigung solcher Belastungen, wenn sie mit einer gewissen Flexibilität sowohl eine elterliche und erwachsene als auch eine kindliche Position einnehmen und beiden etwas abgewinnen können. Dann kann sich derjenige, der sich üblicherweise in der Versorgerrolle befindet, im Falle einer Krankheit auch einmal dankbar verwöhnen lassen. Das verwöhnte erwachsene «Kind» kann dann auch einmal mit innerer Ausgeglichenheit die Versorgung der Familie übernehmen und sich darüber freuen, daß er so etwas auch zustande bringt.

Bei schwereren Krankheiten oder bei chronischen Erkrankungen, die ein Kind oder einen der beiden Partner pflegebedürftig machen, gilt dies alles in noch ausgeprägterem Maße. Dazu kommt aber noch, daß in solchen Fällen der Familie im Laufe der Zeit bewußt wird, daß sie es hier mit einem Schicksalsschlag zu tun hat, der ihr ganzes weiteres Leben mitbestimmen und prägen wird. Mit dieser Problematik haben sich der Göttinger Soziologe und Psychoanalytiker Hannes Friedrich und seine Mitarbeiter in einer Studie über «Mißbildung und Familiendynamik» (23) beschäftigt. Von ihnen werden vier Familientypen mit unterschiedlicher Lebensorientierung beschrieben und die Auswirkungen dieser Lebensorientierung bei der Bewältigung einer chronischen Krankheit eines Kindes:

Die *sozial-emotional stabilen Familien* schaffen es, oft nach einer anfänglich krisenhaften Zeit und einer Phase der Trauer, sich mit der Krankheit ihres Kindes abzufinden. Chronische Krankheit ist für sie ein Schicksal, das einem im Leben zustoßen kann. Das kranke Kind ist integriert, steht jedoch nicht im Mittelpunkt der Familie. Da an der Behinderung nichts zu ändern ist, lebt man *mit* ihr und nicht *gegen* sie. Die Anforderungen der einzelnen sozialen Rollen in der Familie werden weniger als Belastungen, sondern als selbstverständliche Gegebenheiten empfunden. Ihnen nachzukommen, ist deshalb nicht besonders anstrengend. Das wird diesen Familien im allgemeinen dadurch erleichtert, daß sie sich weitgehend an traditionellen Rollenmustern orientieren. Die Männer verdienen das Geld, die Frauen arbeiten im Haushalt und Garten. Sie empfinden diese Rollenverteilung jedoch nicht als Mangel, sondern entfalten gerade innerhalb der Familie besondere Fähigkeiten. Bei der Beschäftigung mit dem kranken Kind übernimmt jeder bestimmte Aufgaben. Es wird darauf geachtet, daß jeder auch genug Zeit für eigene Aktivitäten hat, um sich von der pflegerischen Tätigkeit wieder erholen zu können. Da sich keiner überfordert, wird Hilfe durch Außenstehende wenig benötigt. Wenn sie aber dennoch einmal gebraucht wird, werden Nachbarn oder Verwandte offen um Hilfe gebeten. In diesen Familien besteht sowohl große Stabilität, weil die hergebrachten Rollen nicht in Frage gestellt werden, als auch eine ausreichende Flexibilität, weil die Familienmitglieder im Umgang mit diesen Rollen beweglich sind. Die Familie ruht sozusagen in sich selbst und ist auf Bestätigung von außen wenig angewiesen. Es ist nicht wichtig, den Erwartungen anderer Leute zu entsprechen. Obwohl die kranken Kinder in diesen Familien manchmal nicht allen medizinischen und rehabilitativen Maßnahmen zugeführt werden, die es gibt, kann man sich doch fragen, ob sie es mit einer solchen Familie nicht besonders gut getroffen haben.

Dies ist anders in der Gruppe der *leistungsorientierten Familien*. Hier besteht ein viel stärkeres Bedürfnis, von anderen Menschen positiv beurteilt zu werden. Man will etwas darstellen, auf das man stolz sein kann. Hierzu ist viel eigene Aktivität und Verzicht notwendig. Da in diesen Familien weichere Gefühle wie Depressivität und Trauer aus Furcht vor einer Beeinträchtigung der Leistungsfähigkeit nicht gut zugelassen werden können, retten sie sich im Falle einer chronischen Erkrankung in die Lösung, die Erkrankung als Herausforderung und Aufgabe zu begreifen, der man sich stellen muß. Es werden dann große Bemühungen unternommen, die Folgen der Erkrankung mit allen zur Verfügung stehenden medizinischen und sozialtherapeutischen Mitteln zu beseitigen oder doch so gering wie möglich zu halten mit dem Ziel, den

Defekt zu beseitigen, auszugleichen oder doch zumindest sozial unauffällig zu machen. Wenn sich die Eltern oder Kinder in ihrer Leistungsfähigkeit überschätzen, besteht die Gefahr, daß die überaus aktive Haltung einzelner Familienmitglieder umschlägt in Resignation und Passivität. Diese Familien sind außerordentlich tüchtig, haben aber Schwierigkeiten, die Möglichkeit einzukalkulieren, daß das Kind krank bleiben wird oder daß sich sein Zustand sogar noch verschlechtern wird.

Andere Familien sind in ihrer Lebensgestaltung stark *auf Sicherung und Verteidigung ausgerichtet*. Der Versuch der Angstvermeidung und Angstabwehr bestimmt das emotionale Klima und die Beziehung der Familienmitglieder untereinander. Befürchtet werden kann zum Beispiel der Zerfall der Familie, der drohende Verlust eines Familienmitglieds, ein sozialer Abstieg, Einschränkung der materiellen Möglichkeiten, fast immer verbunden mit einem Gefühl der Beschämung. Die Familien wirken defensiv, ihre kreativen Fähigkeiten sind von daher eingeschränkt. Insbesondere die Mütter fühlen sich schutzbedürftig und klammern sich häufig an den Partner oder an das kranke Kind. Kontakte mit Menschen außerhalb der Familie sind selten. Dies wird als Mangel beklagt. Veränderungen verursachen jedoch Angst, so daß an dem beklagenswerten Zustand nicht gerührt wird. Da die Zukunft als bedrohlich erlebt wird, werden alle Kräfte für die Erhaltung des Status quo eingesetzt. Die Bewältigung der täglichen Aufgaben wird dann als ungeheuer belastend empfunden, was sich aber mehr aus der psychischen Belastung als aus den Schwierigkeiten der Aufgaben selbst erklärt. Die Krankheit des Kindes ist das zentrale Thema in der Familie. An dieser Erkrankung wird die diffuse Zukunftsangst festgemacht, was den Vorteil mit sich bringt, daß die Angst dadurch scheinbar greifbarer wird.

In der Gruppe der *durch Leid und Trauer geprägten Familien* sind die Mütter noch ausgeprägter die Leidensträger der Familien. Die gesamte Lebenshaltung ist resignativ und fatalistisch. Die Familie fühlt sich vom Schicksal geschlagen. Alle eigenen Anstrengungen werden wirkungslos. Die Anforderungen der Außenwelt geben diesen Familien eine gewisse Struktur, ohne daß aber eine wirkliche Hoffnung auf Verbesserung besteht. Die Eltern sind passiv und gehorsam und verlassen sich uneingeschränkt auf das Urteil der Ärzte. In der Familie werden keinerlei eigene Vorstellungen über den Umgang mit dem kranken Kind oder über Förderungsmaßnahmen für das Kind entwickelt. Nichts geschieht auf Initiative der Eltern. Auch bereits angelaufene Maßnahmen für das Kind werden wieder eingestellt, wenn sie nicht immer wieder durch die Ärzte neu in Gang gebracht werden. (23)

Krisen, die durch so schwere Schicksalsschläge ausgelöst werden, gefährden seltener den Bestand einer Partnerbeziehung oder Familie, sie beziehen sich mehr auf den Umgang der einzelnen Familienmitglieder mit der eingetretenen Veränderung. Je nach der Persönlichkeitsstruktur des einzelnen und dem jeweiligen Familienstil kommt es dann zu einem der eben beschriebenen Bewältigungsversuche oder, häufig, zu Mischformen zwischen diesen typischen Mustern.

Zu Partnerkrisen im engeren Sinne kommt es manchmal nach der schweren Krankheit eines Partners, zum Beispiel nach Operationen, die sichtbare Defekte hinterlassen wie eine Amputation. Aber auch äußerlich nicht Sichtbares wie manche gynäkologische oder urologische Operation wirkt sich oftmals emotional stark aus, sei es, weil sich die Frau oder der Mann nicht mehr als vollwertige Frau oder als vollwertiger Mann empfinden, sei es, weil sie vom Partner nicht mehr so gesehen und erlebt werden. In solchen Fällen kann es zu einer Entfremdung zwischen den Partnern kommen, die von beiden Seiten ausgelöst werden kann.

Bestand schon eine Unsicherheit bezüglich der eigenen Wertigkeit als Mensch oder als vollwertiger Mann oder vollwertige Frau, kann eine derartige Erkrankung oder Operation das Selbstwertgefühl zum Zusammenbruch bringen. Und wenn es vorher für den anderen wichtig war, einen in jeder Hinsicht makellosen und möglichst fehlerfreien Partner zu haben, damit keiner auf die Idee kommt, man hätte nichts Besseres abbekommen, so kann eine Beschädigung des Partners durch den Schicksalsschlag einer solchen Operation in manchen Fällen vom eigenen Selbstwertgefühl nicht toleriert werden. Es kommt zu einer inneren Abwendung. Da die zugrundeliegenden Gefühle scham- und schuldbesetzt sind, werden sie oft nicht bewußt. Das Paar entfernt sich voneinander, ohne sich die Gelegenheit zu geben, über sehr schmerzliche Dinge in Austausch zu treten und vielleicht eine neue Form des gemeinsamen Miteinander zu entwickeln. In manchen Fällen werden auftretende Gefühle von Trauer, Angst, Scham und Schuld immer weiter zurückgedrängt, was auf Kosten des emotionalen Klimas in der Beziehung geht, die immer mehr abkühlt, bis man sich, quasi narkotisiert, scheinbar nahezu schmerzfrei trennen kann.

Kommt es zum Tod eines Kindes, so hat das Elternpaar einen besonders schmerzhaften Verlust zu betrauern. Ist die Persönlichkeitsstärke ausreichend und die Beziehung der Partner gut genug, so können sie sich lange genug auf diese Trauer einlassen und sich in dieser Zeit gegenseitig stützen, ohne sich trotz des tragischen Ereignisses vollständig aufgeben zu müssen. Problematisch kann es sein, wenn ein Paar in einer solchen Zeit ein neues Kind zeugt, das den Platz des verstorbenen Kindes wieder besetzen soll. Es kann dann in die überfordernde Rolle geraten, den Eltern die notwendige intensive Trauer ersparen zu sollen, die doch unumgänglich ist, wenn wir Abschied nehmen müssen. Oft wird das tote Kind dann idealisiert, das Ersatzkind wird mit ihm verglichen. Weil ein lebendiger Mensch aber niemals ideal ist, schneidet das neugeborene Kind bei einem solchen Vergleich immer zu schlecht ab, es enttäuscht seine Eltern dauernd, bekommt keine wirkliche Chance und wird in seiner eigenen Entwicklungsmöglichkeit eingeschränkt.

Entsprechend kann es nach dem Tod eines Partners zu Schwierigkeiten führen, wenn der leergewordene Platz aus ähnlichen Motiven sehr schnell mit einem neuen Partner besetzt wird. Wenn nicht genügend Raum für Abschied und Trauer eingeräumt wurde, kann es sein, daß der neue Partner lediglich die Rolle des verstorbenen Partners übernehmen soll. Eine rechte Chance für die Entwicklung einer eigenständigen neuen Beziehung ist so nicht gegeben.

Die Möglichkeiten zum Eingehen einer neuen Partnerschaft werden mit zunehmendem Alter geringer. Die innere Freiheit, sich nach dem Tod des Partners dennoch entscheiden zu können, ob man es jetzt vorzieht, alleine weiterzuleben oder noch einmal eine Beziehung einzugehen, ist jedoch größer, wenn die vorherige Partnerbeziehung nicht durch angstvolle Bindung und Abgeschlossenheit des Paares nach außen geprägt war, sondern wenn sie beweglich, frei und mit zahlreichen sozialen Kontakten außerhalb der Familie war. Dann wird ein neuer Partner im allgemeinen weder unbedingt benötigt, weil man alleine nicht leben kann, noch muß er absolut vermieden werden, weil dies die Bindung an den Verstorbenen nicht zuließe.

17. KAPITEL

Ein gruseliges Paar: Destruktivität in der Ehe

Als Herr und Frau M. zu einem meiner Kollegen in Behandlung kamen, lief das Paar vor dem ersten Gespräch einigen seiner Mitarbeiter im Flur über den Weg. Sie sprachen ihn später an und fragten: «Wen hast du denn da bei dir gehabt?» – «Finstere Gesellen!» – «Die wirkten so unheimlich, geradezu gruselig.»

Das Paar, das solche ersten Eindrücke ausgelöst hatte, war etwas älter als der Durchschnitt der Patientenpaare, die diese Beratungsstelle sonst aufsuchten: Der Mann war sechzig Jahre alt, die Frau Mitte Fünfzig. Sie waren seit mehr als dreißig Jahren miteinander verheiratet.

Beim Eintreten in das Zimmer wirkten Herr und Frau M. auf den Kollegen nicht viel anders als auf seine Mitarbeiter. Sie schlichen mehr in das Zimmer als daß sie gingen. Der Mann hatte den Kopf etwas eingezogen und blickte sich ein paarmal um, so, als wollte er sich vergewissern, daß kein fremder Zuhörer mit im Zimmer sei. Die Frau war auffallend blaß, verhärmt. Sie sah älter aus, als sie war, und zog ebenfalls das Genick etwas ein.

Nachdem sie Platz genommen hatten, begann der Mann mit flüsternder Stimme zu sprechen.

MANN: Unser Hausarzt hat uns zu Ihnen geschickt. Er weiß nicht mehr weiter.

FRAU (mit zischender Stimme): Es geht mir so schlecht. Er ist an allem Schuld.

MANN (leise, aber eindringlich, etwas drohend): Nun fang nicht schon wieder an! Sie beschuldigt mich dauernd.

FRAU: Dazu habe ich ja auch allen Grund.

MANN: Hast du nicht!

FRAU: Und wie ich das habe.

THERAPEUT: Vielleicht versuchen Sie erst einmal, beide zu sagen, worin aus Ihrer Sicht (zum Mann) und aus Ihrer Sicht (zur Frau) das Problem besteht, das Sie hierher geführt hat.

FRAU (mit vor Wut zitternder Stimme, leise, drohend): Mein Mann war auf Kur. Dort ist er fremdgegangen.

MANN: Bin ich nicht.

FRAU: Jetzt fängst du schon wieder an zu lügen! (Zum Therapeuten): Er gibt es nämlich nicht zu. Aber als er zurückkam, habe ich seine Brieftasche und sein Portemonnaie durchgesehen. Und in der Brieftasche war ein Zettel mit der Adresse dieser Frau.

MANN: Ich habe ja nie abgestritten, daß ich die in der Kur kennengelernt habe. Aber wir haben nichts miteinander gehabt.

FRAU: Warum hast du dann ihre Adresse in der Brieftasche? Natürlich habt ihr was miteinander gehabt!

MANN: Haben wir nicht!

FRAU: Habt ihr doch!

MANN (ein bißchen verzweifelt wirkend): So geht es immer, jetzt schon seit Monaten. Was soll man da denn machen?

THERAPEUT (zum Mann): Sie sagen also, daß Sie während der Kur kein Verhältnis mit dieser Frau hatten und (zur Frau), Sie sind davon überzeugt, daß es doch so war.

MANN UND FRAU (nicken).

MANN (mit noch leiserer Stimme): Am besten sage ich gleich alles, es kommt ja doch heraus. Ich habe nämlich im Gefängnis gesessen.

THERAPEUT: Weshalb das?

MANN: Das ist schon lange her. Aber meine Frau hält mir das immer noch vor. Vor über dreißig Jahren, bevor ich meine Frau kennenlernte, war ich schon einmal verlobt. Und eines Tages war meine Verlobte plötzlich schwanger. Wir wollten das Kind aber nicht. Da haben wir es weggemacht... (zögernd, noch leiser, kaum noch verständlich:)... mit tödlichen Folgen.

THERAPEUT (etwas verwirrt): Mit tödlichen Folgen?

MANN: Ja. Sie ist daran gestorben.

THERAPEUT: Und Sie hatten etwas mit der Abtreibung zu tun?

MANN: Ja. Ich hab's gemacht.

THERAPEUT: Wie haben Sie das gemacht?

MANN: Ich hab ihr Seifenlauge gespritzt. In die Gebärmutter.

THERAPEUT (mühsam beherrscht): Seifenlauge in die Gebärmutter?

MANN: Ja. Dann gab es eine Luftembolie. Dann war sie tot. Und ich kam ein halbes Jahr ins Gefängnis wegen Totschlags.

THERAPEUT (zur Frau): Haben Sie das gewußt, als Sie Ihren Mann kennenlernten?

FRAU: Natürlich. Aber ich war ja so verliebt in meinen Mann. Ich habe ihn nur von hinten gesehen auf dem Jahrmarkt, da wußte ich schon, den will ich.

MANN: Damals hast du mich ja noch verteidigt, deiner Familie gegenüber und allen.

FRAU (zum Therapeuten): Und wenn ich Ihnen jetzt sage, daß er unser erstes Kind auch abgetrieben hat?

THERAPEUT (zum Mann): Obwohl Sie deshalb schon einmal im Gefängnis waren, haben Sie es noch einmal gemacht?

MANN: Ja. Sie wollte es ja auch.

THERAPEUT (zur Frau): Stimmt das?

FRAU: Ja, das stimmt. Wir konnten es nicht gebrauchen. Seine Mutter hat immer mitgeholfen.

THERAPEUT: Immer?

FRAU: Ja, die haben das immer zusammen gemacht.

THERAPEUT: Wie haben sie es gemacht?

FRAU: Mit Stricknadeln. In die Gebärmutter. Und Rotwein mußte ich trinken mit Nelken, dann haben sie in mir rumgeprokelt. Sie haben das ja immer so gemacht.

THERAPEUT: Immer?

FRAU: Ja, seine Mutter war dafür ja da auf dem Dorf, und er war ihr Assistent von Kindheit an. Und unseren Sohn wollten sie auch wegmachen. Immer mit der Stricknadel. Da hat es aber nicht geklappt. Aber seitdem bin ich krank. Früher habe ich ausgesehen wie das rosige Leben. Seitdem bin ich blaß. Ich mußte immer die Wärmflasche auf den Bauch legen und Rotwein trinken. Seine Mutter hat aufgepaßt, daß ich das auch gemacht habe. Bei diesem einen Mal hat es aber nicht geklappt. Unser nächstes Kind haben wir dann wieder abgetrieben.

THERAPEUT: Und Sie haben nichts dagegen gesagt?

FRAU: Was sollte ich denn machen? Es paßte ja wirklich nicht, daß die Kinder kamen. Irgendwie wollte ich sie dann doch. Aber irgendwie auch nicht. Die haben mich jedenfalls krank gemacht: mein Mann und seine Mutter.

Im weiteren Verlauf des Gesprächs zeigt sich, daß die beschriebenen Ereignisse nur die Spitze des Eisbergs waren. Die ganze dreißigjährige Ehegeschichte war gekennzeichnet von Destruktivität, Quälen und Gequältwerden. In diesem makabren Zusammenspiel war die Frau häufig in der Rolle des masochistischen Opfers, der Mann in der Rolle des sadistischen Täters. Aber die Frau quälte auch ihren Mann mit Demütigungen, daß er es zu nichts gebracht habe, und mit Vorwürfen, weil er sie krank gemacht habe. Der Mann fing dann an zu trinken, und wenn er volltrunken war, prügelte er sie, bis sie still war.

Die Begriffe «Sadismus» und «Masochismus» verwende ich hier nicht zur Beschreibung einer sexuellen Perversion, sondern zur Charakterisierung einer Beziehungsform von Herrschaft und Unterwerfung mit der Einfärbung von Quälen und Sich-quälen-Lassen.

Beide Partner hatten mehrfach versucht, sich das Leben zu nehmen, aber immer so, daß der andere es rechtzeitig merken mußte. Selbst die lebensrettenden Maßnahmen bekamen eine sadomasochistische Färbung:

FRAU: Ich hatte die Tabletten schon in der Hand. Ich wollte nicht mehr. Dann hat er mich nicht gelassen. Er hat mir die Hand aufgebrochen.

MANN: Was sollte ich denn machen?

FRAU: Du hättest mich lassen sollen. Statt dessen hast du mir die Hand aufgebrochen und hast mich geohrfeigt. Auch damals, als ich vor das Auto rennen wollte, hast du mich geohrfeigt. Dann hast du mich festgehalten, so daß es wehgetan hat.

In dieser Familie, in der der Mann der Sohn der dörflichen Engelmacherin war, der seiner Mutter von Kindesbeinen an bei den Abtreibungen assistieren mußte, hatte sich mit grausamer Selbstverständlichkeit ein terroristisches Weltbild entwickelt. Wichtig war, daß die Dinge immer «in Ordnung» sein mußten. Alles mußte kontrollierbar sein. Unerwünschte Schwangerschaften, das hatte das Kind der Engelmacherin von seiner Mutter und von der dörflichen Gemeinschaft immer wieder beigebracht bekommen, bedeuteten Unordnung, durch die das ordentliche Leben durcheinander kam. Durch die Abtreibungen konnte die Ordnung wiederhergestellt werden.

Leben, Lust, Kinder sind chaotisch. Sie bringen alles durcheinander. Abtreibungen und Tod stellen die Ruhe wieder her, schaffen Ordnung, beseitigen das Chaos. Der Tod war allgegenwärtig und ein vertrauter Geselle. So war es in der Herkunftsfamilie des Mannes. So war es aber auch in der dörflichen Umgebung. Die Engelmacherin wurde ja gebraucht. Alle machten mit, alle hielten es für richtig und notwendig. Deshalb konnten sich hier auch keine Schuldgefühle entwickeln. Was gemacht werden mußte, wurde kalt und gefühllos gemacht. Die Ordnung hatte Vorrang.

In der Herkunftsfamilie der Frau, einem kleinen Beamtenhaushalt, galten die gleichen Werte. Das Kind mußte gehorchen, sonst bekam es Schläge. «Wo kämen wir hin, wenn wir Chaos und Unordnung dulden würden?» sagte der Vater dieser Frau oft.

So wurden in einer verlogenen, kleinbürgerlichen Atmosphäre auf dem Lande die Engelmacherin und ihre ganze Familie zu Tätern gemacht und ließen sich auch dazu machen. Sie handelten im Auftrag der Gesellschaft, die die Abtreibung gleichzeitig verbot, damit nach außen hin alles seine Ordnung hatte, und duldete, damit in den Familien keine Unordnung entstand. Die Schmutzarbeit wurde delegiert, man erfand den Beruf der Engelmacherin, weil die Werte von Ruhe und Ordnung so heilig waren.

In der Ehe dieses Paares war es dann auch nur folgerichtig, daß die dreißig Jahre einer sadomasochistischen Beziehung zwischen den Ehepartnern zu keiner ernsthaften Krise geführt hatten. Die Manipulationen mit Stricknadeln, Seifenlauge und Rotwein mit Nelken gehörten dazu, das Quälen und Sich-quälen-Lassen mit Worten und mit Schlägen ebenso. Keiner der Partner hatte jemals daran gedacht, sich zu trennen.

Erst jetzt, als ein Problem auftauchte, das «lebendig» war, als es nämlich möglich erschien, daß der Mann sich auf ein erotisches Abenteuer eingelassen haben könnte, kam es zur Krise. Liebe und Erotik bringen alles durcheinander. Sie bedrohen die Ordnung. Sie gefährden die kleinbürgerliche Welt. In der Frau entwickelte sich eine ungeheure Angst, ihren Mann nicht mehr unter Kontrolle zu haben, die sie in den dreißigjährigen Ritualen von Sadismus und Masochismus niemals zuvor erlebt hatte. Bis dahin konnte sie sicher sein, daß nichts Unvorhergesehenes passierte. Wenn sie ihren Mann mit Worten quälte, fing er an zu trinken und schlug sie. Das waren überschaubare und kontrollierbare Abläufe. Verlassen würde er sie deshalb nie.

Aber eine andere Frau? Ein Seitensprung? Liebe und Lust? Hier mußte ein Fachmann her, der Paartherapeut sollte helfen, diese Unruhestifter auszuschalten. So wiederholte sich in der Paartherapie das vertraute Familienmuster: Störendes muß ausgeschaltet und abgetrieben werden. Der Therapeut, so war die unbewußte Phantasie der Frau, sollte dem Mann die chaotischen Gefühle herausoperieren. Diese destruktiven Impulse gehen über eine lediglich sadomasochistische Beziehung hinaus.

Sadomasochistische Paare sind nicht gruselig.

Wer von den beiden «recht» hatte, konnte man natürlich nicht herausbekommen. Aufgrund der vorhandenen Familiendynamik war es eher unwahrscheinlich, daß der Ehemann eine Beziehung eingehen würde, die die Ehe ernsthaft gefährden könnte, ja es war sogar unwahrscheinlich, daß er fremdgegangen war, und wenn, dann in einer Art und Weise, in der liebevolle Gefühle zu einer anderen Frau, die die Ehe ernsthaft hätten gefährden können, wohl keinen Platz gehabt hätten. Wahrscheinlich handelte es sich eher um eine paranoide Eifersuchtsreaktion der Frau aufgrund der eigenen, jahrelang unter Kontrolle gehaltenen Ausbruchs- und Fremdgehimpulse, die sie dann auf ihren Mann projizierte. Wenn es so war, dann war diese Reaktion dadurch ausgelöst worden, daß der Mann erstmalig in eine Kur gefahren war, was das gewohnte eheliche Arrangement von wechselseitiger Kontrolle und sadomasochistischer Interaktion unterbrochen hatte. Der Triebdruck bei der Frau konnte nicht mehr im täglichen quälerischen Umgang mit dem Mann zur Abfuhr gelangen. Er stieg derartig, daß er zu einer paranoiden Reaktion führte, durch die das Triebhafte, Unkontrollierbare nach außen projiziert wurde und so die Frau innerseelisch nicht mehr beunruhigen mußte.

Eine wirkliche Veränderung in der Paarbeziehung konnte nach der jahrzehntelangen Chronifizierung dieser Form des Umgangs miteinander nicht mehr erwartet werden. Das Paar nahm irritiert zur Kenntnis, daß der Therapeut die dreißigjährige Vorgeschichte schlimmer fand als das aktuelle Problem. Es suchte sich Gesprächspartner, von denen es sich besser verstanden fühlte: Nachbarn im Dorf mit einem ähnlichen Weltbild. Die Ehe stabilisierte sich wieder nach dem seit dreißig Jahren bewährten Muster.

Neben den schon beschriebenen phobischen Kollusionen gehören die sadomasochistischen Kollusionen zu den stabilsten Partnerbeziehungen, die sich in unserem Lande finden. In unserem Beispiel trugen die sadomasochistischen Anteile der Beziehung sogar dazu bei, die Beziehung zusammenzuhalten, obwohl gleichzeitig starke destruktive Kräfte existierten, die eine Beziehung meist stark gefährden.

Manchmal gibt es Freunde und Bekannte, die den sadomasochistischen Umgangsstil eines Paares nicht mehr aushalten und der Meinung sind, es müßte etwas geschehen, es müßte sich etwas verändern, oder das Paar müßte sich endlich trennen. Die Partner selbst, die in einer solchen Beziehung miteinander leben, kommen jedoch nur selten auf solche Ideen, und sie setzen sie noch seltener um. Sadomasochistische Beziehungen dienen in einem zu hohen Ausmaß der wechselseitigen Triebbefriedigung und der innerseelischen Entlastung, als daß ein solches Arrangement aufgegeben werden könnte. In unserem Beispiel kommt noch hinzu, daß das beunruhigend Destruktive im eigenen Inneren auf den Partner projiziert und in ihm bekämpft wurde. Daß das, was bekämpft wurde, Anteil der eigenen Persönlichkeit war, konnte nicht wahrgenommen werden und blieb unbewußt.

Solche Mechanismen sind in unserer Gesellschaft weiter verbreitet, als wir es oft wahrhaben wollen. Das beschriebene Beispiel ist lediglich ein Extremfall. Wenn ein ganzes Dorf in der Gegenwart ein paar rechtsradikale Jugendliche beauftragt, das regionale Ausländerwohnheim in Brand zu stecken, so liegt nichts anderes vor als in unserem Beispiel mit der Engelmacherin. Hier wird das Beunruhigende, Befremdliche, Destruktive im eigenen Inneren, das, was unser ordentliches Leben durcheinanderbringt, nicht auf die ungeborenen Kinder projiziert, die deshalb «weggemacht» werden müssen, sondern auf die Ausländer. Dann sind es nicht mehr unsere eigenen beunruhigenden, zerstörerischen Impulse, die uns in einer gesellschaftlichen Umbruchsphase mit zunehmenden Verteilungskämpfen und Verunsicherungen zu schaffen machen. Dann sind es die befremdlichen Fremden, die Ausländer, die alles durcheinander bringen. So lange sie lebendig sind, sind sie nicht vollständig kontrollierbar. Erst der Mord stellt die Ordnung wieder her, bringt alles wieder unter Kontrolle.

18. KAPITEL

Trennung und Scheidung

Unter der Überschrift «Scheidung? Nein Danke!» schreibt das Nachrichtenmagazin «Focus» im Juli 1993, daß die Erfolgsquote der Paartherapeuten hierzulande 65–80 % beträgt. Was hier unter «Erfolg» verstanden wird, wird gleich im nächsten Satz deutlich, in dem die Paartherapeuten als «Scheidungsbremser» charakterisiert werden. Erfolgreich ist eine Paartherapie also dann, wenn eine Scheidung verhindert wird. Dies meinen nicht nur die Redakteure des «Focus», sondern das ist auch die am weitesten verbreitete Meinung in der Öffentlichkeit.

Ein Paartherapeut, der seinen Patienten zu der Möglichkeit verhelfen will, eine eigenständige und zu ihnen passende Lösung ihrer Probleme zu finden, braucht in manchen Fällen also Mut. Denn diese Lösung kann auch die Scheidung sein.

Ich selbst habe in den vergangenen fünfzehn Jahren 250 Paare untersucht und mit einem großen Teil von ihnen auch therapeutisch zusammengearbeitet. Einem Teil der Paare wurde nach dem diagnostischen Erstgespräch eine andere Behandlungsform empfohlen: psychoanalytisch orientierte Einzeltherapie, sozialpsychiatrische Behandlung oder Verhaltenstherapie, in manchen Fällen auch medikamentöse psychiatrische oder internistische Behandlung oder eine stationäre psychotherapeutische oder psychiatrische Therapie für einen der beiden Partner.

Zur Scheidung als Ergebnis der Therapie kam es bei diesen Paaren in etwa 10 % der Fälle. Das liegt zwar deutlich unter dem in Deutschland inzwischen üblichen Bundesdurchschnitt von 30 % aller geschlossenen Ehen (75), so daß ich wahrscheinlich auch in den Augen der «Focus»-Redakteure ein erfolgreicher Paartherapeut bin. Dennoch habe ich selbst nicht den Eindruck, daß alle Therapien, bei denen das Paar zusammengeblieben ist, erfolgreiche Therapien waren, oder daß umgekehrt die Behandlungen, bei denen das Paar sich trennte, immer erfolglos waren.

Wenn Paare zu mir kommen, sage ich ihnen oft in einem der ersten Gespräche, daß es im allgemeinen drei Entwicklungen gibt, wenn eine Beziehung in eine Krise geraten ist: Entweder arbeiten beide Partner, intensiv mit und bemühen sich darum, sich selbst, nicht den Partner zu verändern und gleichzeitig die Partnerkonflikte zu lösen. Dann besteht eine gute Chance, daß es nach einiger Zeit beiden besser geht: jedem für sich und beiden miteinander. Oder das Paar arbeitet genauso engagiert mit, und es kommt zu Veränderungen der Partner, die beiden möglich machen, sich voneinander zu lösen und sich zu trennen. Der dritte Weg, der ohne Therapie zweifellos der häufigste ist, der aber auch in Paartherapien nicht allzu selten vorkommt, sieht so aus, daß die Angst vor Veränderungen zu groß ist und daß das Paar sich mit dem Status quo arrangiert. Dann bleibt alles so wie bisher, und das Paar bleibt zusammen.

Natürlich ist eine solche Einteilung etwas zu pointiert, und es gibt in Wirklichkeit alle möglichen Zwischentöne. Manche Paare verändern sich nicht sehr stark, sondern nur ein bißchen und sind trotzdem glücklicher als zuvor. Wenn es zur Scheidung kommt, trennen sich manchmal trotz Paartherapie nicht beide Partner aus Überzeugung, und manchmal leidet einer mehr unter der Trennung, als daß er sich aus einer unglücklichen Verstrickung befreit fühlt. Ein Teil der Scheidungen wäre sicherlich auch überflüssig gewesen, wenn es gelungen wäre, mehr aus der Vorgeschichte der zerstrittenen Partner aufzuarbeiten als den Paaren und mir in manchen Fällen gelungen ist.

Dennoch hilft dieser Hinweis auf die drei häufigsten Entwicklungen am Beginn einer Paartherapie den Partnern meistens, zu erkennen, daß ich ihre Krise ernst nehme und daß Krise immer auch bedeutet, daß es zu einer Trennung kommen kann. Vor allem aber macht sie dem Paar deutlich, daß ich meine Aufgabe nicht darin sehe, die Beziehung auf Biegen oder Brechen zu retten.

In diese Rolle werden ja Eheberater und auch Freunde und Bekannte, die in die Lösung von Krisen einbezogen werden, häufig gebracht. Das ist auch gar nicht so schwer zu erklären. In dem Kapitel zur Übertragung habe ich bereits den Begriff des Übertragungsauslösers erläutert. Ein Paar ist nun ein besonders markanter Übertragungsauslöser für die meisten Menschen: Es erinnert uns nämlich immer auch an das Paar, mit dem wir in unserem Leben am längsten und am meisten zu tun hatten, jedenfalls wenn wir in einer traditionellen Familie mit Mutter und Vater aufgewachsen sind: nämlich an unsere eigenen Eltern. Wenn uns ein Paar gegenübersitzt, so ist dieses Paar also immer auch ein möglicher Auslöser für eine Elternübertragung. Das heißt aber, daß wir, wenn diese Übertragung in vollem Ausmaß wirksam wird, in die Rolle von Kindern geraten. Und wenn sich das Paar, das uns gegenübersitzt, in einer Krise befindet und Trennung droht, so geraten wir in die Rolle von Kindern, deren Eltern sich trennen wollen. Kinder haben aber nahezu immer, selbst unter katastrophalen Familienverhältnissen, den Wunsch, die Beziehung der Eltern zu retten, weil sie auf keinen von beiden verzichten möchten. Erst bei älteren Kindern findet sich hin und wieder eine Konstellation, in der die Kinder für die Scheidung der Eltern plädieren, was aber regelmäßig gleichzeitig mit Schuldgefühlen einhergeht.

Der Psychoanalytiker und Psychiater Wolfgang Tress hat in seiner hochinteressanten Untersuchung «Das Rätsel der seelischen Gesundheit» (78) herausgefunden, daß die Kinder hier oft etwas tun, was ihnen nicht wirklich nützt. Interessanterweise finden sich nämlich bei den Kindern *allein*erziehender Eltern, die es geschafft haben, einen unerträglichen Partnerkonflikt durch Trennung zu beenden, seltener psychische Erkrankungen im Erwachsenenalter als bei Kindern aus chronisch gestörten Ehen, bei denen die Eltern zusammenblieben.

Wenn wir als Freunde, Bekannte, Eheberater oder Paartherapeuten also einem Paar in einer Krise gegenübersitzen, besteht eine hohe Chance, daß wir in die Rolle solcher Kinder geraten und uns nach Kräften bemühen, diese Beziehung zu retten. Das ist auch der Grund, weswegen in der Öffentlichkeit und bei den Redakteuren des «Focus» die Meinung vorherrscht, eine erfolgreiche Paartherapie müsse die Ehe retten. Dies ist der Standpunkt aus der Kinderposition heraus.

Lasse ich mich als Paartherapeut in diese Rolle bringen, so verliere ich jedoch einen großen Teil meiner therapeutischen Wirksamkeit, denn die Therapie der Eltern durch ein Kind ist für das Kind immer eine Überforderung. Erfahrene Paartherapeuten merken es ihrer eigenen Befindlichkeit oft an, wenn sie in eine solche Rolle zu geraten drohen. Man gewinnt nämlich dann sehr schnell den Eindruck, daß die Behandlung ungewöhnlich anstrengend ist, also ähnlich anstrengend wie die Rettung der Ehe der Eltern für ein Kind. Solche Analysen der eigenen Befindlichkeit oder ein Gespräch mit einem Kollegen oder einer Kollegin über eine solche anstrengende Therapie können einem dann dazu verhelfen, aus dieser Rolle wieder herauszutreten, um wieder aus der Erwachsenenposition heraus kompetent und wirklich hilfreich mit dem Paar arbeiten zu können (44).

Manche Paare kommen auch zur Eheberatung oder Paartherapie, obwohl beide Partner bereits innerlich fest entschlossen sind, sich zu trennen, was beide dem Partner aber noch vorenthalten. In solchen Fällen kommt es dann häufig zu dem Pseudo-Therapieauftrag, der Therapeut solle versuchen, die Ehe zu retten. Das ganze Manöver dient aber eigentlich nur dazu, den Therapeuten mit diesem Auftrag scheitern zu lassen, um sich dann selbst und vor allem dem Partner bewiesen zu haben, daß alle Versuche doch keinen Zweck haben.

So war es auch bei einem Paar, das nach einer dreißigjährigen Kampf- und Streitehe in meine Sprechstunde kam und das verbissene Streiten dort sofort nach der Begrüßung fortsetzte. Die Frau sprach davon, daß ihr Mann versuche, sie zu dressieren. Er sei dabei aber nicht offen aggressiv, vor allem schlage er sie nicht. «Er gibt uns aber auch keine Ruhe.» Der Mann klagte darüber, daß seine Frau ihn niemals ausreden lasse und daß sie ihn von Anfang an gehaßt habe, weil er es beruflich nicht weit genug gebracht hat. «Sie schafft alles, und ich bin ein Versager.» Vor fünf Jahren hat das Paar bereits einmal eine dreijährige Paartherapie gemacht, die von einem Kinder- und Jugendlichenpsychotherapeuten empfohlen worden war, der eines der Kinder aus dieser Ehe wegen erheblicher Verhaltensauffälligkeiten in Behandlung genommen hatte. Diese Therapie ist dann aber von dem Mann abgebrochen worden, weil sie nichts gebracht habe. Die

Kinder sind inzwischen alle aus dem Haus. Danach hat sich das Paar in die sozialpsychiatrische Behandlung einer Kollegin begeben, von der aber auch beide enttäuscht waren. Als ich dem Paar nach diesem Gespräch sagte, ihr Fall sei nichts für einen Psychotherapeuten, sondern für einen Scheidungsanwalt, gaben beide zu verstehen, daß sie das eigentlich auch meinten, und verließen hochbefriedigt meine Praxis.

Der Psychoanalytiker und Familientherapeut Günter Reich fand in einer Untersuchung (63) heraus, daß folgende Faktoren die Bereitschaft, Ehekonflikte durch eine Trennung oder Scheidung zu lösen, fördern können:

Partner, die in ihren Herkunftsfamilien und in deren familiärem Umfeld Trennungen und Scheidungen erlebt haben, kommen schneller auf die Idee, sich in einer Partnerkrise selbst zu trennen, als andere Partner, die nicht aus solchen Familien kommen.

In der Vorgeschichte von Menschen, die sich scheiden lassen wollen, finden sich häufiger als bei anderen auch andere Arten von Trennungserfahrungen und von Beziehungsabbrüchen, zum Beispiel durch den Tod von wichtigen Beziehungspersonen in der Kindheit. Manche Partner hatten dabei mehrere Beziehungsabbrüche erlebt, zum Beispiel, wenn sie nach der Scheidung der Eltern zuerst bei einem Elternteil, dann, nachdem dieser wieder eine Beziehung eingegangen war, bei dem anderen gelebt haben. Eine Variante dieser Beziehungsabbrüche waren Kriegsfolgen: Die durch Krieg oder Kriegsgefangenschaft in den ersten Lebensjahren der Kinder abwesenden Väter wurden von ihnen nach deren Rückkehr dann oft nicht als Väter, sondern als Fremde erlebt.

Häufig fanden sich auch Beziehungsformen in der Herkunftsfamilie, die sich durch einen besonders distanzierten Umgang der Familienmitglieder miteinander auszeichneten. Das konnte so aussehen, daß es äußerlich eng, nämlich im Sinne von kontrollierender Enge, in der Familie zuging, innerlich aber distanzierte Beziehungen vorherrschten. In solchen Familien war es zum Beispiel wichtig, daß die Kinder, die späteren Partner aus den Scheidungsfamilien, festgesetzte Regeln und Ordnungsprinzipien einhielten. Sie wurden von ihren Eltern in ihrer Lebensweise kontrolliert und hatten über jeden Schritt Rechenschaft abzugeben. Dabei interessierten sich die Eltern aber nicht für ihre Sorgen und Nöte und konnten sich nur schwer in die Kinder einfühlen. Der distanzierte Umgang miteinander konnte auch so aussehen, daß nicht nur eine innere, sondern auch eine äußere Distanz eingehalten wurde. In diesen

Familien konnten die Eltern nichts mit ihren Kindern anfangen und hatten wenig mit ihnen zu tun. Die Kinder wurden oft weitgehend sich selbst überlassen. Eltern und Kinder waren einander fremd. Der Beruf, der Familienbetrieb oder materielle Dinge standen im Interesse der Eltern deutlich höher als die Kinder. Reich berichtet in seiner Untersuchung von einem Vater, der zu seiner Tochter, die an einem Sessel im Wohnzimmer der Familie gespielt hatte, gesagt haben soll: «Sei vorsichtig, der soll länger leben als du.»

Weiterhin finden sich bei den Scheidungspaaren in den Herkunftsfamilien gehäuft schwere Ehekonflikte, die von der Vorgeneration aufgrund materieller Gegebenheiten, sozialer Normen, religiöser oder anderer Moralvorstellungen zähneknirschend ertragen worden waren, ohne daß Scheidung für sie wirklich in Frage gekommen wäre, bei denen aber das Thema der Scheidung ständig in der Luft gelegen hatte.

Besonders häufig kommt es auch zu Trennungen in den Fällen, in denen die Partnerbeziehung oder Ehe als Mittel benutzt worden war, um von zu Hause loszukommen, ohne daß die Abhängigkeiten von den Eltern wirklich aufgelöst wurden. Statt dessen wurden diese Abhängigkeiten einfach auf die Partner übertragen. In manchen dieser Fälle ist die Trennungsabsicht dann auch ein Mißverständnis: Unbewußt gewünscht wird die innere Lösung und Trennung von den Eltern, denen gegenüber sich eine noch immer enge Bindung erhalten hat, die auch noch nach deren Tod bestehen kann. Die Loyalitätsbindungen gegenüber diesen Eltern sind jedoch so stark, daß die Trennung an einer Elternersatz-Person abgehandelt werden soll, nämlich dem Partner, der bei der Eheschließung in die elterliche Rolle eingetreten ist.

Durch diese Ergebnisse werden Untersuchungen wie die oben zitierte von Tress zwar nicht widerlegt, aber relativiert. Trennungen der Eltern hinterlassen natürlich immer ihre Spuren in den Kindern. Diese Spuren können dann zum Beispiel so aussehen, daß die Kinder selbst größere Schwierigkeiten haben als andere Menschen, stabile Partnerbeziehungen einzugehen oder schwere Ehekrisen auf eine andere Weise zu lösen als wiederum durch Trennung.

Die Scheidung der Eltern ist für Kinder immer schmerzlich, weswegen sie ja auch über viele Jahre hin versuchen, eine solche Scheidung um nahezu jeden Preis zu verhindern. Aber gerade in diesen Fällen, in denen Kinder über Jahre hin angstvoll um den Fortbestand der Ehe der Eltern gekämpft haben, wäre eine Trennung wahrscheinlich das geringere Übel gewesen. Die Scheidung ist dann zwar immer noch schmerzhaft für die Kinder. Aber Schmerz läßt sich meist auch verkraften, und ein vorübergehender Schmerz ist besser auszuhalten und für die weitere seelische Entwicklung offensichtlich auch zuträglicher als eine chronische Dauerbelastung durch einen immerwährenden elterlichen Konflikt.

Kommen Ehepartner zur Scheidungsberatung, sind fast immer Kinder im Spiel. Die Trennung von Paaren ohne Kinder ist zwar auch immer schmerzhaft und bedeutet manchmal einen derartigen Einschnitt im Leben eines Menschen, daß er schon auf die Idee kommen kann, psychotherapeutische Hilfe in Anspruch zu nehmen. Meist ist dies jedoch keine paartherapeutische Hilfe mehr. Es fehlt hier ein wichtiger Beweggrund für das Aufnehmen einer Partnertherapie: Die Trennung wird meist nicht mehr als gemeinsame Aufgabe begriffen. Dazu ist das Paar, wenn es den Entschluß fällt, sich äußerlich sichtbar zu trennen, meist innerlich bereits zu weit voneinander entfernt und getrennt. Die Trennung wird damit zur jeweils individuellen Aufgabe der Frau und des Mannes.

Sind aus der Paarbeziehung jedoch Kinder hervorgegangen, so bleibt eine gemeinsame Aufgabe. Das Paar kann sich als Partner trennen, als Eltern wird es miteinander zu tun haben, bis die Kinder selbst erwachsen sind und manchmal auch noch darüber hinaus. Manche Paare, meist sind es besonders verantwortungsbewußte Eltern, begeben sich aus diesem Grund in einer Scheidungssituation in Paartherapie. Hier geht es dann meistens darum, die Trennung so zu gestalten, daß der Schaden für die Kinder so gering wie möglich gehalten wird. Solche Eltern sind oft fähig, intensiv Trauer darüber zu empfinden, daß sie es nicht geschafft haben, den Kindern das Trauma der Trennung zu ersparen. Sie bemerken, wie schwer es ist, die Kinder nicht zur Stabilisierung ihrer eigenen zutiefst erschütterten Existenz zu mißbrauchen. Bestand zuvor ein neurotisches Ehearrangement, in dem der Partner zur Erfüllung eigener infantil gebliebener Wünsche benutzt worden war, fällt es schwer, nun nicht die Kinder in diese Rolle hineinzuzwingen. Diese Eltern spüren auch, wie schwer es ist, dem Partner gegenüber, von dem man sich trennen will, fair zu bleiben und ihn vor den Kindern nicht in die Rolle des Hauptschuldigen bei dem Trennungsdrama zu bringen. Hierdurch würden die Kinder in einen Loyalitätskonflikt gebracht, bei dem sie sich aufgefordert fühlen müßten, für den weniger Schuldigen oder gar das unschuldige Opfer im Trennungskonflikt Partei zu ergreifen und den anderen Elternteil damit zu verraten. Das ist jedoch nicht ohne Schaden für die weitere psychische Entwicklung des Kindes möglich.

Die Gespräche mit solchen Paaren, die trotz Trennung ihrer Verantwortung als Eltern Genüge tun wollen und die ernsthaft darum kämpfen, nicht in die vielen Fallstricke von Trennungskonflikten zu geraten, sind oft sehr bewegend. Denn es hat immer etwas Trauriges an sich, wenn Menschen, die zu derartig viel Gutem imstande sind, wenn es um ihre Kinder geht, es aufgrund von tragischen Verstrikkungen nicht fertigbekommen haben, dieses Gute auch dem Partner angedeihen zu lassen.

Gelingt den Eltern eine solche faire und gütliche Einigung über den Modus der weiteren Betreuung der Kinder nach der Trennung der Eltern nicht, kommt es oft zu einem jahrelangen Hinundhergezerre, in dem die Kinder für den Machtkampf und Rachefeldzug der Eltern mißbraucht werden. Sie werden einem ungesunden Wechselbad von Kränkungen und Abweisungen einerseits und einer scheinbar ungeheuren Wichtigkeit der Kinder andererseits unterzogen, wodurch sie sich narzißtisch aufgeblasen fühlen wie ein Luftballon, aus dem jedoch bei den geringsten Belastungen die heiße Luft der scheinbaren Wichtigkeit der Kinder zischend entweicht. Solche Verläufe, die in Scheidungsverfahren leider nicht selten anzutreffen sind, sind für die weitere seelische Entwicklung der Kinder fatal.

19. KAPITEL

Über Humor

Nicht alle Menschen besitzen die Gabe des Humors. Das ist für die Humorlosen in vielen Lebensbereichen schade, selbst wenn sie sich als Eremiten auf eine einsame Insel zurückziehen. Auch dort bekommen sie es früher und später mit einigen Widerwärtigkeiten des Lebens zu tun, in denen ein bißchen Humor gut für sie sein könnte. Besonders aber ist es schade, wenn sie sich auf eine zwischenmenschliche Beziehung oder gar auf eine Partnerschaft oder Ehe einlassen. Denn dort treten die eigenen Mängel und Schwächen mit der Sicherheit eines Naturgesetzes früher oder später zutage.

Der Partner erfährt nach der anfänglichen Bewußtseinstrübung im Stadium des Verliebtseins früher oder später, mit welchen absonderlichen Eigenschaften und Schrullen wir ausgestattet sind. Herrn H. hängt beispielsweise immer wieder das Hemd aus der Hose. Frau I. verwechselt Salz und Zucker beim Kochen. Herr J., schon etwas älter, geht in den Keller, um eine Flasche Wein hochzuholen. Unten angekommen, hat er jedoch vergessen, weswegen er den mühsamen Abstieg in die Tiefe unternommen hat. Er holt den Hammer aus dem Werkzeugkasten, um seine unliebsamen Alterserscheinungen vor seiner Frau zu verschleiern. An deren verblüfftem Gesicht nach seiner Rückkehr in die Wohnung bemerkt er aber, daß sie die List durchschaut hat, vor allem, als sie unschuldig fragt: «Wolltest du nicht eigentlich eine Flasche Wein hochholen, Liebling?»

Der Humor macht es uns leichter, uns unsere eigenen Unzulänglichkeiten nachzusehen und zu verzeihen. Er stimmt uns auch gegenüber unserem Partner und anderen Menschen gegenüber versöhnlicher, wenn wir mit deren Mängeln und Fehlern zu tun bekommen.

Humor war auch im Spiel in der ersten Liebesnacht von Fermina Daza und Doktor Juvenal Urbino in dem Roman «Die Liebe in den

Zeiten der Cholera» von Gabriel García Márquez (55). Mit großer Rücksicht und Behutsamkeit geht der ältere Mann auf die Ängste und Eigenwilligkeiten seiner jungen Gemahlin ein, die allerdings alles andere als ein nur ängstliches und verhuschtes Frauenzimmer ist. Als sie sich nach mehreren Tagen dazu entschließen kann, den fremden männlichen Körper, der da jetzt nachts neben ihr im Bett lieg, zu erkunden, kommt es zu folgender Szene:

«‹Ich habe nie begriffen, wie dieser Apparat gebaut ist›, sagte sie. Woraufhin er ihr das auf seine lehrmeisterliche Weise erklärte, wobei er ihre Hand an die Stellen führte, die er gerade erwähnte, und sie ließ sich gehorsam wie eine Musterschülerin führen. In einem günstigen Augenblick bemerkte er, daß das alles bei Licht leichter sei. Er wollte es schon anzünden, doch sie fiel ihm in den Arm und sagte: ‹Ich sehe besser mit den Händen.› In Wirklichkeit hätte sie gerne Licht gehabt, aber sie wollte es ohne Aufforderung von irgend jemand selbst anzünden, und so geschah es auch. Da sah er sie in Fötalhaltung und mit dem Laken bedeckt in der plötzlichen Helligkeit liegen. Doch dann sah er, wie sie sich wieder ohne Ziererei das Tier ihrer Neugier griff. Sie drehte und wendete es mit einem Interesse, das schon aufhörte, rein wissenschaftlich zu sein, und sagte zusammenfassend: ‹Es muß schon sehr häßlich sein, um häßlicher als das der Frauen zu sein.› Er gab ihr recht und wies auf schwerwiegendere Unzulänglichkeiten als die Häßlichkeit hin. Er sagte: ‹Es ist wie mit dem ältesten Sohn, man arbeitet sein Lebtag für ihn, opfert alles für ihn, und in der Stunde der Wahrheit tut er dann, was er will.› Sie untersuchte es weiter, fragte, wozu dieses und wozu jenes gut sei, und als sie sich ausreichend informiert glaubte, wog sie es auf beiden Händen, um sich zu beweisen, daß es nicht einmal vom Gewicht her der Rede wert sei, und ließ es mit einer geringschätzigen Geste fallen.

‹Ich finde außerdem, daß zuviel Überflüssiges dran ist›, sagte sie.

Er war verblüfft. So hatte ursprünglich sein Dissertationsthema gelautet: ‹Vom Vorteil einer Vereinfachung des menschlichen Organismus.› Dieser erschien ihm veraltet, mit vielen sinnlosen oder verdoppelten Funktionen, die für andere Zeitalter des Menschengeschlechts unabdingbar gewesen waren, jedoch nicht mehr für unseres. Ja: Er könnte einfacher und damit weniger verletzlich sein. Er folgerte: ‹Das ist etwas, was selbstverständlich nur Gott machen kann, es wäre aber nicht schlecht, es zumindest theoretisch zu durchdenken.› Sie lachte amüsiert und so unbefangen, daß er die Gelegenheit nutzte, sie zu umarmen und ihr den ersten Kuß auf den Mund zu geben.» (53)

Humor macht das Leben leichter – und manchmal sogar das Sterben. Um dies zu demonstrieren, beginnt Sigmund Freud seine kleine Arbeit über den Humor (21) mit der Anekdote von dem Delinquenten, der am Montag zum Galgen geführt wird und der dieses Ereignis mit der Äußerung kommentiert: «Na, die Woche fängt gut an.» Und Humor war auch im Spiele bei einem Ehepaar, bei dem die Frau mir in einer Behandlungssitzung davon erzählte, daß ihnen letzte Woche das Haus abgebrannt sei, woraufhin der Mann bemerkte: «Siehst du wohl, du hast immer gemeint, ich müßte mal aufräumen in meinem Zimmer. So geht es auch.»

An diesen Beispielen wird schon deutlich, weshalb es für Menschen, die den Mut aufbringen, mit einem anderen ebenso unvollkommenen Wesen, wie man selbst es ist, in einer Paarbeziehung zusammenzuleben und damit das Maß der Unvollkommenheit zu potenzieren, ein Segen ist, wenn sie über Humor verfügen. Wenn es nämlich stimmt, was ich in diesem Buch von der ersten Seite an behaupte, daß nämlich Partnerbeziehungen und Ehen nicht ohne Krisen einhergehen können, dann hat es jeder, der sich auf ein solches Unternehmen einläßt, im Laufe der kommenden Jahre mit zahlreichen Situationen zu tun, die außerordentlich unerfreuliche Gefühle in ihm hervorrufen können.

Krisen sind ja, zumindest bei Menschen, die dazu imstande sind, von heftigen Emotionen begleitet: Ärger vor allem, häufig Kränkungen, Enttäuschungen, Traurigkeit, manchmal Verzweiflung, Wut, Haß, Neid, Eifersucht. In solchen Fällen kann ein bißchen Humor so etwas, was Freud als «Trauerarbeit» (19) bezeichnet hat, und andere mühevolle emotionale Arbeiten ein wenig erleichtern. Mit Hilfe des Humors ersparen wir uns nämlich, so der Begründer der Psychoanalyse, einiges an unangenehmen Affekten. Humor ist also ökonomisch.

Er «hat nicht nur etwas Befreiendes wie der Witz und die Komik, sondern auch etwas Großartiges und Erhebendes, welche Züge an den beiden anderen Arten des Lustgewinns aus intellektueller Tätigkeit nicht gefunden werden. Das Großartige liegt offenbar im Triumph des Narzißmus, in der siegreich behaupteten Unverletzlichkeit des Ich. Das Ich verweigert es, sich durch die

Veranlassungen aus der Realität kränken, zum Leiden nötigen zu lassen, es beharrt dabei, daß ihm die Traumen der Außenwelt nicht nahegehen können, ja es zeigt, daß sie ihm nur Anlässe zu Lustgewinn sind. Dieser letzte Zug ist für den Humor durchaus wesentlich. Nehmen wir an, der am Montag zur Hinrichtung geführte Verbrecher hätte gesagt: Ich mach' mir nichts daraus, was liegt denn daran, wenn ein Kerl wie ich aufgehängt wird, die Welt wird darum nicht zugrunde gehen, – so müßten wir urteilen, diese Rede enthält zwar diese großartige Überlegenheit über die reale Situation, sie ist weise und berechtigt, aber sie verrät auch nicht die Spur von Humor, ja sie ruht auf einer Einschätzung der Realität, die der des Humors direkt zuwiderläuft. Der Humor ist nicht resigniert, es ist trotzig, er bedeutet nicht nur den Triumph des Ichs, sondern auch den des Lustprinzips, das sich hier gegen die Ungunst der realen Verhältnisse zu behaupten vermag.» (21)

Insofern ist der Humor eines der regressiven Phänomene, mit denen wir Psychoanalytiker uns ja in der Psychopathologie dauernd auseinandersetzen. Wahrscheinlich liegt es auch daran, daß wir in der psychoanalytischen Arbeit ständig damit beschäftigt sind, der Realität ins Auge zu schauen, Verkennungen aufzuheben und Verleugnungen nicht anzuerkennen, daß viele Psychoanalytiker ebenso wie der Begründer der Psychoanalyse von der beglückenden Gabe des Humors so fasziniert sind. Wenn Sie jemals auf die Idee kommen sollten, eine Psychoanalyse zu machen, dann achten Sie darauf, ob Ihr künftiger Psychoanalytiker irgendwelche Hinweise dafür bietet, daß Sie bei ihm auf Humor hoffen dürfen!

Besonders Menschen, die mit einem unfreundlichen Über-Ich ausgestattet sind, mit einem überstrengen Gewissen oder mit überhöhten Idealvorstellungen, die einem vorschreiben, wie man als guter Mensch zu sein hat, sind ohne Humor noch schlimmer dran, als sie es mit ihrem unfreundlichen Über-Ich sowieso schon sind. Vor allem sind sie ohne Humor für ihre Umgebung nahezu unerträglich. Der Humor hat bei ihnen oft den Charakter des Galgenhumors, so wie bei unserem Delinquenten zu Beginn dieses Kapitels.

So war ein zwanghafter Student für seine junge Frau, die unter seinen starken Arbeitsstörungen mit zu leiden hatte, erträglicher, als er es fertigbrachte, eines Tages mit einem etwas bissigen Schmunzeln zu konstatieren: «Ich habe mal wieder ein Lehrbuch durchgearbeitet und habe alles Wichtige mit einem gelben Leuchtstift markiert. So wie das Buch jetzt aussieht, hätte ich es auch gleich in eine Badewanne mit gelber Brühe tauchen können. Ich habe nämlich *alles* angestrichen.»

Bezieht sich die Äußerung des Humors auf den Umgang mit den Schwächen des Partners und nicht auf die eigenen Mängel und Unzulänglichkeiten, so wirkt er sich meist nur dann hilfreich und ökonomisch in den Paarbeziehungen aus, wenn der andere auch über Humor verfügt. Das war bei dem Paar der Fall, bei dem der Mann mir nach einigen Sitzungen Paartherapie in Gegenwart seiner Frau berichtete: «Meine Frau macht Fortschritte. Bei unserem letzten Urlaub sind wir noch acht Stunden später losgefahren, als wir es uns vorgenommen hatten, weil sie zuvor die ganze Wohnung putzen mußte. Diesmal sind es nur vier Stunden später gewesen.» Beide schmunzelten dabei, auch als ich erwiderte: «Ich gratuliere!»

Somit erhält die Gabe des Humors in einer Partnerbeziehung, vor allem, wenn es zu Krisen in der Beziehung kommt, eine ähnliche Bedeutung wie die Fähigkeit, den Partner in einer milden Weise auch nach vielen Ehejahren zu idealisieren: Menschen, die diese Gabe nicht haben, sehen die Welt realistischer. Glücklicher leben die anderen.

Schluß

Eheliche Krisen sind, das sei zum Schluß noch einmal betont, etwas Normales. Genauso wie sich schon zu Beginn der Paarbeziehung zwei Partner mit zwei verschiedenen Familienstilen aneinander gewöhnen müssen, so ist es immer wieder in typischen Lebenssituationen eine Notwendigkeit, sich an veränderte Bedingungen zu gewöhnen und die partnerschaftlichen Reviere erneut abzustecken.

Hierbei geht es manchmal ausschließlich um bewußte Interessenkonflikte von beiden Partnern, bei denen nach einer Veränderung der äußeren Lebensbedingungen die Verwirklichung dieser Interessen neu aufeinander abgestimmt werden muß. Häufiger jedoch wirken in die krisenhaften Auseinandersetzungen unbewußte Konflikte von einem oder von beiden Partnern hinein, die mit der bisherigen Lebensgeschichte oft mehr zu tun haben als mit dem anderen, mit dem man sich gerade im Streit befindet.

Solche Situationen, die häufig zu Krisen führen, und zwar auch bei ganz glücklichen Paaren, sind die sogenannten Schwellensituationen des Lebens: das Ende der Verliebtheit, das Zusammenziehen in eine Wohnung und die Eheschließung, die erste Schwangerschaft und die Geburt des ersten Kindes, manchmal auch die Geburt des zweiten Kindes, weniger ausgeprägt die Geburt weiterer Kinder, der Bau oder Kauf eines eigenen Hauses, berufliche Veränderungen bei einem Partner, der Auszug der Kinder aus dem Elternhaus und auch tragische Ereignisse wie die Krankheit oder der Tod des Partners oder eines Kindes.

Überstandene Krisen machen das Paar meistens reifer und auch ein bißchen weiser. Und glücklich sind diejenigen, die über ein besonders wirkungsvolles Mittel zur Bewältigung von Krisen und des Lebens überhaupt verfügen: über Humor.

Literatur

(1) Abelin, E. (1971): The Role of the Father in the Separation-Individuation Process. In: McDevitt, J. B., Settlage, C. F. (Hrsg.): Separation-Individuation. Int. University Press. New York.

(2) Allende, I. (1984): Das Geisterhaus. Suhrkamp. Frankfurt/Main.

(3) Ardjomandi, M. E. (1993): Der Ausgang des ödipalen Konfliktes im persisch-sprachigen Raum. In: Rohner, R., Köpp, W. (Hrsg.): Das Fremde in uns, die Fremden bei uns. Asanger. Heidelberg.

(4) Ariès, P. (1978): Geschichte der Kindheit. Deutscher Taschenbuch Verlag. München.

(5) Badinter, E. (1987): Ich bin Du. Die neue Beziehung zwischen Mann und Frau oder die androgyne Revolution. Piper. München.

(6) Baumann, U. (1991): Dyadische Fixierung. Theoretische Konzepte und Entwicklung eines Meßinstruments. Med. Diss. Göttingen.

(7) Bauriedl, T. (1980): Beziehungsanalyse. Suhrkamp. Frankfurt/M.

(8) Bischof, N. (1985): Das Rätsel Ödipus. Piper. München.

(9) Boccaccio, G. (o. J.): Das Decameron. Kelen. Gütersloh.

(10) Boszormenyi-Nagy, I., Spark, G. M. (1981): Unsichtbare Bindungen. Die Dynamik familiärer Systeme. Klett-Cotta. Stuttgart. (Engl.: Invisible Loyalities. Harper & Row. Hagerstown, New York, 1973).

(11) Caruso, I. A. (1974): Die Trennung der Liebenden. Eine Phänomenologie des Todes. Kindler. München.

(12) Dicks, H. V. (1967): Marital Tensions. Routledge & Kegan Paul. London.

(13) Duderstadt, J. (1989): Die Schrägstrich-Ehe. Der aktuelle Rechtsberater für Nichtverheiratete. Eichborn. Frankfurt/Main.

(14) Elias, N. (1977): Über den Prozeß der Zivilisation 1. und 2. Band. Suhrkamp. Frankfurt/Main. 4. Aufl.

(15) Fairbairn, W. R. D. (1954): An Object Relations Theory of the Personality. Basic Books. New York.

(16) Freud, S. (1895): Studien über Hysterie. G. W. 1. S. Fischer. Frankfurt/Main.

(17) Freud, S. (1910a): Über Psychoanalyse. G. W. 8. S. Fischer. Frankfurt/Main.
(18) Freud, S. (1910b): Über einen besonderen Typus der Objektwahl beim Manne. G. W. 8. S. Fischer. Frankfurt/Main.
(19) Freud, S. (1917): Trauer und Melancholie. G. W. 10. S. Fischer. Frankfurt/Main.
(20) Freud, S. (1921): Massenpsychologie und Ich-Analyse. G. W. 13. S. Fischer. Frankfurt/Main.
(21) Freud, S. (1927): Der Humor. G. W. 14. S. Fischer. Frankfurt/Main.
(22) Freud, S. (1930): Das Unbehagen in der Kultur. G. W. 14. S. Fischer. Frankfurt/Main.
(23) Friedrich, H., Spoerri, O., Stemann-Acheampong, S. (1992): Mißbildung und Familiendynamik. Vandenhoeck & Ruprecht. Göttingen.
(24) Fthenakis, W. E. (1985): Väter. Bd. 1: Zur Psychologie der Vater-Kind-Beziehung. Urban & Schwarzenberg. München, Wien, Baltimore.
(25) Goethe, J. W. v. (1977): Die Wahlverwandtschaften. Hamburger Ausgabe. Bd. 6. Beck. München. 9. überarb. Aufl.
(26) Heigl-Evers, A., Heigl, F. (1971): Lieben und Geliebtwerden in der Ehe. Verlag für Angewandte Psychologie. Stuttgart. 2. Auflage.
(27) Hirsch, M. (1990): Realer Inzest. Springer. Berlin, Heidelberg, New York, London, Paris, Tokyo, Hong Kong. 2. überarb. Aufl.
(28) Kaplan H. S. (1983): Sexualtherapie. Enke. Stuttgart. 2. Aufl.
(29) Kernberg, O. (1979): Borderline-Störungen und pathologischer Narzißmus. Suhrkamp. Frankfurt/Main. 3. Aufl. (Engl.: Borderline Conditions and Pathological Narcissism. Aronson. New York 1975).
(30) Kernberg, O. (1981): Objektbeziehungen und Praxis der Psychoanalyse. Klett. Stuttgart. (Engl.: Object-Relations Theory and Clinical Psychoanalysis. Aronson. New York, London 1976).
(31) Klein, M. (1946): Notes on some schizoid mechanisms. Int. J. Psycho-Analysis 27, 99–110.
(32) König, K. (1982): Der interaktionelle Anteil der Übertragung in Einzelanalyse und analytischer Gruppenpsychotherapie. Gruppenpsychother. Gruppendyn. 18, 76–83.
(33) König, K. (1988): Basale und zentrale Beziehungswünsche. Forum Psychoanal. 4, 177–185.
(34) König, K. (1991): Angst und Persönlichkeit. Das Konzept vom steuernden Objekt und seine Anwendungen. Vandenhoeck & Ruprecht. Göttingen. 3. Aufl.

(35) König, K. (1992): Kleine psychoanalytische Charakterkunde. Vandenhoeck & Ruprecht. Göttingen.
(36) König, K., Kreische, R. (1985 a): Partnerwahl und Übertragung. Familiendynamik 10, 341–352.
(37) König, K., Kreische, R. (1985 b): Zum Verständnis von Paarbeziehungen aus psychoanalytischer Sicht. Forum Psychoanal. 1, 239–249.
(38) König, K., Kreische, R. (1991): Psychotherapeuten und Paare. Vandenhoeck & Ruprecht. Göttingen.
(39) Kohlhagen, N. (1993): Schnuller, Chaos und enorm viel Power. Die neuen Mütter. Quell. Stuttgart.
(40) Krause, R. (1981): Affekte und nonverbale Kommunikation. In: Schusser (Hrsg.): Festschrift zum 65. Geburtstag von Günther Mühle. Universitätsverlag. Osnabrück.
(41) Krause, R. (1983): Zur Onto- und Phylogenese des Affektsystems und ihrer Beziehungen zu psychischen Störungen. Psyche 37, 1016 bis 1043.
(42) Krause, R. (1984): Psychoanalytische Prozeßmodelle. 3. Teil: Psychoanalyse als interaktives Geschehen. In: Baumann, U. (Hrsg.): Psychotherapie: Makro- und Mikroperspektiven. Hogrefe. Göttingen.
(43) Kreische, R. (1985): Familie als Mittlerin zwischen Individuum und Gesellschaft. In: Leber, A., Trescher, H.-G. Büttner, C. (Hrsg.): Die Bedeutung der Gruppe für die Sozialisation. Bd. 1: Kindheit und Familie. Verlag für Medizinische Psychologie im Verlag Vandenhoeck & Ruprecht. Göttingen.
(44) Kreische, R. (1986): Zu den Auswirkungen von Charakterstruktur, Übertragung und Gegenübertragung bei der Behandlung neurotischer Paarkonflikte. Gruppenpsychother. Gruppendyn. 22, 22–35.
(45) Kreische, R. (1990): Die besseren Hälften. Paartherapie in zwei Systemen: die Kombination von Paar- und Gruppentherapie. In: Massing, A. (Hrsg.): Psychoanalytische Wege der Familientherapie. Springer. Berlin, Heidelberg.
(46) Kreische, R. (1991): Eigentlich dachte ich, daß du mich glücklich machst. pro familia magazin 3/1991, 4–7.
(47) Kreische, R. (1992 a): Keine Lust auf Lust. Ursachen, Beobachtungen, Fragen. Interview von B. Nordhoff mit dem Autor. pro familia magazin 3/1992, 1–4.
(48) Kreische, R. (1992 b): Gestörte Paarbeziehungen bei neurotischen Erkrankungen und ihre psychotherapeutische Behandlung mit Paar- und

Gruppentherapie. Ein Vergleich zwischen Frauen und Männern. Habilitationsschrift. Göttingen.
(49) Kuntz-Brunner, R., Nordhoff, I. (1992): Heute bitte nicht. Keine Lust auf Sex – ein alltägliches Gefühl. Rowohlt. Reinbek.
(50) Lamb, M. E. (Hrsg.) (1976): The Role of the Father in Child-Development. Wiley. New York.
(51) Lazarus, A. (1988): Fallstricke der Liebe. Vierundzwanzig Irrtümer über das Leben zu zweit. Klett-Cotta. Stuttgart.
(52) Lemaire, J. G. (1979): La couple: sa vie, sa mort. La structuration du couple humain. Payot. Paris. (Dt.: Leben als Paar. Walter. Olten, Freiburg/Breisgau 1980).
(53) Lichtenberg, J. (1983): Psychoanalysis and Infant Research. The Analytic Press. Hillsdale, New Jersey, London.
(54) Lindgren, A. (1963): Karlsson fliegt wieder. Oetinger. Hamburg.
(55) Márquez, G. G. (1987): Die Liebe in den Zeiten der Cholera. Kiepenheuer & Witsch. Köln.
(56) Massing, A., Weber, I. (Hrsg.) (1987): Lust und Leid. Sexualität im Alltag und alltägliche Sexualität. Springer. Berlin, Heidelberg, New York.
(57) Matt, P. v. (1989): Liebesverrat. Die Treulosen in der Literatur. Hanser. München, Wien.
(58) Mause, L. de (1980): Hört ihr die Kinder weinen. Suhrkamp. Frankfurt/Main.
(59) Mead, M. (1992): Mann und Weib. Ullstein. Frankfurt/Main, Berlin.
(60) Mentzos, S. (Hrsg.) (1984): Angstneurose. Fischer. Frankfurt/Main.
(61) Meyer, A.-E., Richter, R., Grawe, K., Graf v. d. Schulenburg, J.-M., Schulte, B. (1991): Forschungsgutachten zu Fragen des Psychotherapeutengesetzes. Universitäts-Krankenhaus Hamburg-Eppendorf.
(62) Mitscherlich. A., Mitscherlich, M. (1967): Die Unfähigkeit zu trauern. Piper. München.
(63) Neill, A. S. (1969): Theorie und Praxis der antiautoritären Erziehung. Rowohlt. Reinbek.
(64) O'Connor, F. (1977): Mein Ödipus-Komplex. Diogenes. Zürich.
(65) Reich, G. (1991): Partnerwahl und Ehekrisen. Asanger. Heidelberg. 3. Aufl.
(66) Richter, H. E., Beckmann, D. (1986): Herzneurose. Thieme. Stuttgart. 3. Aufl.

(67) Rotmann, M. (1980): Über die Bedeutung des Vaters in der «Wiederannäherungs-Phase». Psyche 32, 1105–1147.
(68) Rotmann, M. (1985): Frühe Triangulierung und Vaterbeziehung. Forum Psychoanal. 1, 308–317.
(69) Sandler, J., Sandler, A.-M. (1978): On the development of object relationships and affects. Int. J. Psycho-Anal. 59, 285–296.
(70) Sayers, D. (1984): Die Akte Harrison. Rowohlt. Reinbek.
(71) Schneider, A. (1990): Perspektivenübernahme in Partnerschaften. Med. Diss. Göttingen.
(72) Selvini Palazzoli, M., Boscolo, L., Cecchin, G., Prata, G. (1975): Paradosso e controparadosso. Feltrinelli. Mailand.
(73) Shorter, E. (1975): The Making of the Modern Family. Basic Books. New York. (Dt.: Die Geburt der modernen Familie. Rowohlt. Reinbek, 1983).
(74) Sperling et al. (1982): Die Mehrgenerationen-Familientherapie. Verlag für Medizinische Psychologie im Verlag Vandenhoeck & Ruprecht. Göttingen. – Massing, A., Reich, G., Sperling, E.: 2. völlig neu bearbeitete Auflage 1992.
(75) Statistisches Bundesamt (1990): Familien heute. Strukturen, Verläufe und Einstellungen. Metzler-Poeschel. Stuttgart.
(76) Stern, D. (1985) The Interpersonal World of the Infant. Basic Books. New York.
(77) Threthowan, W. H., Conlon, M. F. (1965): The Couvade Syndrome. Br. J. Psychiatry 111, 56–66.
(78) Tress, W. (1986): Das Rätsel der seelischen Gesundheit. Verlag für Medizinische Psychologie im Verlag Vandenhoeck & Ruprecht. Göttingen.
(79) Watzlawick, P. (1983): Anleitung zum Unglücklichsein. Piper. München, Zürich. 6. Auflage.
(80) Watzlawick P., Weakland, J. H., Fisch, R. (1979): Lösungen: Zur Theorie und Praxis menschlichen Wandels. Huber. Bern, Stuttgart, Wien, 2. Aufl.
(81) Wendl-Kempmann, G., Wendl, Ph. (1986): Partnerkrisen und Scheidung. Beck. München.
(82) Willi, J. (1975): Die Zweierbeziehung. Rowohlt. Reinbek.
(83) Willi, J. (1978): Die Therapie der Zweierbeziehung. Rowohlt. Reinbek.

Register

zu zweit

Ute Auhagen-Stephanos
Wenn die Seele nein sagt *Vom Mythos der Unfruchtbarkeit*
(rororo sachbuch 9378)

Elena Gianini Belotti
Liebe zählt die Jahre nicht *Wenn Frauen jüngere Männer lieben*
(rororo sachbuch 8735)

James L. Creighton
Schlag nicht die Türe zu *Konflikte aushalten lernen*
(rororo sachbuch 9194)

Steven Farmer
Endlich lieben können *Gefühlstherapie für erwachsene Kinder aus Krisenfamilien*
(rororo sachbuch 9168)
Kinder aus Krisenfamilien können ihre Gefühle nur schwer zeigen, haben das Bedürfnis, ihre Partner zu kontrollieren, und scheuen sich vor Intimität wie vor Konflikten. Der Autor beschreibt die besonderen Probleme und zeigt Lösungswege auf.

Elisabeth Flitner / Renate Valtin (Hg.)
Dritte im Bunde: die Geliebte
(rororo sachbuch 9376)

Marina Gambaroff
Sag mir, wie sehr liebst Du mich
Frauen über Männer
(rororo sachbuch 8817)
»Wenn in einer Beziehung das Bedürfnis, "ich liebe dich" zu sagen oder "liebst du mich?" zu fragen, immer größer wird, dann hat es schon irgendwelche Risse gegeben.»

Isabelle Grellet / Caroline Kruse
Liebeserklärungen
(rororo sachbuch 8880)

Ruth Kuntz-Brunner / Inge Nordhoff
Heute bitte nicht *Keine Lust auf Sex - ein alltägliches Gefühl*
(rororo sachbuch 9189)

Karin Mönkemeyer / Inge Nordhoff
Ein platonisches Verhältnis
Freundschaften zwischen Männern und Frauen
(rororo sachbuch 8749)

Dorothee Schmitz-Köster
Liebe auf Distanz *Getrennt zusammen leben*
(rororo sachbuch 8816)

rororo sachbuch

3406/2